让深度学习真实发生

核心素养导向的高中思想政治
大单元教学设计

主　编　戴吉亮　孙俊香　邵雪晶

中国海洋大学出版社

· 青岛 ·

图书在版编目（CIP）数据

让深度学习真实发生：核心素养导向的高中思想政治大单元教学设计 / 戴吉亮，孙俊香，邵雪晶主编．青岛：中国海洋大学出版社，2024. 9. --ISBN 978-7-5670-3907-0

Ⅰ. G633. 202

中国国家版本馆 CIP 数据核字第 2024K8W556 号

RANG SHENDU XUEXI ZHENSHI FASHENG：HEXIN SUYANG DAOXIANG DE GAOZHONG SIXIANG ZHENGZHI DADANYUAN JIAOXUE SHEJI

出版发行	中国海洋大学出版社
社　　址	青岛市香港东路 23 号　　邮政编码　266071
出 版 人	刘文菁
网　　址	http://pub.ouc.edu.cn
订购电话	0532-82032573（传真）
责任编辑	杨亦飞　　　　　　　电　　话　0532-85902533
印　　制	青岛中苑金融安全印刷有限公司
版　　次	2024 年 9 月第 1 版
印　　次	2024 年 9 月第 1 次印刷
成品尺寸	185 mm ×260 mm
印　　张	18.75
字　　数	430 千
印　　数	1—1 000
定　　价	69.00 元

发现印装质量问题，请致电 0532-85662115，由印刷厂负责调换。

本书由"山东省（高中思想政治）特级教师工作坊"项目支持出版

工作坊部分编委合影

编 委 会

序
PREFACE

2014 年 3 月，"核心素养"首次出现在《教育部关于全面深化课程改革落实立德树人根本任务的意见》中，并被置于深化课程改革、落实立德树人根本任务的首要位置，成为研制学业质量标准、修订课程方案和课程标准的重要依据。由此，核心素养开始进入我们的视野。2016 年 9 月，中国学生发展核心素养总体框架正式发布。2016 年底，基于学科核心素养的高中新课程标准正式颁布，核心素养开始进入课程，中国基础教育迈入核心素养的新时代。

核心素养是贯穿国家课程标准修订的一根红线，是课程实施和教学改革的总纲和方向。《普通高中思想政治课程标准（2017 年版 2020 年修订）》将培育学生的核心素养作为课程学习的目标，着力构建以学科核心素养为导向的活动型学科课程，引领思政课教学从教"知识"向育"素养"转变，培养学生适应终身发展和社会发展需要的必备品格和关键能力，提升核心素养。

随着新课程标准的深入实施，如何促进学科核心素养有效落地？依托什么样的课堂形态培育学生的核心素养？如何实现教学设计与素养目标的真正对接？这是高中一线教师亟待思考和解决的教改课题。

研究认为，深度学习是全面深化改革、落实核心素养的重要路径，是打通"知识"到"素养"的通道。深度学习是超越死记硬背，追求学习者能够运用所学知识创造性地解决现实生活中问题的一种学习方式。深度学习既是一种教学改革理念，也是一种教育目标，它高度重视培养学生的"专家思维"——学习结束之后学习者能够"像专家一样思考"，能够分析问题、解决问题，而不是习得远离生活的结论。深度学习倡导单元学习，要求开展单元教学,要求教师提升教学设计的站位,即从关注单一的知识点、课时转变为以单元为整体,围绕特定主题进行系统规划和整体设计。只有这样,才能改变学科知识点的碎片化教学,真正实现教学设计与素养目标的高效对接。

《普通高中课程方案(2017年版2020年修订)》提出:"重视以学科大概念为核心,使课程内容结构化,以主题为引领,使课程内容情境化,促进学科核心素养的落实。"学科大概念的提出,要求学科教学打破传统的单元教学,倡导大单元教学。学科大概念统领下的大单元教学聚焦学科核心素养,围绕某一主题,依托系列性质相同、互相关联的"学习任务群",对教材内容进行整体思考、设计和组织实施的教学过程。大单元教学旨在促进教学内容的结构化,构建教学的整体意识,达成培养学生发展核心素养的目的。这种教学方式能够帮助学生经历完整的学习过程,建立学习内容之间的关系、学习内容与生活情境之间的关系、理论知识与实践应用之间的关系,连通知识与生活、学习与应用的"最后一公里",在深度学习中涵养学科素养。可见,"学科大概念统领下的大单元教学"已成为促进学生深度学习、推进学科核心素养落地实施的有效路径。

当前,大单元教学受到一线教师的普遍关注,大单元教学的研究和实践也取得了一定进步。然而,调研显示,在进行大单元教学时,很多教师的课堂教学依旧"换汤不换药"或"新瓶装旧酒",呈现出教学内容碎片化、课堂活动浅表化、教学设计孤岛化等问题,部分教师对课程内容的选择和重构能力不足,在教学内容结构化方面存在一定的困难,导致单元教学的内容、活动、评价之间的联系缺少紧密性,不能驱动学生深度学习,不能使学生以发展的眼光将教材为己所用。因此,与"为什么"要进行大单元教学相比,一线教师更需要解决的是"怎么办"。

为搭建教学设计交流分享平台,深化在课堂教学各关键环节有效整合设计的研究,推出一批具有典型示范意义和不同教学风格的教学课例,指导教师对课堂教学进行改革探索,为高中思政课大单元教学提供教学示范和样板,"山东省(高中思想政治)特级教师工作坊"围绕大单元教学的目标设计与达成、内容把握与处理、议题设置与展开、情境创设与利用、任务推进与设计等组织多次专家讲座、进行多轮次研讨,明确大单元教学设计与实施的基本路径:凝练单元学习主题—编制单元学习框架—确定单元学习目标—创设单元学习情境—创建单元学习任务—设计单元学习评价。在此基础上,根据学科本质和教学逻辑,我们对教学内容进行分析、整合、重组,凝练相对完整的教学主题;依据主题,对知识内容、教学活动、学习问题进行结构化、序列化设计;在大概念、大任务、大情境的统领下,启动以单元为单位的整体性学习设计与实施。在学习研究基础上,我们依托国家统编最新版高中思想政治教材,共同编写了本书。

本书是"山东省(高中思想政治)特级教师工作坊"群体协同研究之成果。"山东省(高中思想政治)特级教师工作坊"这个庞大的教研团队的100余位教师,通过近3年学习研究,对高中3个学段教学全覆盖、7册教材内容再建构,开发了22个大单元的教学设计示范案例,倾心打造了本书。本书是工作坊成员学习、研究、探索和转化的初步成果;是工作坊成员集体智慧的结晶;是"山东省(高中思想政治)特级教师工作坊"从高中思政学科学生核心素养培育、担当民族复兴大任的时代新人培养的现实问题出发,在"学习金字塔"和"建构主义"理论指导下,对"人本主义"教育思想的深度实践。

在编写本书的过程中,我们力求吸纳最新理论研究成果,体现新高考、新课堂教改方向。例如,我们高度重视如下几个方面:一是基于核心素养,在分解课标、驾驭教材、读懂学情的基础上,以主题任务等为统领对学科教学单元内容进行二度开发和整合重组,形成具有明确单元目标、达成评价、真实情境、任务活动、结果反馈、作业设计等要素的统筹规划和科学设计;二是重视大情境、大概念、大任务在教学设计中的统领作用,借助新情境丰富学习内容,增加学生的学习体验;三是遵循教、学、评一致性原则,将大量的表现性任务嵌入学习过程,让学生为一个确定的对象开发具体的产品或做出相应的表现,从而明确自己在学习进程中所处的方位并及时调整学习策略,进而顺利达成教学目标。

为保证编写质量,本书实施分工负责制。"山东省(高中思想政治)特级教师工作坊"16地市群组成员、优秀教师分别承担不同单元的教学设计。必修一《中国特色社会主义》大单元教学设计由黄万强负责统稿,必修二《经济与社会》大单元教学设计由邵雪晶负责统稿,必修三《政治与法治》大单元教学设计由刘国梅负责统稿,必修四《哲学与文化》大单元教学设计由林家武负责统稿,必修四个模块的大单元教学设计由邵雪晶负责统稿;选择性必修一《当代国际政治与经济》大单元教学设计由赵守强负责统稿,选择性必修二《法律与生活》大单元教学设计由刘延芹负责统稿,选择性必修三《逻辑与思维》大单元教学设计由孟庆亮负责统稿,选择性必修三个模块的大单元教学设计由孙俊香负责统稿;全书由戴吉亮负责统稿。

目前,大单元教学仍处于探索阶段,系统完善的资源较少,需要教师自主研究与开发。同时,大单元教学对教师把控教材和解读课标的能力要求很高,需要教师打破传统教学思维,加强大单元教学的深度研究与实践。对大单元教学活动如何引导学生进行深度学习,提高思想政治课程大单元教学水平和育人质量,也需要教师进行深度研究和探索。

俗话说,事非经过不知难,成如容易却艰辛。受诸多因素影响,我们确立的大单元教学设计的宏伟蓝图并未在本书中得到完全体现,书中也难免出现偏颇之处,恳请广大读者批评指正。

本书付梓之际,由衷感谢山东省教育厅教师工作处、山东省中小学师资培训中心的指导,感谢"山东省特级教师工作坊"项目的支持,感谢"山东省(高中思想政治)特级教师工作坊"全体成员的精诚协作,感谢中国海洋大学出版社,特别是责任编辑杨亦飞为本书的出版所付出的辛勤劳动。

是为序。

"山东省(高中思想政治)特级教师工作坊"主持人　戴吉亮

2024 年 6 月于青岛理工大学

目录
CONTENTS

必修模块
大单元教学设计

第一章　必修一　《中国特色社会主义》

第一单元

科学社会主义指引中国
走向社会主义发展道路
大单元教学设计

一、单元主题:科学社会主义指引中国走向社会主义发展道路

科学社会主义作为无产阶级解放的科学,不仅能科学地洞见人类社会发展规律,还能实事求是地把理论变为现实的实践精神。近代以来,在中国人民反抗封建统治和外来侵略的激烈斗争中,中国先进分子从马克思列宁主义的科学真理和俄国十月革命的胜利中看到了解决中国问题的出路。科学社会主义指引中国走向社会主义发展道路。

二、单元教学设计依据

（一）育人价值

本单元基于落实立德树人根本任务和学科核心素养的培育,用教、学、评一体化思想进行活动型学科课程的单元设计。在"科学社会主义的理论与实践为中国发展指明方向"议题的引领下,通过序列化的活动设计,使学生历经必要的思维活动和社会实践活动,达到对科学社会主义理论真理性与实践科学性的认同,实现课程的育人价值。

（二）课程标准

（1）描述不同社会形态的本质特征。

（2）解释人类社会发展的一般过程,阐明社会发展的历史进程取决于社会基本矛盾的运动。

（3）分析资本主义社会的历史地位,概述社会主义从空想到科学、从理论到实践的历史轨迹,阐明人类社会发展的趋势。

（4）阐述新民主主义革命的性质和特点,理解新中国确立社会主义制度的历史必然性。

（三）单元内容

本单元包括两课,分别是"社会主义从空想到科学、从理论到实践的发展""只有社会主义才能救中国"。第一课阐述的是人类社会形态从原始社会到奴隶社会、从封建社会到资本主义社会、最后到社会主义社会依次更替的发展历程,让学生了解人类社会发展规律,使学生清楚"我们从哪儿来""我们在哪儿""我们将往哪儿去"等问题,把握人类社会发展的总趋势,继而讲述了"科学社会主义的理论与实践"。第二课承接第一课,从一般到个别,从多国实践到中国实践,阐述了中国选择社会主义道路的必然性和确立社会主义基本制度的重大意义,论证了"只有社会主义才能救中国",既承接前一课,又为后一课做铺垫。因此,本课在全书起着承上启下的作用。

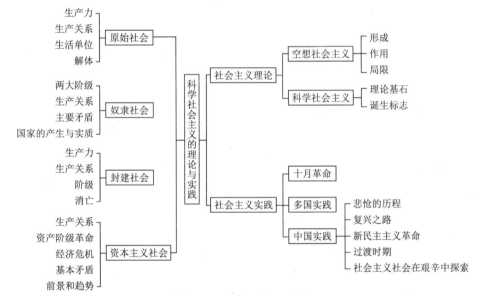

图 1.1.1　单元知识结构

（四）单元学情

高一学生初步具备分析社会现象的能力,能够通过资料对比、归纳总结、归因分析等方法对社会现象做出基本评价和理解。他们对新知识好奇,但其思维缺乏广度和深度,需要教师通过情境材料的选取、知识的建构、问题的启发、思辨能力的培养等方式帮助他们进行深度学习。

高中学生的理性思维和思辨能力有所提升,能够理解历史事件背后的深刻意义,能从不同角度对比、描述人类社会各个形态的特点,能分析新民主主义革命胜利的原因,能对社会主义制度在中国确立的重大意义有较深的体悟,能理解中国走上社会主义道路是历史的必然选择,只有社会主义才能救中国。

三、单元目标

(1)通过叙述人类社会发展的历程,比较不同社会形态的本质特征,阐明社会发展的历史进程取决于社会基本矛盾运动。

(2)通过辩论,理解资本主义被社会主义代替是历史发展的必然趋势,树立社会主义必然胜利的信念。阐明科学社会主义从空想到科学、从理论到实践的发展轨迹,增强对社会主义社会的政治认同和制度自信,树立积极投身社会主义现代化建设的决心。

(3)通过回顾近代中国的悲怆历程,了解新民主主义革命的性质和特点,明确新民主主义革命胜利的原因,坚信只有社会主义才能救中国,坚定拥护中国共产党的领导。

(4)通过搜集相关史料,了解中华人民共和国成立之初向社会主义过渡的条件;介绍关于向社会主义过渡的最初设想,并分析这种设想转变的原因。明确中国共产党在过渡时期的总路线和总任务,理解从新民主主义向社会主义过渡的历史必然性。理解中国确立社会主义制度的伟大意义,坚定社会主义道路自信。

(5)通过史实论证,了解社会主义建设取得的巨大成就,感受中国翻天覆地的变化,并分析原因,明确中国选择社会主义道路的必然性。

(6)通过观点辨析,正确认识社会主义革命和建设时期的得与失,明确社会主义革命和建设虽历经曲折,但为中国特色社会主义的开创提供了宝贵经验、理论准备和物质基础,进一步坚定中国特色社会主义信念。

四、单元达成评价

(一)纸笔测试

课时训练、达标测验、单元测试。

(二)表现性任务

坚持过程性评价与结果性评价相结合,采取自我评价、组内评价、组间评价和教师评价等多元评价方式,注重教、学、评一体化。

(1)重温经典著作《共产党宣言》,为科学社会主义写赞词;同时,结合新时代的中国国情,从自身出发,设计实现共产主义理想的目标规划。

(2)一百年前,李大钊同志振臂高呼:"我坚信,一百年以后的中国,他必会证明我今天的观点,社会主义绝不会辜负中国!"运用"只有社会主义才能救中国"的相关知识,以"社会主义没有辜负中国"为主题,给李大钊同志写一封跨越时空的信。要求:① 围绕主题,观点明确,逻辑清晰。② 学科术语使用规范。③ 不少于 250 字。

五、单元实施

（一）单元整体教学思路

本单元围绕"科学社会主义为什么科学"这个总议题,下设两个子议题:"科学社会主义怎样从空想到科学、从理论到实践""如何理解只有社会主义才能救中国"。第一课通过"探寻人类社会从蒙昧野蛮到文明时代的演进密码""探寻科学社会主义从产生到实践的真理之甜""追随科学社会主义成长之路""展望科学社会主义的美好愿景"四个环节展开议题式教学。第二课通过"创业,就是这么靠谱""守业,就要这样实干""创业,永远在路上"三个环节,在议题的引领下,开展序列化的教学活动。

（二）单元整体框架

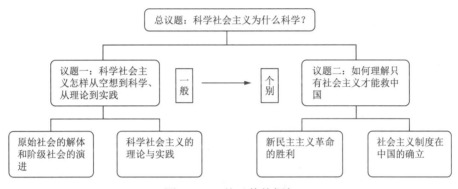

图 1.1.2 单元整体框架

六、课时教学设计

（一）社会主义怎样从空想到科学、从理论到实践

1. 内容分析

本课选自人教版高中思想政治必修一《中国特色社会主义》第一课,阐述了人类社会的发展历程,阐述了生产关系一定要适应生产力、上层建筑一定要适应经济基础状况的规律,是本册的逻辑起点。

教师通过回溯历史,讲述社会形态的演变,让学生了解社会发展规律,清楚中国特色社会主义从哪儿来、现在在哪儿、将往哪儿去,从而把握人类社会发展的总趋势。

2. 学情分析

高一新生无论是思维方式还是思维深度,都尚处于初中水平,缺乏严密的逻辑思维和理论思考。教师应结合重要的史实资料,以史论政,引导学生进行深入浅出的分析,培养学生理性地看待人类社会发展规律,坚定对科学社会主义的价值认同。

3. 学习目标

（1）通过参观人类社会演进博物馆,描述各个社会形态的特点,明确人类社会发展的一般规律。

（2）通过辩论，理解资本主义终将被社会主义所取代是历史发展的必然趋势，树立社会主义必然胜利的信念。

（3）通过探究人类对理想社会追寻的过程，概述社会主义从空想到科学、从理论到实践的历史轨迹，从而增强对社会主义社会的政治认同和制度自信。

4. 学习评价

（1）查阅相关资料，选取一种社会形态，设计一款文创产品。可以通过电脑制图、手工制作、文字描述等方式来呈现，应在设计稿中阐明设计理念。

（2）诵读《共产党宣言》选段，感受科学社会主义的宏伟力量，以"为人类求解放"为题，根据所学内容制作一段 3 分钟的微视频。

5. 学习活动设计

（1）导入新课。

1920 年 8 月，陈望道翻译的第一本中文版《共产党宣言》在上海正式问世。于中国而言，这本书意义非凡。它如闪电、如路标、如烛光，为黑暗中探索的先驱带来了温暖与希望。真理的甜，赋予了共产党人勇气和力量，助其劈开黑色世界，让光明洒满大地，让中国从苦难走向辉煌。今天，我们共同探讨《共产党宣言》是在怎样的境遇下横空出世的。

（2）探寻人类社会从蒙昧野蛮到文明时代的演进密码。

【议学情境1】走进人类历史发展博物馆。

【议学活动1】假如你是一名人类历史发展博物馆的导游，今天要带游客领略代表人类社会发展不同阶段的各个展馆。① 介绍本阶段最能体现社会特征的标志物或故事。② 概括总结相应阶段的特征。

【活动意图1】以参观博物馆的形式，充分调动学生合作探究的积极性和主动性，回顾人类社会的原始社会、奴隶社会、封建社会、资本主义社会四个阶段，概括和总结出各个历史阶段的生产力发展状况、生产关系的特点。通过小组合作，学生学会自主梳理知识点，敢于表达，培养公共参与素养。

（3）探寻科学社会主义诞生的真理之甜。

【议学情境2】驻足博物馆分展厅，探寻真理的脚步。

乌托邦岛上，英国人莫尔在苦思冥想：为何会发生"羊吃人"的悲剧？怎样才能人人平等？法国哲学家傅立叶异想天开，大胆进行"法郎吉"试验，创造了"和谐社会"。美国印第安纳州，欧文呕心沥血，建立了第一个"新和谐公社"。他们主张建立一个没有资本主义弊端的理想社会，均以失败告终。

【议学活动2】① 分小组讲解史实资料，展现资本主义剥削下的残酷现实。② 思考："羊吃人"的悲剧与乌托邦的理想有什么关系？为什么这些空想社会主义者建设美好社会的努力均以失败告终？

【活动意图2】在组内互动及组间互动的过程中,沉浸式感受科学社会主义诞生的历史背景,激发思维的火花。

【议学情境3】驻足博物馆分展厅,观看《19世纪三四十年代三大工人运动爆发》影像资料。

【议学活动3】思考并分析资本主义经济危机、三大工人运动失败与科学社会主义产生之间的关系。无产阶级反对资产阶级的阶级斗争形式有哪些? 彼此有怎样的关系?

【活动意图3】通过观看影视资料,学生深入理解资本主义终将被社会主义取代的深层内涵。通过合作化的展示活动,培养学生的科学精神和公共参与核心素养。

(4)感悟科学社会主义发展力量之伟大。

【议学情境4】参观巴黎公社失败、苏联解体、东欧剧变史实资料墙。

【议学活动4】① 简述十月革命的伟大意义,分析社会主义生产关系的特点。② 结合史实思考:巴黎公社失败、苏联解体和东欧剧变是科学社会主义的失败吗?

【活动意图4】让学生以小组为单位讲述史实资料,展开小组合作探究、辩论,以史实明晰科学社会主义的科学性,旨在培养学生的科学精神、公共参与、政治认同等核心素养。

(5)展望科学社会主义的美好愿景。

【议学情境5】解读社会主义中国展厅,感悟真理的力量。

【议学活动5】结合教材及课前查阅的相关资料,以小组为单位写"习近平新时代中国特色社会主义"展馆序词,派代表上台展示。

【活动意图5】通过为"习近平新时代中国特色社会主义"展馆写创作序言并展示活动,让学生切身感悟中国是科学社会主义成功实践的典型代表国家,中国特色社会主义进入新时代,科学社会主义在中国焕发着生机和活力。学生坚信社会主义必然胜利,坚定中国特色社会主义道路、理论、制度和文化自信,树立共产主义远大理想。

6. 作业与拓展学习设计

观看大型通俗对话节目《马克思是对的》,以"社会主义代替资本主义的长期性和必然性"为主题,写一篇小论文。要求:① 围绕主题,论点清晰,论据充分。② 规范使用学科术语。③ 不少于250字。

(二)如何理解"只有社会主义才能救中国"

1. 内容分析

本课选自人教版高中思想政治必修一《中国特色社会主义》第二课,阐述了中国选择社会主义道路的必然性和确立社会主义基本制度的重大意义。

2. 学情分析

本课教学对象为高一学生。通过初中历史课程的学习,学生对中国近代史及过渡时期的总路线和总任务有一定的了解。通过第一课的学习,学生能够阐释人类社会的基本矛盾和发展规律,对新中国成立后中国共产党领导的艰辛探索有一定的了解。但是,对于"为什么中国革命要分两步走""为什么有过渡时期""如何客观评价社会主义革命和建设时期"等内容缺乏深刻、系统的认知。

3. 学习目标

(1)通过写计划书,了解近代中国充满苦难与辉煌、曲折与胜利的不平凡历程,明确新民主主义革命胜利的原因,坚信只有社会主义才能救中国,坚定拥护中国共产党的领导。

(2)通过设计"我心目中的国家相册",分享成就背后的故事及选取入册的原因,深刻理解社会主义制度在中国确立的必然性和巨大意义、社会主义建设的发展和历史意义等,增强对中国特色社会主义制度的认同感,树立道路自信、理论自信和制度自信。

(3)通过评析式的活动,辩证看待近代中国探索复兴之路的曲折,懂得新民主主义革命与社会主义革命的关系;分析社会主义革命和社会主义建设的道路不是一帆风顺的,增强实事求是、勇于探究的科学精神,以及用发展的眼光看问题的能力。

4. 学习评价

以"致敬先辈,吾辈当自强"为题,给英雄先辈写致敬卡,并参照国家战略安排,写下"请党放心,强国有我"的自我目标规划。

5. 学习活动设计

(1)导入新课。

通过献礼中国共产党成立100周年《从13人到9 000多万人:史上最牛创业团队》一书导入,引发思考:从13人到9 000多万人,中国共产党的成功秘籍是什么?为什么说只有社会主义才能救中国?师生共同走进这段艰苦卓绝却又屡创奇迹的创业岁月。

(2)创业,就是这么靠谱。

【议学情境1】播放《复兴之路:千年变局》。

【议学活动1】结合视频及课前搜集的史料,以小组为单位,为中国共产党写一份"创业计划书"(可从"创业"背景、前景目标、团队优势等方面思考)并分享。

【活动意图1】在生生互动中生成课堂,使学生进一步了解近代中国国情、新民主主义革命胜利的原因,深刻认识到中国共产党是一支目标靠谱、信仰靠谱、同志靠谱、步骤靠谱的队伍,让学生更加坚定"中国选择社会主义道路"的政治认同。

【议学情境2】提供文字资料"步骤靠谱——中国革命两步走":关于中国革命应如何开展,当时,中国共产党党内有陈独秀的"二次革命论"、王明的"毕其功于一役"、毛泽东的"两步走"三种观点。

【议学活动2】结合教材及课前查阅的相关资料,评析以上三种观点。

【活动意图2】在组内互动及组间互动的过程中激发思维的火花,深入理解中国革命经历的两个步骤及其关系。通过评析式的活动,培养学生的科学精神。

【议学情境 3】播放《开国大典》。

【议学活动 3】观看视频,分享感想。

【活动意图 3】通过观看开国大典的相关视频,学生得到情感上的升华,增强对中华民族以崭新的姿态立于世界民族之林的自豪感,增强"坚定不移跟党走、坚定走社会主义道路"的政治认同。

（3）守业,就要这样实干。

【议学情境 4】组织学生设计"我心目中的国家相册",展现中国共产党领导中国人民在社会主义革命和建设历史时期取得关键成就的图片。

【议学活动 4】结合教材及课前查阅的相关资料,以小组为单位,分时期(1949—1956年、1956—1978 年)选取最具代表性的成就,完成心目中的国家相册;讲述成就背后的故事,阐述选取成就入册的原因。

【活动意图 4】通过相册设计,带领学生回顾中国共产党领导中国人民守业突破的艰辛历程。相册展示环节,不仅锻炼了学生的信息提炼能力、语言概括能力,更让学生坚定了"只有社会主义才能救中国"的信念。

【议学情境 5】提供文字资料《国家相册》,全面认识社会主义建设时期。

【议学活动 5】新中国成立后,我国在社会主义建设的探索中经历了严重曲折,有人就此否定我国社会主义建设的成就。你是否认同这种观点?请阐述你的理由。

【活动意图 5】通过观点评析,引导学生辩证看待社会主义建设探索中的曲折,体会百年大党披荆斩棘的创业路和守业路,理解百年大党敢于正视困难、纠正错误,坚定中国共产党是一个有生命力的、伟大的党,是领导中国人民战胜困难、不断前进的党;进一步提升学生的政治认同感,培养学生的科学精神。

（4）创业,永远在路上。

【议学情境 6】播放《改革开放以来"我心目中的国家相册"》。

【议学活动 6】观看视频后谈感受,思考如何为填充相册接续奋斗。

【活动意图 6】在相册展示中带给学生视觉冲击、情感升华,学生更加坚定只有社会主义才能救中国,初步认同只有中国特色社会主义才能发展中国、实现中华民族伟大复兴,为接下来的学习奠定基础,并自觉接过创业接力棒,努力做堪当民族复兴大任的时代新人,与国家、人民共成长。

6. 作业与拓展学习设计

观看微纪录片《国家相册》并写观后感,在中国近代历史的重大事件和精彩瞬间中加深对中国百年历史和时代变迁的了解,增强历史责任感。

（设计者:曲妍洁、蓝丽）

第二单元

中国特色社会主义的
开创与发展
大单元教学设计

一、单元主题：中国特色社会主义的开创与发展

　　方向决定道路，道路决定命运。中国特色社会主义是改革开放以来党的全部理论和实践的主题，是科学社会主义理论逻辑和中国社会发展历史逻辑的辩证统一，是根植于中国大地，反映中国人民意愿并适应中国和时代发展进步要求的科学社会主义。中国特色社会主义坚持科学社会主义的基本原则，不断赋予其鲜明的实践特色、理论特色、民族特色、时代特色。党的十八大以来，中国特色社会主义进入新时代，党和国家事业取得历史性成就，发生历史性变革，开辟了中国特色社会主义的崭新境界。

二、单元教学设计依据

（一）育人价值

　　本单元基于落实立德树人根本任务和学科素养的培育，用大概念统领教学任务，采用"教、学、评一致性"思想进行活动型学科课程的单元设计。在总议题"中国特色社会主义的开创、发展和完善"和两个分议题的引领下，通过丰富多样的议学情境和进阶性逻辑化的活动设计，使学生经历必要的思维活动和社会实践活动，引导学生理解中国必须走中国特色社会主义道路，帮助学生树立正确的政治方向，坚定中国特色社会主义"四个自信"，形成正确的世界观、人生观、价值观。

（二）课程标准

　　（1）阐明中国特色社会主义道路、理论、制度、文化是党和人民长期奋斗、创造、积累的根本成就。

　　（2）论证中国特色社会主义是当代中国发展的根本方向，坚定坚持和发展中国特色社会主义的自信。

　　（3）阐明中国特色社会主义进入新时代，我们比历史上任何时期都更接近、更有信心和能力实现中华民族伟大复兴的目标，明确把爱国情、强国志、报国行自觉融入坚持发展中国特色社会主义事业、建设社会主义现代化强国、实现中华民族伟大复兴的奋斗。

（三）单元内容

本单元紧紧围绕"中国特色社会主义的开创与发展"，阐述改革开放的历程与中国特色社会主义的创立、发展和完善；中国特色社会主义进入新时代，踏上新征程，要一以贯之地坚持和发展中国特色社会主义，致力于解决主要矛盾，以习近平新时代中国特色社会主义思想为行动指南，以中国式现代化实现中华民族伟大复兴的中国梦。

（四）单元学情

通过对初中《道德与法治》和历史学科的学习，学生对改革开放、中国特色社会主义道路等有了一定的了解，但对深层次的问题理解得不够透彻，理论和联系实践的能力不强。教师旨在通过创设议学情境，引导学生将感性认知与理性思维结合起来，真正理解中国为什么必须走中国特色社会主义道路，坚定中国特色社会主义"四个自信"，让学生形成正确的世界观、人生观、价值观。

三、单元目标

（1）了解改革开放的历程，感受改革开放取得的主要成就，从而认同改革开放的重大意义，积极参与社会主义强国建设。

（2）明确改革开放以来，取得一切成绩和进步的根本原因是坚持和发展中国特色社会主义，形成坚持和发展中国特色社会主义的自觉性，坚定中国特色社会主义"四个自信"。

（3）正确认识中国发展的新的历史方位，理解中国梦的本质和新时代中国共产党的历史使命，从而坚定实现中华民族伟大复兴的理想信念，积极投身于新时代中国特色社会主义建设的伟大实践中。

四、单元达成评价

（一）纸笔测试

课时训练、达标测验、单元测试。

（二）表现性任务

坚持过程性评价与结果性评价相结合，采取自我评价、组内评价、组间评价和教师评价等多元评价方式，注重教、学、评一体化。

1. 撰写调研报告

就改革开放及进入新时代山东省经济社会发展取得的成就撰写调研报告，了解山东经济发展取得的成就及原因。

2. 查阅并读懂规划

查阅山东省未来五年发展规划，领悟中国特色社会主义的优越性，坚持习近平新时代中国特色社会主义思想,增强理论自信、制度自信。

3. 模拟政协提案

观看《改革开放四十周年》《壮阔十年》《中国梦 365 个故事》等纪录片,结合发展现状,形成有关如何将山东省打造成新时代改革开放新高地的提案。

五、单元实施

(一)单元整体教学思路

依据习近平新时代中国特色社会主义思想,围绕"中国特色社会主义的创立与发展"这一学科大概念,以"中国特色社会主义是如何创立、发展和完善的"为总议题,开展大单元教学。

(二)单元整体框架

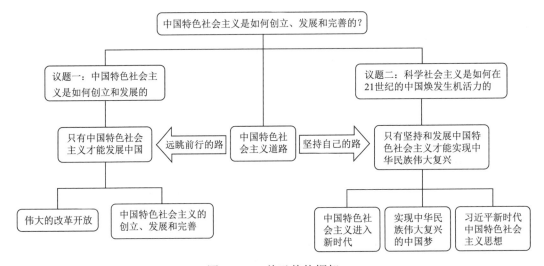

图 1.2.1 单元整体框架

六、课时教学设计

(一)如何创立和发展中国特色社会主义

1. 内容分析

本课在全书起承上启下的作用。本册教材讲述了社会主义从空想到科学、从理论到实践的发展过程,讲述了中国特色社会主义的由来、创立、发展和日益完善的过程,阐明了只有社会主义才能救中国、只有中国特色社会主义才能发展中国、只有坚持和发展中国特色社会主义才能实现中华民族伟大复兴。那么,中国特色社会主义道路是如何探索出来的?中国特色社会主义开创于改革开放和社会主义现代化建设新时期,建立在中国共产党百年奋斗的基础上,具有历史必然性和科学真理性。本框侧重从实践角度阐释改革开放的历史进程和伟大意义,引导学生坚定中国特色社会主义"四个自信"。

2. 学情分析

高一学生在初中接触过改革开放相关知识,对党的十一届三中全会和改革开放的进程、意义有一定了解,但对改革的依据和实质,理解起来有一定难度。为此,教师可以把改革开放的实质与人类社会两大基本矛盾的理论相结合进行分析和论证。

3. 学习目标

(1)通过对《跨越雄关漫道 铸就时代华章》山东省经济社会发展历程及成就的探究,明确党和国家做出改革开放这一伟大决策的必要性,感受改革开放给中国带来的深刻变革。

(2)通过小组活动梳理改革开放的历程,体悟改革开放带来的巨大成就,增强对党的伟大决策的政治认同。

(3)通过对山东省改革开放前后变化的认识,深刻领悟改革开放之所以伟大的原因,感悟改革开放的重大影响,理解改革永无止境,明确当代青年应努力学习,增强本领,积极参与改革开放伟大实践,做改革开放的坚定促进者。

4. 学习评价

(1)根据《跨越雄关漫道 铸就时代华章》之"山东经济社会发展的光辉历程",结合自身实际,选择某一节点详细梳理,深化对改革开放的认识。

(2)根据《跨越雄关漫道 铸就时代华章》之"山东经济社会事业发展的辉煌成就",探究改革开放的意义,并就青少年怎样参与改革开放提出三条建议。

5. 学习活动设计

(1)忆往昔,敢问路在何方。

【议学情境1】播放改革开放纪录片《历史告诉未来》片段。

【议学思考1】结合所学思考:从改革开放的开端看,为什么说改革开放是伟大的觉醒?

【活动意图1】基于学生对当时社会背景的认识,教师重点讲解党的十一届三中全会,使学生深刻认识到改革开放得益于中国共产党的正确决策,深刻理解党的十一届三中全会是一次伟大转折,改革开放是破局之招。

(2)看今朝,感悟制胜法宝。

【议学情境2】播放《跨越雄关漫道 铸就时代华章》之"山东经济社会发展的光辉历程"片段。以山东经济社会发展历程为切入点,回顾改革开放的进程。

【议学思考2】① 以"改革"和"开放"两条主线,构建改革开放进程轴,分享交流标志性事件。② 展示自学清单,并就其中一个时间节点,选择衣、食、住、行中的一个方面,结合自身实际进行分享和交流。

【活动意图2】通过议学情境呈现改革开放40周年以来山东经济社会发展历程,引导学生自主学习,构建改革开放进程轴,一方面使学生理解改革开放进程中的重大事件,另一方面引导学生感悟中国改革开放的发展历程经历了从起步到逐步深化,再到全面深化的过程。加深学生对改革开放的认识,同时引导学生理解改革不是对中国特色社会主义制度的否定,而是社会主义制度的自我完善和发展,从而培育学生的政治认同和科学精神。

（3）探未来,改革开放永无止境。

【议学情境3】播放《跨越雄关漫道 铸就时代华章》之"山东经济社会事业发展的辉煌成就"片段。

【议学思考3】① 了解山东省自改革开放以来取得的成就(如人民生活改善、综合国力提升),并分析其意义。② 改革开放是否只有进行时,没有完成时?

【活动意图3】通过小组合作、自主探究,让学生了解改革开放的巨大成就,思考原因,感悟改革开放的实质和目的,循序渐进,由感性认识上升到理性认识,有利于知识的生成及政治认同。通过归纳、总结改革开放取得重大成就的意义,提高学生运用理论知识分析和归纳问题的能力。通过教师点拨提升,进一步深化学生对改革开放取得重大成就及其意义的理解,增强学生对于改革开放是制胜法宝的认同,明确改革开放永无止境,只有进行时,没有完成时。

【议学情境4】随着经济全球化的深入,各国交往日益密切,改革开放带来机遇的同时,也带来诸多挑战。我们应该如何应对挑战?青少年在改革开放浪潮中应该如何做?

【议学思考4】写短评并分享交流。

【活动意图4】通过写短评,让学生感悟改革开放只有进行时,没有完成时。同时,提升学生参与改革开放的意识,坚定"四个自信",增强民族使命感和责任感。

6. 作业与拓展学习设计

① 观看纪录片《改革开放40年》。② 假设你是山东省政府的工作人员,请以"如何将山东省打造成新时代改革开放新高地"为主题,写一份发展规划,300字以内。

我国取得一切成绩和进步的根本原因,就是坚持和发展中国特色社会主义。中国特色社会主义是党和人民长期奋斗、创造、积累的根本成就,是当代中国发展的根本方向。

（二）中国特色社会主义的创立、发展和完善

1. 内容分析

本课内容是必修一《中国特色社会主义》第三课的第二框题,讲述邓小平理论、"三个代表"重要思想、科学发展观、习近平新时代中国特色社会主义思想形成的时代背景和主要内容,阐述中国共产党把马克思主义基本原理同中国实际和时代特征结合起来,成功开创、坚持和发展了中国特色社会主义。本课从理论和实践结合的角度,阐释改革开放以来党的全部理论和实践的主题——中国特色社会主义的创立、发展和完善的过程,引导学生坚定中国特色社会主义"四个自信"。

2. 学情分析

知识方面,学生对于只有中国特色社会主义才能发展中国、改革开放取得的成就及改革开放的目的和意义有了一定的掌握。随着学习的不断深入,学生的思维方式有了一定的转变,自主探究能力有了一定的发展,但是对为什么只有中国特色社会主义才能发展中国的认同层次不一,需要教师进一步引导。教师只有讲好党史、新中国史、改革开放史、社会主义发展史,才能更好地培养学生自觉承担使命的责任意识,才能自觉投身于中国特色社会主义实践。

3. 学习目标

(1)通过探究山东省发展成就取得的原因,感悟中国特色社会主义伟大成就、巨大变化,理解中国特色社会主义是改革开放以来党的全部理论和实践的主题,理解中国特色社会主义理论体系的创立、发展和完善,认同只有中国特色社会主义才能发展中国。

(2)通过对中国特色社会主义理论体系发展历程的解读,知道中国特色社会主义的发展是一个适应国情、走向完善的过程。

(3)结合生活实际,为家乡发展出谋划策,勇于承担青年责任与使命。

4. 学习评价

(1)通过制作中国特色社会主义理论发展历程展览卡,理解中国特色社会主义是改革开放以来党的全部理论和实践的主题,认同只有中国特色社会主义才能发展中国。

(2)结合山东进入新时代取得的成就,以"二十年后的我和我的家乡"为主题进行演讲,增强学生对中国特色社会主义的认识和参与家乡建设的热情。

5. 学习活动设计

(1)导入新课。

【议学情境1】播放《这就是山东》,从山东的发展看中国特色社会主义是如何创立、发展和完善的。

【议学思考1】如此这般的山东是如何缔造的?结合视频自主思考并分享交流。

【活动意图1】宣传片带给学生直观的震撼,将学生迅速地引入学习情境。通过上节课《跨越雄关漫道 铸就时代华章》之"山东经济社会事业发展的辉煌成就"片段,引出本课的课题,引发学生思考。此外,可促进学生对家乡的了解,激发其热爱家乡、建设家乡的热情。

(2)回望历史,探自信之源。

【议学情境2】播放《关键抉择,必由之路》。改革开放以来,以邓小平、江泽民、胡锦涛、习近平同志为主要代表的中国共产党人深刻回答了中国之问、世界之问、人民之问、时代之问。

【议学思考2】① 结合视频思考:不同时期的中国共产党人分别回答了什么问题?做出了什么贡献?② 以小组为单位,制作探究成果展示卡。

【活动意图2】通过梳理中国特色社会主义发展历程,让学生在情境体验中理解中国特色社会主义理论体系是一脉相承、与时俱进的,同时感悟中国特色社会主义的发展是一个适应国情、走向完善的过程。

【议学情境3】展示山东改革开放前后对比图。

【议学思考3】看山东变化,从道路、理论、制度、文化四个方面探究中国特色社会主义成功的原因。

【活动意图3】充分调动学生在课堂上的积极性,结合地域发展变化和自身实际,从道路、理论、制度、文化四个方面进行探究,生成知识,明确改革开放取得成就的根本原因及内容,坚定"四个自信"。

(3)展望未来,走自信之路。

【议学情境4】演讲:20年后,你是什么样?你的家乡是什么样?中国是什么样?结合"四个自信",从为什么要自信、为什么有自信、如何坚定自信等角度畅谈未来。

【议学任务4】利用5分钟准备演讲词,进行演讲。

【活动意图4】利用演讲活动,明确如何践行"四个自信",感悟青年使命与责任,坚持理论性与实践性的统一,增强学生对中国特色社会主义的认同感与参与感。

6.作业与拓展学习设计

① 观看纪录片《历史告诉未来》,感悟中国特色社会主义的必然性。② 了解山东省未来五年发展规划。

新时代是中国特色社会主义新时代,它既同改革开放以来的发展历程一脉相承,又体现了很多与时俱进的新特征,内容丰富、意蕴深远。

(三)立足时代之基,建设特色山东

1. 内容分析

本课起承前启后的作用,主要讲述了中国特色社会主义进入新时代,学生要理解新时代的科学内涵、主要矛盾的变化,要树立实现中华民族伟大复兴的中国梦的理想,要一以贯之地坚持和发展中国特色社会主义。

2. 学情分析

尽管高一学生在初中接触过有关新时代的相关知识,但本课中新时代的内涵、意义以及中国社会主要矛盾的变化等知识比较抽象和零散,学生的问题意识和理论联系实际能力稍显不足,他们没有经历过物资匮乏的年代,很难感同身受,缺乏深层次的领悟。

3. 学习目标

(1)明确中国发展新的历史方位,把握社会主要矛盾的变化,坚定道路自信。

(2)通过学习社会主要矛盾的变化,辩证看待中国社会主义初级阶段的基本国情与新时代的关系,深刻理解进入新时代的论断应符合中国特色社会主义的实际。

（3）践行中国共产党人的初心和使命，为实现中华民族伟大复兴的中国梦贡献自己的力量，投身于中国特色社会主义的伟大实践。

4. 学习评价

（1）观看纪录片《壮阔十年》，让学生梳理山东省的"十年巨变"，理解新时代的科学内涵及意义；然后，列举现实生活中一些美中不足的地方，理解当前社会主要矛盾的变化及原因，评价中国国情的判定及如何解决这一矛盾。

（2）根据山东奋斗故事《时光记——新时代纪事》，探究新时代如何坚持和发展中国特色社会主义，青少年如何投身于中国式现代化建设。

5. 学习活动设计

（1）感受新时代——家乡发展新貌。

【议学情境1】播放《壮阔十年》，看奋进山东。

【议学思考1】观看视频，小组合作探究，谈谈党的十八大以来山东省在政治、经济、文化、科技、生态等方面取得了哪些成就。

【活动意图1】从熟悉的家乡面貌变化入手，直观感受党的十八大以来的历史性变革，明确中国特色社会主义进入了新时代，增强作为中国人的自豪感、自信心。

【议学情境2】三则材料：定位"新时代"；点赞"新时代"；感悟"新时代"。

【议学思考2】从家乡发展的新面貌，看新时代"新"在何处？可从历史脉络、奋斗目标等方面思考。

【活动意图2】通过师生问答的方式，引导学生从广度和深度上增强对中国特色社会主义进入新时代全面准确的理解，增强对中国特色社会主义伟大变革的理性认识。

【议学情境3】播放《中国特色社会主义进入新时代的意义》。

【议学思考3】观看视频，分析中国特色社会主义进入新时代意味着什么。

【活动意图3】通过视频直观呈现以及小组合作的方式，引导学生从广度和深度上增强对中国特色社会主义进入新时代的意义全面准确的理解，增强对习近平新时代中国特色社会主义的理性认识，坚定"四个自信"。

（2）理解新时代——家乡发展争鸣。

【议学情境4】播放《壮阔十年讲述山东省十年巨变》。

【议学思考4】① 新时代我们的家乡是否足够富足？② 畅想对美好生活的向往和期待，感受新时代的"变"与"不变"。

【活动意图4】通过议题辩论实现课程内容活动化，让学生在辩论中深入理解新时代的"变"与"不变"，增强时代感，增强坚定坚持党的基本路线的自觉性。

（3）奋斗新时代——家乡发展担当。

【议学情境5】播放《时光记——新时代纪事》。

【议学思考5】商议和决策：坚持和发展中国特色社会主义，中国共产党人该如何作为？青年学生该如何担当？

【活动意图5】议题决策：学生深入探讨"如何坚持和发展中国特色社会主义，创新家乡发展新模式"，探讨"中国共产党人该如何作为、青年学生该如何担当"，实现课程内容活动化、活动内容课程化，为新时代家乡更富足、实现中华民族伟大复兴的中国梦出谋划策，提升学生对中国共产党人初心和使命的认同，在实践创新中应对挑战，增长才干。

6. 作业与拓展学习设计

观看纪录片《大国顶梁柱，阔步新时代》，进一步感悟新时代这一历史方位；让学生立足新时代，结合家乡发展实际，为家乡发展提出建设性意见，不少于三条。

"中国梦"这一战略思想，是对世情、国情、党情、民情的清醒认识和科学把握，是以马克思主义之"矢"射中国实际问题之"的"的结果，彰显了党领导人民实现建设社会主义现代化强国宏伟目标的坚定自觉与执政自信。

（四）聚焦时代命题，绘就宏伟蓝图

1. 内容分析

本课内容是必修一《中国特色社会主义》第四课第二框题，包括三目。第一目"中国梦的本质是国家富强、民族振兴、人民幸福"，讲述了中国梦是近代以来中华民族最伟大的梦想，中国梦是人民的梦、民族的梦、国家的梦，把人民的期盼、民族的向往、国家的追求融为一体，阐释了中国梦的本质；第二目"新时代中国共产党的历史使命"，讲述了中国共产党人的初心和使命，阐述了实现中华民族伟大复兴的伟大梦想，为实现这一梦想，我们必须进行伟大的斗争、建设伟大的工程、推进伟大的事业；第三目"分两步走建成社会主义现代化强国"，讲述了新时代中国特色社会主义发展的战略安排，为实现这一战略安排，我们每个人都要不懈奋斗。

2. 学情分析

尽管高一学生有一定的知识储备，但"中国梦""党的初心使命"等概念较为抽象，加之他们对一些重大事件了解得不够透彻。鉴于此，教师应在课堂上注重深入浅出，寓情于境，增强情感体验和思想共鸣，培养学生的政治认同感。

3. 学习目标

（1）能够理解为何要实现中国梦，中国梦归根到底是人民的梦，主动把个人理想融入国家和民族的伟大梦想，为实现中国梦，承担自己的责任，增强对中国特色社会主义的认同。

（2）能够理解中国梦的本质和新时代中国共产党的历史使命，坚定实现中华民族伟大复兴的理想信念，实现人生价值。

4. 学习评价

通过分享《中国梦365个故事》之《赠书馆》《念英雄》等故事，让学生探究中国梦的本质、意义及特点。为实现中华民族伟大复兴的历史使命，就山东的发展，让学生谈谈

青少年该怎么做。

5.学习活动设计

（1）导入新课。

【议学情境1】播放《我为一个梦想而来》。

【议学思考1】观看视频思考:为了什么梦想而来?

【活动意图1】通过对比辉煌和苦难,让学生明白中国梦是可以实现的,激发学生对实现中华民族伟大复兴的渴盼,从而激发学生对中国梦的情感认同。

（2）寻梦——感知中国梦。

【议学情境2】播放《中国梦365个故事》之《赠书馆》,让学生了解从山东渔村走出来的年轻人徐大伟。他为了让更多人通过阅读提升素质、改变命运,自掏腰包赠书。

【议学思考2】① 观看视频,谈谈你对视频中徐大伟免费赠书的认识。② 说说你和朋友的梦想,对比不同人的梦想,归纳梦想的共同之处。③ 小组讨论,概括中国梦与人民梦、个人梦的关系。

【活动意图2】播放视频《赠书馆》,引导学生更深入地理解中国梦与人民息息相关,进一步增强学生对中国梦的本质、意义和特点的理解和认同。

（3）筑梦——担当中国梦。

【议学情境3】播放《中国梦365个故事》之《念英雄》。让我们记住革命先辈为国家独立、民族解放做出的贡献。

【议学思考3】① 通过观看视频、课前调研或查阅资料的形式,分享你了解的优秀共产党员的故事。② 了解中国共产党的初心和使命。③ 新时代共产党人如何坚守初心,担当使命?

【活动意图3】通过观看视频和列举身边优秀共产党员的事迹,引导学生明确实现中华民族伟大复兴的中国梦离不开中国共产党的领导。进行伟大斗争,推进伟大工程,实现伟大梦想,从情感上理解和认同中国共产党的初心和使命,进而突破本课的重点和难点。

（4）圆梦——实现中国梦。

【议学情境4】小记者采访活动:① 畅谈你眼中2035年和2050年的山东是怎样的。新时代实现中国梦的战略安排是什么? ② 为了建设社会主义现代化强省,我们应如何实现这种战略安排?如何实现幸福美好的未来? ③ 挑选感兴趣的领域,小组讨论,目前在该领域,山东与其他地区之间是否有差距?结合自身的实际,思考在该领域你能为山东的发展做出哪些贡献。

【议学思考4】① 举办小记者采访活动,学生踊跃回答并分享自己的做法。② 小组合作交流,探讨如何实现新时代中国特色社会主义发展。

【活动意图4】设问具有相当的开放性和灵活性,贴近学生的思想和行为,学生有话可说、想说、能说。通过畅谈,让学生懂得国家取得的每一项成就都不是一蹴而就的。同时,通过小组讨论,让学生各抒己见,引导学生坚定理想信念,志存高远、脚踏实地,在实现中国梦的生动实践中放飞青春理想,在为人民利益的不懈奋斗中书写人生华章。

6. 作业与拓展学习设计

① 观看视频《中国梦 365 个故事》,了解一个个普通人追求梦想的故事,知道每个人都有梦想成真的机会。② 以"青年如何做实现中国梦的弄潮儿"为主题,写演讲词。

习近平新时代中国特色社会主义思想以全新的视野深化了对共产党执政规律、社会主义建设规律、人类社会发展规律的认识,开辟了马克思主义中国化的新境界,为我们夺取新时代中国特色社会主义伟大胜利提供了锐利的思想武器和行动指南。

（五）引领发展方向,回答时代之问

1. 内容分析

内容包括习近平新时代中国特色社会主义思想产生的原因、核心内容和地位,下设三目:第一目"回答时代之问的科学理论",介绍了习近平新时代中国特色社会主义思想产生的外部、内部条件和自身原因;第二目"原创性的治国理政新理念新思想新战略",重点介绍了习近平新时代中国特色社会主义思想的核心内容"十个明确""十四个坚持"和"十三个方面成就";第三目"党和国家必须长期坚持的指导思想",介绍了习近平新时代中国特色社会主义思想的地位和指导意义。

2. 学情分析

经过"改革开放以来党的全部理论和实践的主题"的学习和初中《道德与法治》对习近平新时代中国特色社会主义思想的介绍,学生对习近平新时代中国特色社会主义思想有了初步的了解,明确了习近平新时代中国特色社会主义思想是对马列主义、毛泽东思想、邓小平理论、"三个代表"重要思想和科学发展观的继承和发展。但本课涉及内容多、理论性强、教材援引领导人讲话原文较多,学生理解和记忆有一定困难。

3. 学习目标

（1）通过学习习近平新时代中国特色社会主义思想的创立、核心内容和历史地位等,认同并阐释该指导思想对新时代建设中国特色社会主义的指导意义。

（2）知道习近平新时代中国特色社会主义思想是回答时代之问的科学理论,明晰习近平新时代中国特色社会主义思想的核心要义和指导价值。

（3）通过切实学深悟透这一思想,真正做到学思用贯通、知信行统一,不断增强社会责任感和使命感。

4. 学习评价

（1）通过视频《时代之问:世界怎么了》,让学生分析习近平新时代中国特色社会主义思想产生的时代背景,再结合具体内容进一步分析习近平新时代中国特色社会主义思想是如何回答"时代之问"的。通过学习,学生能够总结出习近平新时代中国特色社会主义思想的核心内容。

（2）根据视频《国庆街头采访：市民表白祖国》和中国经济动态演示图,总结坚持习近平新时代中国特色社会主义思想的原因和措施。

5. 学习活动设计

（1）百年变局——时代出卷、中国答卷。

【议学情境1】① 播放《时代之问：世界怎么了》。② 了解习近平新时代中国特色社会主义思想的核心内容。

"十个明确"	"十四个坚持"	"十三个方面成就"
1. 明确中国特色社会主义总任务 2. 明确新时代我国社会主要矛盾 3. 明确五位一体、四个全面 4. 明确全面深化改革的总目标 5. 明确全面依法治国的总目标 6. 明确党新时代的强军目标 ……	1. 坚持党对一切工作的领导 2. 坚持以人民为中心 3. 坚持全面深化改革 4. 坚持新发展理念 5. 坚持人民当家作主 6. 坚持全面依法治国 ……	1. 坚持党的全面领导 2. 全面从严治党 3. 经济建设 4. 全面深化改革开放 5. 政治建设 6. 全面依法治国 7. 文化建设 ……

图 1.2.2　习近平新时代中国特色社会主义思想的核心内容

【议学思考1】① 当今世界正在经历怎样的百年大变局？小组探究习近平新时代中国特色社会主义思想产生的时代背景。② 习近平新时代中国特色社会主义思想是如何回答"时代之问"的？小组讨论并补充完成表格。③ 通过希沃白板小游戏检测,熟悉关于"十个明确""十四个坚持"和"十三个方面成就"的内容。

【活动意图1】通过归纳新时代的特征,帮助学生理解习近平新时代中国特色社会主义思想的时代背景,让学生了解时代是思想之母,实践是理论之源,习近平新时代中国特色社会主义思想并非凭空产生,而是时代的产物,伟大的时代产生伟大的思想。"十个明确"和"十四个坚持"是习近平新时代中国特色社会主义思想的核心内容,内容多且理论性强,可将其制作成表格,通过游戏让学生识记,通过实例让学生理解,使学生感受到习近平新时代中国特色社会主义思想为时代提供的中国智慧、中国方案。

（2）破局——人民阅卷、时代评卷。

【议学情境2】① 播放《国庆街头采访：市民表白祖国》,展示动态演示图——《世界GDP 动态变化与经济预测》,用 IFS 预测模式预测 2028 年中国国内生产总值（GDP）将超过美国。② 结合视频和动态演示图进行思考：为什么要坚持习近平新时代中国特色社会主义思想？怎样坚持和发展习近平新时代中国特色社会主义思想？

【议学思考2】① 探讨在习近平新时代中国特色社会主义思想的指导下,中国经济社会发展对人民生活的影响。② 分享习近平新时代中国特色社会主义思想引领中国实现多方面的发展。③ 知识整合：坚持和发展习近平新时代中国特色社会主义思想的原因和措施。

【活动意图2】通过视频中不同年龄、不同性别、不同地区的市民对祖国的表白,让学生感受到,在习近平新时代中国特色社会主义思想的指导下,中国人民生活的各方面都有了很大的提高,人民有了切实的获得感;向学生展示中国和其他国家 GDP 世界排名变化动态,让学生感受到中国的飞速发展;用 IFS 预测模式预测 2028 年中国 GDP 将超过美国,让学生对未来中国的发展充满期待,增强学生对祖国的自豪感和对社会主义制度的认同感。

6. 作业与拓展学习设计

①引导学生将本课的知识点整理成思维导图。②以"立足新时代,我们应该成为怎样的时代新人"为主题,写一篇演讲稿,不少于 300 字。

（设计者:宋广霞、朱秀丽、张丽、郑伟峰、国真）

第二章　必修二　《经济与社会》

第一单元

生产资料所有制
与经济体制
大单元教学设计

一、单元主题:生产资料所有制与经济体制

　　本单元主要讲述生产资料所有制与经济体制成就经济奇迹,是教材的起点,重在讲解公有制为主体、多种所有制经济共同发展的生产资料所有制及社会主义市场经济体制,既体现了社会主义制度的优越性,又同中国特色社会主义初级阶段社会生产力发展水平相适应,是党和人民的伟大创造。

二、单元教学设计依据

(一)育人价值

　　基于落实立德树人根本任务和学科素养的培育,本单元教学设计遵循议题式活动型课堂的教学设计理念,围绕学科大概念——生产资料所有制与经济体制,着眼于学生发展需求,将学科知识和本土经济现象有机结合,将经济社会发展观点融入现实经济议题。

　　通过本单元的学习,学生能够结合社会实践活动,初步运用中国特色社会主义政治经济学的基本观点,观察和分析本土经济社会现象,了解社会主义基本经济制度的意义,明确社会主义基本经济制度是社会主义市场经济的根基,形成对中国特色社会主义基本经济制度的政治认同和科学精神。

（二）课程标准

（1）理解公有制为主体、多种所有制经济共同发展，按劳分配为主体、多种分配方式并存，以及社会主义市场经济体制等社会主义基本经济制度，既体现了社会主义制度的优越性，又同中国社会主义初级阶段社会生产力发展水平相适应，是党和人民的伟大创造。

（2）了解各种所有制经济的地位与作用，阐释公有制经济与非公有制经济相互促进、共同发展，明确毫不动摇地巩固和发展公有制经济，毫不动摇地鼓励、支持、引导非公有制经济发展。

（3）阐述建设高标准市场体系的意义，辨析经济运行中政府与市场的关系，解析宏观调控的目标与手段。

（三）单元内容

本单元是统编教材必修二《经济与社会》的起始篇，依据习近平经济思想，讲述中国特色社会主义的经济概念和原理，介绍中国经济建设所处的基本制度环境与体制背景，为第二单元的学习奠定坚实的理论基础。

本单元共两课，分别学习生产资料所有制与经济体制。所有制从根本上影响着经济体制的性质、基本架构与运行方式。社会主义市场经济体制既发挥了市场经济的长处，又发挥了社会主义制度的优势，有利于进一步巩固和发展所有制结构。本单元设计了两课，共 8 课时。

第一课讲述了公有制为主体的表现与原因，阐明了各种所有制经济为什么要共同发展以及如何共同发展，解析了坚持"两个毫不动摇"的内涵，阐述了如何坚持"两个毫不动摇"。

第二课讲述了为什么要合理配置资源、市场如何配置资源，分析了市场配置资源的优点及局限性，阐述了社会主义市场经济体制的基本特征，揭示了社会主义市场经济体制的优势，介绍了政府的经济职能。本课的逻辑结构：由市场配置资源的优点引出市场体系，再由市场缺陷引出要更好地发挥政府的作用，由社会主义市场经济体制的基本特征引出中国政府的经济职能和宏观调控。

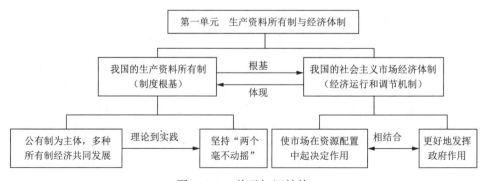

图 2.1.1　单元知识结构

综合探究是对单元学习内容的补充和拓展,激励开展活动型课程,是学生体验研究性学习的重要环节,能够让学生进一步领会社会主义市场经济体制的优越性。

(四)单元学情

高中生在初中阶段学过中国的基本经济制度,但主要是知识性内容,对为什么实行这样的经济制度和怎样坚持并完善这一制度的理性认知不够,对中国基本经济制度的深刻内涵及制度优势缺乏系统认识。

高中生生于新世纪、长于新时代,经历了中国经济和社会的巨大发展,对中国的发展成就和发展道路具备深刻感知,但缺乏国际视野和历史观点,不能在纵横比较中坚定制度自信和情感认同,容易被一些错误观点误导。

高中生具有一定的逻辑思维能力,具备一定的议中学、议中研和议中做的学科能力,能够对本单元所涉及的议题进行分析论证,但他们缺乏证据意识,辩证思维能力亦不强。

三、单元目标

(1)结合中国经济发展实际和基本国情,理解中国特色社会主义经济发展道路是历史的必然,符合生产关系要适应生产力、上层建筑要适应经济基础的基本规律,培养学生的科学精神。

(2)结合本地经济发展实例,分析多种所有制经济共同发展以及有效市场和有为政府相结合的必要性,领悟社会主义制度的优越性,铸牢制度自信。

(3)剖析经济发展中正反两方面的案例,总结建立统一开放、竞争有序的市场体系的必要性,体会党和政府在发展社会主义市场经济中发挥的重大作用,坚定中国特色社会主义信念。

(4)运用唯物辩证法的观点,对经济现象做出科学解释、正确判断和合理选择,增强市场经济的公平竞争意识、规则意识和诚信意识,提升在新时代投入社会主义现代化建设的参与能力。

四、单元达成评价

坚持过程性评价与结果性评价相结合,采取自我评价、组内评价、组间评价和教师评价等多元评价方式,注重教、学、评一体化。

(一)纸笔测试

课时训练、达标测验、单元测试。

(二)表现性任务

(1)撰写"我市所有制发展现状和作用"的调研报告。
(2)形成有关如何建立成熟发达市场体系的模拟政协提案,为城市发展建言献策。
(3)撰写《中国经济奇迹的制度密码》小论文。

五、单元实施

（一）单元整体教学思路

依据习近平经济思想,围绕学科大概念"生产资料所有制与经济体制成就",以"读懂经济奇迹的制度密码"为总议题,以威海千里山海自驾旅游公路带动威海文旅资源开发及经济发展为主线,开展大单元教学。

（二）单元整体框架

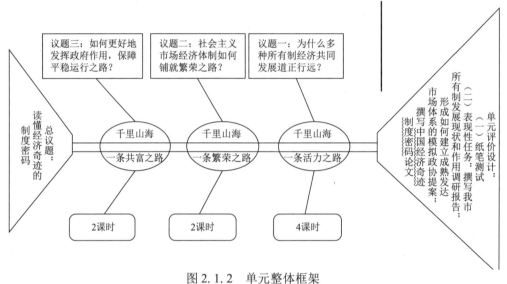

图 2.1.2　单元整体框架

六、课时教学设计

（一）道正行远——多种所有制经济共同发展

1. 内容分析

本课为高中政治必修二的第一单元,是本册教材的逻辑起点,下设两框。第一框"公有制为主体、多种所有制经济共同发展",讲述中国所有制结构;第二框"坚持'两个毫不动摇'",讲述如何坚持和完善中国所有制结构。两框的逻辑关系:由认识所有制结构到坚持完善,体现了从理论到实践、从思想到行动的逻辑关系,有助于学生坚定中国特色社会主义制度自信。

2. 学情分析

本课内容是对初中《道德与法治》八年级下册关于我国所有制结构内容的拓展与深化。经过初中阶段的学习,学生对我国所有制结构"是什么"有了初步的了解,但对我国所有制结构的中国特色、我国为什么要坚持这样的制度、我国所有制结构有何显著优势等深层次问题缺乏理性的思考,这些内容对于学生而言具有一定的学习难度。

高中生具有一定的逻辑和思辨能力,渴望对社会现象有更深层次的认知,有能力、有兴趣进行分析研究,这些均为本课的理论学习和培养学生的制度自信打下基础。

3. 学习目标

(1) 通过课前调研和课堂辩论,明确公有制为主体、多种所有制经济共同发展是遵循经济发展规律、符合中国国情的好制度。

(2) 通过对城市发展中国网新源集团有限公司(简称"国网新源")抽水蓄能电站建设相关情况分析,结合国家电网改革方案,明确国有经济在经济发展中的重要作用;通过聚焦千里山海沿线的镇乡发展情况,了解集体经济的发展现状和对新农村发展的意义,坚定发展壮大公有制经济的信心。

(3) 通过对千里山海沿线特色民宿发展情况分析,明确非公有制经济的发展活力及其对中国经济发展的作用;理解并支持"两个毫不动摇"及我国多种所有制经济共同发展的制度,坚定制度自信。

4. 学习评价

(1) 分享"威海千里山海自驾旅游公路沿线所有制调研"活动结果,评价学生观察社会、搜集资料、归纳分析问题的能力,着重评价学生对我国所有制结构的生活化感知和思考。

(2) 开展"国家电网混改之路"时事述评,评价学生从学科视角对社会问题进行全面、辩证分析的能力,着重评价学生对公有制经济主体地位及其改革发展必要性的理解。

(3) 绘制公有制经济与非公有制经济的关系图,并结合生活案例进行解读,评价学生对各种所有制经济在我国国民经济和社会发展中地位、作用的科学认识,着重评价学生对我国生产资料所有制的认同。

5. 学习活动设计

(1) 千里山海,八仙过海。

课前,教师让学生对威海千里山海自驾旅游公路沿线所有制行业分布、发展状况、所起作用情况进行调研。课上,教师请两组学生分享调研报告。

【议学思考1】① 一般来说,数量多寡是衡量一个地区经济发展程度的标准之一。有人推断威海的所有制结构以非公有制经济为主。对此,你怎么看? ② 如何判定公有制经济与非公有制经济何为主体?

【活动意图1】学生进行社会调研,从身边事看经济事,符合从生活到理论的逻辑。在搜集整理材料的过程中、在对不同所有制经济进行比较的过程中,对公有制经济的地位进行准确断定,深刻认识公有制为主体是社会主义初级阶段经济制度的根本特征,是社会主义经济制度的基础,进而提升学生解读经济现象的能力。

(2) 千里山海,"国字军"凿山拓海。

【议学情境1】山上:截断巫山云雨,高峡出平湖。放眼昆嵛山,一片新绿,国网新源山东文登抽水蓄能电站项目建设正酣。这里不仅是昆嵛山的"发电站",更是全市和整个胶东地区的"蓄电池"。它的建设不仅是笔生态账,更是一笔经济账、民生账。

【议学思考2】① 为什么国有经济要在国网新源的水电站行业占主导?② 发电量不如用电量,为什么国网新源"愿意""亏电"运行?③ 新时代,以国家电网为代表的国有企业应如何扛起责任,增强经济活力和实力?

【时事述评1】2019年以来,国家电网探索实施混合所有制改革,以"国家电网的混改之路"为主题,进行述评演讲。

【议学思考3】国家电网为什么要实施混合所有制改革?

【活动意图2】以国网新源山东文登抽水蓄能电站建设为典型案例,呈现国有企业的重要作用与责任担当,意在引导学生认识国有企业在重点行业中的重要作用。通过国家电网改革之路的探究,理解国企混合所有制改革的原因和意义,认识到国有企业是中国特色社会主义的重要物质基础和政治基础,实现价值引领。

(3)千里山海,新农村依山靠海。

【议学情境2】山下:红了樱桃,富了山村。千里山海带火了樱桃小镇——界石镇。李家疃村党支部通过成立樱桃种植专业合作社,引导村民以土地入股,集中种植大樱桃,建立起村集体与群众利益共享、风险共担的共同体,驶入脱贫致富的"快车道"。

【议学思考4】① 归纳文登区界石镇的多种所有制发展情况及形成原因。② 有村民担心与股份合作社合作会丢了土地、丢了钱,这不利于集体经济发展。应如何引导村民正确看待这一问题?③ 界石镇的发展模式对其他村镇的发展可提供哪些借鉴?请谈谈以这种模式进行推广的可行性和优越性。

【活动意图3】以展示学生调研成果为切入点,发挥学生的主体性,激发学生的学习兴趣,在分享中归纳文登区界石镇的多种所有制发展情况及形成原因,引导学生在议题研讨和问题探究中从感性认知走向理性思考,实现思维进阶。同时,通过身边案例,引导学生联系中国的乡村振兴战略,理解发展壮大农村集体经济的措施和意义,从而关注农业和农村的发展,增强学生的社会责任感。

(4)千里山海,"民营军"丰山富海。

【议学情境3】山腰:樱红石语,生态兴村。威海千里山海自驾旅游公路主题驿站——樱红石语驿站,位于樱桃小镇界石镇六度寺村。该驿站利用当地的石头房特色,开发了精品院落民宿,建设了艺术写生基地与生态康养园区,以乡村旅游为切入点,打造特色精致乡村,探索出一条极具特色的生态振兴之路。

【议学思考5】① 樱红石语民宿是什么性质的企业?各种风格民宿的修建给界石镇生产生活带来了哪些改变?② 政府可以为特色民宿发展提供哪些惠民政策?③ 以樱红石语为代表的特色民宿如何激发内动力,谋求更好的发展?

【活动意图4】以生活为基础,让课堂内容在有效叙事中更具趣味性,同时,发出"以樱红石语为代表的特色民宿如何激发内动力,谋求更好地发展"之问,激发学生进行深度思考和高阶思维。在活动过程中,鼓励学生整合信息,就政府如何支持和引导非公有制企业发展、激发非公有制企业的内生动力提出建议,培养学生发现问题、分析问题和解决问题的能力。

(5)千里山海,山海相依。

绘制公有制经济与非公有制经济的关系图并加以说明。300 字左右。

6. 作业与拓展学习设计

① 阅读关于国家电网混合所有制改革的相关内容以及国家对于民营企业的政策相关文章。② 围绕"新时代必须更好地坚持'两个毫不动摇'"主题,写一篇 500 字左右的短评。

(二)社会主义市场经济体制如何铺就繁荣之路

1. 内容分析

本课时学习内容共三目,分别讲述市场调节、市场体系、市场缺陷。第一目"市场调节",阐述资源配置的必要性和基本手段,着重介绍市场配置资源的具体运行机制及其优点;由市场配置资源的优点引出第二目"市场体系",该目主要介绍建设统一开放、竞争有序的市场体系的必要性和主要措施;第三目"市场缺陷",辩证认识市场作用,在第一目的基础上阐述市场调节的局限性及仅依靠市场调节会引发诸多经济社会问题。

2. 学情分析

学生在初中《道德与法治》八年级下册中学过生产资料所有制的相关内容,对此有一定的认知基础,但存在浅层化和碎片化特点,在"为什么"和"怎么样"的层面缺乏更深层次的理性思考。本单元是对初中内容的拓展和深化,侧重探究"为什么"和"怎样做",帮助学生形成比较完整的知识逻辑体系。

高中生处于求知欲较强的阶段,喜欢动手动脑,但生活经验不足,思考问题的深度、广度不够。因此,教师需要设计多样的活动来调动学生的积极性和参与度,通过安排社会调研等实践活动和课堂辩论等思维活动,增加学生的现实生活经验,提高学生的课堂参与度。

高中生有一定的思考能力,但是受知识储备、生活阅历不足等限制,他们的辩证思维能力不强。教师可针对高中生的困惑点与思维误区设计问题,引导学生在真实情境中进行理性思考、科学判断,提高学生的学科素养。

3. 学习目标

(1)回顾中国对市场地位认识的发展历程,知道计划和市场是配置资源的两种基本手段,明确从计划经济到市场经济符合经济规律是历史的必然。

(2)通过参与"威海千里山海自驾旅游公路沿线行业市场调研"活动,结合民宿行业发展现状,分析市场配置资源的方式和特点,增强学生理性参与市场经济活动的意识。

(3)通过采访民宿从业者,明确建立高标准市场体系的意义,论证更好地发挥政府作用的必要性,增强规则意识、公平竞争意识、法治意识等市场意识。

4.学习评价

(1)通过"威海千里山海自驾旅游公路沿线行业市场调研""威海民宿行业情况调研"等活动,评价学生从生活现象中发现问题、探究问题、总结问题的能力。

(2)通过"寻路""明路""筑路"活动的探究,在任务完成中评价学生对社会主义市场经济体制的理解和认同,评价学生能否准确运用经济观点分析社会现象,进而提升思维迁移和综合能力,培养科学精神。

(3)综合所学知识,结合深圳建立成熟发达的市场体系的经验,对威海如何建立成熟发达的市场体系提出建议并形成提案报告,评价学生的公共参与意识和能力。

5.学习活动设计

(1)寻路——市场经济体制为什么是历史必然?

【议学情境1】不同时期的不同选择。回顾历史,新中国成立之初,一穷二白、百废待兴,很多方面都亟须发展,而可用资源有限,人力、物力、财力极为匮乏。国家实行计划经济体制,集中力量办大事,短时间内建立起比较完整的工业体系和国民经济体系,实现了中华民族经济上"站起来"的伟大飞跃。

【议学情境2】计划经济对资源的配置。20世纪50年代,沈阳有两个一墙之隔的工厂:沈阳变压器厂和沈阳冶炼厂。变压器厂需要大量的铜,由主管的一机部从云南等地调到沈阳;冶炼厂生产的铜,由冶金部从沈阳调往全国各地。

【议学情境3】中国共产党对市场作用的认识历程。

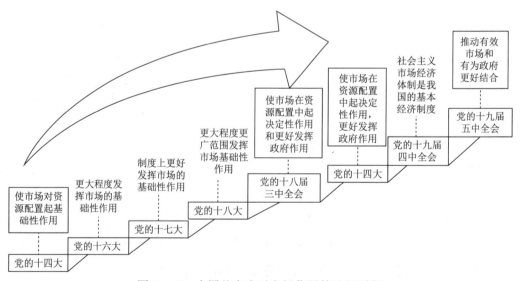

图2.1.3　中国共产党对市场作用的认识历程

【议学思考1】① 中华人民共和国成立初期为什么实行计划经济体制?② 为什么从计划经济走向了市场经济?③简述中国共产党对市场地位的表述经历了怎样的变化

过程。

【活动意图1】以史实资料为依据,了解计划经济是新中国成立初期立足国情的必然选择,而由计划经济到市场经济是中国共产党和人民对社会主义经济发展规律的重要探索,是符合经济规律的历史必然。在回顾党对市场作用的认识历程中,明确社会主义市场经济体制是中国共产党和人民的伟大创造,我们应坚定道路自信。在这一过程中,我们应遵循从感性到理性、从思维抽象到思维具体的认知顺序,实现历史逻辑与学科逻辑的统一。

(2)明路(一)——市场如何配置资源?

【议学情境4】威海千里山海自驾游公路宣传介绍。山在路上,海在路上,威海有一千里山海的画廊……为了留住、放慢来威游客的脚步,千里山海自驾旅游公路正式投运,威海市政府将威海90%的景点、沿途400余个特色乡村及各类农业、工业资源,以点带面、串连成线,形成全场景覆盖、全链条消费、跨行业共振的产业融合发展新格局,用高品质休闲度假产品带动文化和旅游消费转型升级,全力打造全域、全时、全要素融合的国际滨海休闲度假旅游目的地城市。

【议学思考2】① 威海市政府为什么要规划和打造千里山海自驾旅游公路?② 威海市政府做了哪些工作?

【课上展示1】调查小组展示网络调研和实地调研成果,分享了解相关行业发展情况。① 网络调查:数据a,同档次的民宿价位相差较大,高档次的民宿在旺季的价格确实很高;数据b,自千里山海自驾旅游公路开通以来,威海目的地效应显著提升,单日自驾客流量最高突破40万人次,2～3天“深度体验游”占比提升80%。② 实地调研:民宿老板。采访内容:选择投资民宿的原因。

【议学思考3】① 民宿的价格由谁规定?为什么?② 民宿档次不同,价格差异为什么这么大?同档次民宿在淡季和旺季为什么差价很大?

【活动意图2】以千里山海自驾旅游公路的打造与发展为议学情境,从身边事看经济事,激发学生的学习兴趣。通过威海市政府在千里山海自驾旅游公路运行过程中所做的工作,明确政府如何有效发挥作用,科学认识社会主义市场经济体制下计划和市场的关系。通过课前参与“威海千里山海自驾旅游公路沿线行业市场调研”活动,辩证看待市场定价与政府定价的作用,明确市场机制运行方式,分析市场如何配置资源,增强理性参与市场经济活动的意识。

(3)筑路(一)——市场机制如何更有效?

【议学情境5】威海民宿行业调查。现象一:准入门槛低,同质、低质民宿扎堆;为招揽生意,住宿登记不要身份证;平台上的房间图片与事实不符;等等。现象二:许多人盲目跟风投资民宿,导致临海沿线公寓出现大面积闲置或抛售。

【议学思考4】① 结合行业调查信息分析,为什么会出现这些现象?任其发展会有什么后果?② 面对这些现象,应如何应对?(结合相关利益主体进行多角度思考)③ 高标准市场体系、统一大市场建立可以充分发挥市场机制的优点,因此,发展经济可以完全放手由市场调节。你怎么看待这一观点?

【活动意图3】以学生调研成果展示为切入点,激发学生的学习兴趣,学生在分享中明确建设高标准市场体系的重要意义;聚焦中国市场政策新变化,体会市场有所呼、政府有所应的社会主义市场经济体制优势,明确改革只有进行时,没有完成时,感悟中国共产党与时俱进的执政能力和执政水平,增强坚持对党的领导的认同;以民宿行业出现的不良现象为突破口,正视市场调节的不足,科学认识市场的作用,论证更好地发挥政府作用的必要性,增强规则意识、公平竞争意识、法治意识等市场意识,明确"两只手优于一只手"的道理。

6. 作业与拓展学习设计

① 观看纪录片《建立成熟发达的市场体系,深圳还需做哪些努力?——深圳前副市长唐杰专访》。② 结合纪录片和调查实际,对威海如何建立成熟发达市场体系提出意见和建议,形成调研报告,择优推荐至威海市政府。

(三)如何更好地发挥政府作用,保障平稳运行之路

1. 内容分析

本课学习内容共有两目。第一目"社会主义市场经济体制的基本特征",阐述社会主义市场经济体制的基本特征;第二目"我国政府的经济职能",阐述我国政府的经济职能和作用,说明宏观调控的必要性、内涵、目标和手段。

本课内容是对上节课内容的延续。通过学习"充分发挥市场在资源配置中的决定性作用",明确建立现代市场体系需要更好地发挥政府作用。两个议题的学习共同构成社会主义市场经济体制的完整内容,系统探寻社会主义市场经济体制运行的密码,明确社会主义市场经济体制的科学性、历史必然性、现实重要性。

2. 学情分析

通过学习"充分发挥市场在资源配置中的决定性作用",学生对市场调节资源配置的特点和方式有了一定的了解,对发挥政府作用的必要性和必然性也有所了解。但这些学习都存在浅层化和碎片化特点,缺乏系统认知和规范的表达。

学生对我国政府在经济社会中的具体事例有所耳闻,但更多的是直观的具体感受,对于政府发挥作用的具体手段、作用等方面的认识不够深刻。因此,教师需要在教学中对生活情境进行深度分析,弥补学生生活经验的不足。

高一学生具备一定的观察能力和逻辑思维能力,对经济领域有一定的探究兴趣,但对理论性较强的内容存在学习困难,教师需要围绕生活情境设置话题和问题,以任务为驱动启发学生思考。

3. 学习目标

(1)通过对比千里山海自驾旅游公路打造前后,威海市政府文旅政策和文旅市场资源开发的"变"与"不变",体会政府在经济社会生活中的地位和作用,坚定道路自信。

（2）通过樱桃小镇脱贫致富的分析和家长讲堂的政策解读,明确政府经济职能的主要表现,加深对社会主义市场经济体制的理解和认同,提高关注经济现象的意识,提高参与经济活动的能力。

（3）通过分析不同经济时期宏观调控政策的变化和调整,明确宏观调控的常用手段,能正确分析经济现象,进一步加深对政府和市场关系的认识,坚定中国特色社会主义道路自信、理论自信、制度自信。

4. 学习评价

（1）围绕"政府有为"主题,开展"威海市文旅资源开发及政策情况调研"活动,从参与调研计划的制订、小组同学的合作、调研资料的翔实、分析结论的科学性和严密性等维度,评价学生参与生活、观察分析经济现象的能力。

（2）通过富村故事、精准扶贫之路有多精准等情境分析,理解社会主义市场经济体制的特征,评价学生在复杂情境中解决真实问题的能力,达成科学精神、政治认同的学科素养。

（3）通过阅读威海市"十四五"规划并设计、撰写读后报告,评价学生运用观点分析、阐释问题的能力,提升思维迁移能力,培养学生的政治认同的核心素养。

5. 学习活动设计

（1）筑路(二)政府如何有为?

【课堂展示 1】课前,大家查阅了千里山海自驾公路打造前后,威海市政府文旅政策的"变"与"不变"以及文旅资源开发的"变"与"不变"。请学生展示。

【议学思考 1】① 威海市为什么能修建这条公路? ② 为什么要修建这条公路? ③ 为什么说千里山海自驾旅游公路的打造是威海文旅市场提质增效的"催化剂"?

【活动意图 1】以市政府政策变化对比分析,激发学生学习和调研的兴趣,进一步引导学生关注本地经济发展。在社会调研基础上,通过对序列化议学问题的思考,帮助学生由感性到理性,明确政府的经济职能,用生活逻辑助力学生理解学科逻辑。

（2）明路(二)建设一条怎样的共富之路?

【议学情境 1】要想富,先修路。千里山海是一条致富路,能够让沿线山区脱贫,文登区界石镇樱桃小镇就是这条脱贫路上的一颗明珠。

威海市文登区界石镇党委大力推进基层党建与脱贫攻坚深度融合,把增强基层党组织建设作为扶贫工作的坚强战斗堡垒,组建五个重点贫困村的驻村工作队,发挥驻村工作队作用。

威海市国家发展和改革委员会开展了首批联系村特色农产品进机关扶贫消费活动,帮助威海市文登区界石镇贫困群众销售苹果、芸豆、辣椒、鸡蛋、鸭蛋等自产农产品,以实际行动帮助贫困群众脱贫增收。

【议学思考 2】① 精准扶贫之路有多"精准"? ② 这些精准扶贫措施体现了政府哪些经济职能? ③ 这些措施体现了社会主义市场经济体制哪些鲜明优势? ④ 脱贫之后如

何开好乡村振兴的新局,做到经济发展"一路生花"?

【活动意图2】以威海市文登区界石镇富村故事为议题情境,归纳威海市政府在界石镇脱贫攻坚中所做的工作,明确更好地发挥政府作用的经济意义,体会社会主义市场经济体制的巨大优势;通过家长课堂嵌入本土社会资源,提升学生对经济现象和经济问题的解读能力,并对如何开好乡村振兴的发展新局贡献自己的智慧;增强投身新时代中国特色社会主义建设的自觉性和能力。

(3)明路(三)如何练好"市场+政府"的"功夫"?

【议学情境2】政策的变化与调整。为统筹推进全市疫情防控和经济社会发展,有效应对新冠疫情带来的不利影响,帮助市场主体纾困解难,尽快复工复产,威海市制定《威海市应对疫情影响助力市场主体恢复发展的若干政策措施》(以下简称《措施》),于2022年3月26日印发实施。《措施》从降低企业生产成本、加大财政金融支持力度、强化重点领域扶持、鼓励企业开拓市场、保障企业复工复产五个方面,提出了32条政策措施,全力支持市场主体恢复发展,保障全市经济稳定运行。

【议学思考3】① 如何根据不同的经济形势,合理运用宏观调控手段? ② 如何处理好政府与市场的关系?

【活动意图3】以威海新冠疫情前后宏观政策的变化和调整为议学情境,激发学生的学习兴趣,引导学生理解宏观调控手段的组合与使用,增强对于市场经济需要更好地发挥政府作用的认同,增强制度自信;同时,通过理性分析威海经济发展情况,明确"两只手"要优于"一只手"的道理。

6. 作业与拓展学习设计

①查阅我国精准扶贫的政策及举措。②请结合本课所学,阅读威海"十四五"规划,写读后报告。

(设计者:邵雪晶、黄进淑、王丛丛)

第二单元

经济发展与社会进步
大单元教学设计

一、单元主题:经济发展与社会进步

本单元主要阐述我国在高质量发展中满足人民对美好生活的需要。其中的"财富的生产制造与分配"是本册教材的落脚点,重在讲解如何解决我国发展不平衡不充分的问题,从而满足人民对美好生活的需要,解决当前社会的主要矛盾。

二、单元教学设计依据

（一）育人价值

基于落实立德树人根本任务和学科素养的培育,本单元教学以学科大概念"在高质量发展中满足人民的美好生活需要"为核心,以学生真实的生活情境为载体,通过设置议题活动的探究,引导学生形成正确的价值观念、必备品格和关键能力。通过本单元学习,学生能够结合社会实践活动,感受贯彻新发展理念、推进高质量发展是社会进步和人民幸福相统一的必然要求,认同党和国家大政方针路线政策,树立以人民为中心的价值取向。科学认识我国经济发展与社会建设中的有关问题,懂得劳动是财富的源泉,明确获得个人收入要通过合法途径,坚持权利和义务相统一,遵守社会法律法规,依法参与社会保障。增强社会责任感,弘扬和践行劳动精神、工匠精神,做理智的消费者,积极投身社会主义现代化强国建设实践,为实现中华民族伟大复兴接续奋斗。

（二）课程标准

（1）阐释以人民为中心的发展思想和创新、协调、绿色、开放、共享的新发展理念,解释经济发展方式的转变和供给侧结构性改革,评析经济发展中践行社会责任的实例。

（2）了解我国个人收入的方式和合法途径,解释个人收入分配政策的完善。

（3）评析实现共同富裕、促进社会公平正义的收入分配与社会保障政策,列举完善社会保障体系的措施。

（4）阐明劳动对社会发展和进步的意义,弘扬劳动精神,树立崇尚劳动、热爱劳动的观念。

（三）单元内容

本单元以习近平经济思想为指导,主要讲述社会财富的生产创造与科学分配重在解决我国发展的不平衡与不充分问题,从而满足人民对美好生活的需要,此为教材的落脚点。

第三课"我国的经济发展"主要阐述以人民为中心的发展思想、新发展理念等基础理论,阐明如何以新发展理念为指导,推动经济高质量发展,构建新发展格局。以人民为中心的发展思想和新发展理念是推动高质量发展的行动指南,推动高质量发展、构建新发展格局是贯彻新发展理念的现实载体和表现,二者密不可分、相互印证。

在推动经济高质量发展的基础上,第四课围绕社会进步这个中心,讲述我国社会建设中有关个人收入分配、共同富裕、社会保障的基本原理,明确社会保障体系建设要与经济发展水平相适应,通过推动经济发展实现社会公平,使人民有更多的获得感、幸福感和安全感。

综合探究以"践行社会责任 促进社会进步"为主题,围绕劳动精神、企业家精神、绿色发展、共同富裕展开,这是对第二单元的综合拓展。将思政小课堂与社会大课堂有机结合,引导学生理解践行社会责任的意义,了解促进社会进步的途径和方法,为学生科学认识我国经济发展与社会进步提供理论指导。

（四）单元学情

学生在必修一学习了习近平新时代中国特色社会主义思想的核心内容"十个明确"和"十四个坚持"等相关知识,具有一定的知识储备。本单元理论性较强,经济学名词、概念较多,如实体经济和虚拟经济的区别、供给侧结构性改革和扩大内需的关系、乡村振兴的必要性和重要性等重难点,学生的相关知识储备和生活实践相对有限,需要教师适当补充和拓展。

高一学生的思想活动和行为方式呈现多样性、可塑性特点。教师应根据学生的特点,采用议题式学习方式,引导学生解读国家政策文件、展示图片、小组探究、观看视频,关注学生情感、态度和行为表现,激发学生思考,加深学生对所学知识的理解,培养学生主动探究的学习习惯,使学生将所学内容内化于心、外化于行。

三、单元目标

（1）通过议题式教学和合作探究的方式,让学生真正理解坚持以人民为中心的发展思想和坚持新发展理念的原因及措施,提高学生的社会理解能力和参与能力,深化对习近平新经济思想的认识,认同新发展理念以及党和国家的大政方针、路线、政策。

（2）通过问卷调查、查阅资料和合作探究的方式,让学生了解什么是经济发展方式、供给侧结构性改革、实体经济、虚拟经济,提高学生科学认识问题的水平和科学解决问题的能力。

（3）通过探究我国现阶段以按劳分配为主体、多种分配方式并存的分配制度,使学生能够科学辨析按劳分配和生产要素按贡献参与分配及意义,了解个人收入的来源以及我国当前收入分配制度是如何推动实现共同富裕和社会公平的,弘扬劳动精神,树立崇尚劳动、热爱劳动的观念。

（4）通过探究我国加强社会保障体系建设的必要性、意义和措施,认可我国日益完善的保障,增强对完善社会保障体系的认同感;通过对促进社会公正、实现共同富裕、营造良好社会风尚、完善社会保障的政策提出建议,增强学生的公共参与意识。

（5）通过收集事例和访谈劳动模范,帮助学生明确创新创业的条件和要求,树立正确的就业创业观,增强责任担当意识,养成尊重劳动、热爱劳动、勇于创新的品质,树立正确的财富观,培养奋斗精神和乐于助人的品质。

四、单元达成评价

坚持过程性评价和终结性评价相结合,注重评价的主体性、协商性、多元性,帮助学生在情境化、生活化的任务中反映并发展其知识、能力、情感、品德。

（一）纸笔测试

课时训练、达标测验、单元测试。

（二）表现性任务

（1）通过实地调研撰写调查报告，为家乡的高质量发展建言献策。

（2）制作短视频《晒晒我家的收入》，区分不同分配方式和收入途径。

（3）结合自身职业生涯规划，撰写以"助力家乡高质量发展与共同富裕"为主题的论文。

五、单元实施

（一）单元整体教学思路

依据习近平经济思想，以"在高质量发展中满足人民的美好生活需要"为主题，以"照亮美好生活之光""夯实美好生活之基""提高美好生活之质""托起美好生活之底"为情境线，开展议题式单元整体教学。

（二）单元整体框架

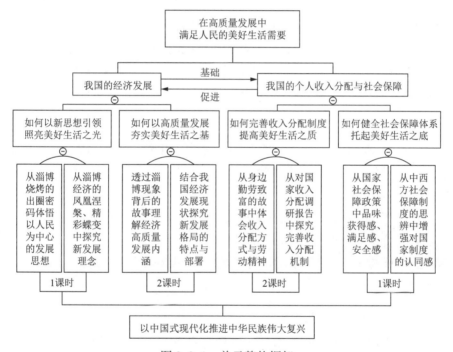

图 2.2.1 单元整体框架

六、课时教学设计

（一）以新思想引领，照亮美好生活之光

1. 内容分析

本课是必修二《经济与社会》第二单元第三课第一框的内容，包括两目。第一目"坚持以人民为中心的发展思想"，阐述以人民为中心的发展思想的内涵、意义和要求，侧重

从发展的出发点、动力点、落脚点方面讲为什么要发展、为谁发展、靠谁发展、由谁享有发展成果。第二目"坚持创新、协调、绿色、开放、共享发展",阐述新发展理念的重要意义、内涵和要求,侧重从发展的理念、原则、过程、方法等方面讲如何发展、怎样发展。

2. 学情分析

学生在初中学过新发展理念相关知识,为高中学习打下了理论基础,第一单元"生产资料所有制和经济体制"等知识的学习,为本课的学习做了铺垫。

高一学生的思想活动和行为方式具有多样性、可塑性,教师通过创设合适的情境,设计有梯度的任务,组织有效的学生活动,全方位、多角度给予学生参与学习的机会,帮助学生在合作探究中突破重点和难点,落实核心素养。

3. 学习目标

(1)学生通过联系生活实际和结合教材理论,分析淄博烧烤爆火背后的原因,深刻理解什么是以人民为中心的发展思想,自觉坚持人民至上,培育政治认同。

(2)学生通过搜集资料调查研究淄博的昨天、今天和明天,对比淄博辉煌的过去和现在尴尬的处境,为淄博的美好未来寻找出路,深刻理解为什么要坚持新发展理念以及如何坚持,提高学生认识问题、分析问题和解决问题的能力,培养其科学精神。

(3)学生通过了解城市发展的未来目标,结合自身的职业生涯规划,思考如何为家乡发展助力,将小我融入大我,培育家国情怀,提高其参与经济生活的意识和能力。

4. 学习评价

(1)通过探究淄博烧烤成功出圈的原因,学生运用经济知识分析、归纳和概括社会现象,教师评价学生透过现象把握事物的本质与规律、理论联系实际的能力,引导其坚定人民至上的政治认同。

(2)通过探究淄博凤凰涅槃与精彩蝶变的原因,评价学生发现问题、分析问题、解决问题的能力,评价学生合作探究学习的能力。

(3)通过"畅想未来"主题活动,评价学生的公共参与意识和能力。

5. 学习活动设计

(1)淄博烧烤为何能成功出圈?

【议学情境1】开展课前调研,总结淄博烧烤能够成功出圈的原因。

【议学思考1】① 概括淄博烧烤爆火后,政府、经营者、市民的系列做法。② 分组讨论:围绕"坚持以人民为中心的发展思想",从是什么、为什么和怎么做三个维度深入分析。

【活动意图1】通过开展学习调研,引导学生从身边事说起;从感性认识入手,启发学生理性思考,激发学生参与的积极性与探索欲望,引导学生从内涵、原因和要求三个维度认识和分析问题,增强学生透过现象看本质的思维能力。

(2)淄博如何实现凤凰涅槃与精彩蝶变?

【议学情境2】展示淄博辉煌的过去、尴尬的现在、美好的未来相关图片。金晶玻璃——创新发展;组群式城市——协调发展;九顶山公园——绿色发展;陶博会、中欧班列——开放发展;齐盛湖公园、新三院——共享发展……

【议学思考2】① 运用新发展理念审视淄博的发展,思考新发展理念解决什么问题、重要性和实践要求。② 围绕"保护生态环境是否会影响经济发展"进行辩论。③ 结合自身,反思生活中不合理、不绿色的消费现象,思考如何做一名理智的消费者。

【活动意图2】通过梳理家乡发展历史,调动学生的积极性、主动性。以辩论的形式培养学生的辩证思维,帮助学生树立经济发展与环境保护关系的科学认识,从而完整、准确、全面地把握新发展理念,形成理论联系实际的能力和科学精神。结合综合探究中消费原则的内容,帮助学生理论联系实际,内化于心,外化于行。

(3)新时代青年如何助力家乡发展?

【议学情境3】淄博市委书记马晓磊用五个"C"推介淄博。第一个"C"是行政区划序列,淄博是山东省第三个省辖市,鲁C;第二个"C"是central,淄博位于鲁中,是山东地理几何中心;第三个"C"是china,淄博是陶瓷名都,中国五大瓷都之一;第四个"C"是碳产业链,主导产业占50%的是以石油炼化、碳产业链为主体的产业布局;第五个"C"是汉语"菜"的拼音,八大菜系之首鲁菜的发源地,淄博烧烤承接的是鲁菜精华。

【议学思考3】身为淄博人,请结合自己的职业生涯规划谈谈你将如何助力家乡发展。请结合个人和城市发展实际,展示个人职业生涯规划,特别说明几个时间节点(大学毕业、2035年、2049年等)。

【活动意图3】通过职业生涯规划,将小我发展融入城市发展,坚持个人利益和集体利益、社会利益相统一。增强学生的主人翁意识,培养其公共参与的核心素养,激发其学习的热情与动力,培养其家国情怀,使其成为担当振兴淄博和民族复兴大任的时代新人,努力做到理论和实际相统一。

6. 作业与拓展学习设计

① (基础过关+拓展培优)分层布置。② 就淄博如何让"流量"变"留量"、让"网红"变"长红"提出建议。③ 资源推荐:党的二十大报告、淄博市第十三次党代会、淄博市委工作报告。

(二)以高质量发展,夯实美好生活之基

1. 内容分析

本课是高中思想政治必修二《经济与社会》第三课第二框,与上一框是理论和实践的逻辑关系。本课的教学重点围绕"推动高质量发展"展开,要求学生能结合实际对宏观经济发生的具体案例做出全面系统的阐释。本框在本单元乃至整本教材中处于核心地位,教师需要运用所学知识进行综合分析。

2. 学情分析

通过对必修一和必修二前面内容的学习,学生对我国经济发展所取得的成就和理论探索成果有了初步了解,为本框学习提供了纵向的历史知识储备。学生通过对我国经济制度顶层设计的学习,培养了分析经济现象的能力,为本框学习提供了横向的分析维度和分析能力。但"高质量发展"和"新发展格局"作为新的时政热点,与学生日常生活的联系不够直接,学生缺乏兴趣和参与感,为此,教师需要从学生可见可感的生活入手创设情境,为学生分析问题提供有力抓手。

3. 学习目标

(1)通过真实案例情境的探究,理解推动高质量发展的措施,深化对习近平经济思想的认识,坚定对中国特色社会主义的自信,增强对我国经济发展理念的认同。

(2)通过分析我国经济建设的成绩和问题,培养辩证思维,帮助学生理性看待我国经济发展现状。

(3)通过社会小调查提升学生的社会参与能力,帮助学生理论联系实际,并回到实践中。

4. 学习评价

(1)课堂探究和分享表现,用表现性评价"小组合作探究和分享"评价量表,检测前两个目标的达成情况,评价学生发现问题、探究问题、解决问题的能力,评价学生能否准确理解运用经济观点分析社会现象、发展科学精神、增强政治认同。

(2)课后调查研究活动,用"社会调查研究"评价量表,检测第三个目标的达成情况,评价学生观察社会、搜集资料、归纳分析问题、理论联系实际的能力,提高学生的公共素养。

5. 学习活动设计

(1)中国经济的昨天:创造奇迹、重重关口。

【议学情境1】① 展示动画:中日两国 GDP 对比变化、数据图,以及中国 GDP 总量和对全球的贡献。② 展示图片:"三驾马车""污染物排放",学生身边的发展不协调问题。③ 深度讲解:经济学微笑曲线。

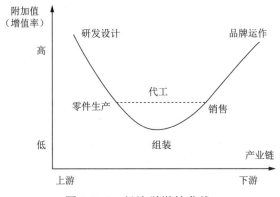

图 2.2.2　经济学微笑曲线

【议学思考1】① 体会感悟:观看动画,体会我国经济发展的巨大成就。② 思考分析:结合案例和讲解,思考成绩背后的问题。③ 辩论求证:科学论证我国制造业发展现状与前景。④ 总结落实:高质量发展的原因、内涵和要求,构建新发展格局的内涵和要求。

【活动意图1】通过直观的数据、丰富的图片,感悟改革开放以来我国取得的经济成就,坚持辩证思维,正视我国发展过程中的问题,树立科学精神,积极关注并科学论证我国经济发展现状与前景。

(2)中国经济的今天:科学发展、稳中向好——从淄博现象看中国发展。

【议学情境2】见证百年工业城市的产业蝶变、凤凰涅槃:2023年淄博市拥有国家级制造业单项冠军达20家,其中单项冠军示范企业19家,数量居全省第二、全国第六。壮士断腕,淘汰落后,实现“腾笼换靓鸟”,赋能存量,实现“老树长新枝”;培育增量,新兴产业增规模,实现“新树长强枝”。科创驱动为淄博工业高质量发展启动“新引擎”。金融赋能打造区域性科创金融“新高地”,为淄博工业充盈了金融血脉。招才引智为淄博邀约了更多城市“合伙人”,包括“人才金政37条”的发布、“名校人才特招行动”的推出、硕博人才储备计划和十万大学生集聚计划的实施。

【议学思考2】① 调研之行第一站:淄博明星企业背后的发展故事。思考:这些明星企业成功的共同法宝是什么?淄博是如何构建新发展格局的?这些明星企业属于实体经济还是虚拟经济?② 小组合作探究分享:淄博市政府如何推动高质量发展?

【活动意图2】介绍当地明星企业,培养乡土情怀;设置富有挑战性的问题,激发学生的探究热情,引导学生挖掘材料的内涵,促进知识生成;通过形象和生活化的素材,突破难点、内化知识。

【议学情境3】《淄博市2023年“十大改革突破行动”实施方案》提出“统筹推动和大力发展区县域经济”。区县域经济统筹不足、协作不畅、实力不强是淄博市的突出短板。进一步强化市级统筹,建立项目招引、要素保障、风险防范三项工作机制,实现利益共谋、风险共防。打造乡村振兴“齐鲁样板”淄博特色板块,淄博这样做:建设现代农业强市、实施乡村建设行动、打造数字农业农村中心城市、深化农村改革。

【议学思考3】① 调研之行第二站:区域战略发展规划、淄博市的特色农业发展。② 小组展示与总结落实:淄博市大力发展区县域经济的重要举措,介绍淄博市“齐鲁样板”淄博特色板块,概括总结促进区域协调发展和全面推进乡村振兴的措施。

【活动意图3】借助乡土资源,学生通过实地调研并展示成果,激发学生的学习兴趣。在议题研讨中深入,在探究分享中归纳,实现思维的进阶提升,帮助学生完整地、全面地、准确地理解和把握协调发展中的城乡区域协调发展,归纳总结乡村振兴“齐鲁样板”的淄博特色。

【议学情境4】淄博传统产业未来可以开拓出千亿级市场。鑫旭集团牵线搭桥的“淄博市‘一带一路’基础工业园区”将成为巴基斯坦当地重要的工业载体之一。鑫旭集团率先“出征”海外,在巴基斯坦、斯里兰卡、尼日利亚等国寻求淄博市“一带一路”传统工业转移的落地空间。如今,淄博的造纸、炼化、钢铁、肥料等企业在鑫旭集团的带动下,陆续与发展中国家对接。未来我们共同见证淄博企业在"一带一路"上落地生根,开花结果。

【议学思考4】① 调研之行第三站:淄博优势产能一路向西"拓金海外"。② 小组合作探究分享:"一带一路"给淄博企业、中国、沿线国家和经济全球化带来了怎样的影响。

【活动意图4】设计开放性、有思维张度和深度的问题,通过合作探究突破难点,提高学生的思维能力,引导学生思考我国企业到海外投资的影响,从而做出正确的价值判断和价值选择,贯彻落实开放的发展理念。

(3)中国经济的明天:行稳致远,更加美好。

【议学情境5】学习强国:"江山就是人民,人民就是江山。必须坚持在发展中保障和改善民生,不断实现人民对美好生活的向往""中国的昨天已经写入人类的史册,中国的今天正被亿万人民创造,中国的明天必将更加美好"。

【议学思考5】学习专栏:在对党和国家政策的认知与认同中坚定信念——中国经济的巨轮必将无惧风雨、破浪前行。

【活动意图5】呼应课题主旨,深化知识认知,由感性认识到理性思考,认同党和国家的经济政策,培养学生的家国情怀,坚定学生的发展信心,从而推动我国经济乘风破浪、行稳致远。

6. 作业与拓展学习设计

① 资源推荐:"微笑曲线""武藏曲线"、《淄博市 2023 年国民经济和社会发展计划》。② 调查当地企业、村庄或本地区的经济发展状况,撰写调查报告,为家乡的高质量发展建言献策。

(三)完善收入分配制度,提高美好生活质量

1. 内容分析

本课是对"坚持新发展理念"和"以人民为中心发展思想"的逻辑延伸,讲述了我国收入分配的制度、途径、劳动的重要性,理解国家为实现共同富裕、社会公平采取的措施,力求引导学生坚定制度自信、正确认识劳动的意义和价值,提高学生的社会责任感。

2. 学情分析

学生通过学习第三课内容,理解了我国在新发展理念下如何推动高质量发展。作为现代经济建设的主力军,每个公民都参与收入的分配,并且对其是否公平做出评判。由于具体概念较为抽象、学生缺乏实际工作经验,学生在学习这部分内容时可能出现难以理解的情况。

3. 学习目标

(1)通过学习我国的分配制度,增强学生对我国分配制度的认同,坚定制度自信。

（2）通过学习不同的分配方式和分配途径，结合不同家庭的收入情况，树立正确的财富观、劳动观；树立合法经营、依法致富的观念。

（3）通过学习完善分配制度的措施，调动学生为促进社会公平建言献策的积极性、主动性，自觉投身建设实践，增强社会责任感。

4. 学习评价

（1）通过阅读教材中关于不同分配方式和不同收入途径的内容，评价学生的阅读理解能力、归纳概括能力、比较分析能力和辩证思维能力，着重评价学生对我国分配制度的认同。

（2）通过展示自制短视频《晒晒我家的收入》和开展"讲身边事，学身边人"活动，评价学生能否准确运用经济观点分析社会现象，提升思维迁移和综合能力，着重评价学生是否树立正确的劳动观和财富观。

（3）学习党的二十大报告有关完善收入分配的内容，评价学生使用相关经济理论知识对时政材料进行分析和解决的能力，着重评价学生的合作探究学习能力和实践应用能力。

5. 学习活动设计

（1）时政速递，理论学习，深度探究。

【议学情境1】播放短视频《党的二十大报告有关收入分配政策》和《中国式现代化是实现共同富裕的现代化》。

【议学思考1】① 自主探究：我国的分配制度是什么？为什么要实行这样的制度？② 合作探究：比较分析按劳分配和按生产要素分配。

【活动意图1】通过观看时政视频，引导学生关心国家大事。通过探究活动帮助学生回忆已学知识，使学生认识到我国的分配制度符合我国国情，培养学生的归纳概括能力和比较分析能力，形成政治认同，增强制度自信。

（2）走进生活，学习榜样，勤劳致富。

【议学情境2】① 围绕"弘扬劳模精神、劳动精神和工匠精神"，在调研的基础上开展"讲身边事，学身边人"活动。② 播放学生课前自制的短视频《晒晒我家的收入》。

【议学思考2】① 我国居民收入来源多样化的原因。② 运用所学知识分析短视频中的居民收入分别属于哪种分配方式和收入途径。③ 展示"许振超劳动模范事迹""企业家精神"，结合材料和身边的实例，讨论该如何勤劳致富。

【活动意图2】设置生活化的情境激发学生的学习兴趣，懂得我国分配制度下多样化的分配方式和收入途径。探寻诚信、仁爱、集体主义等鲁商文化特质，形成对劳动精神、劳模精神、工匠精神等的科学认识，树立正确的财富观和劳动观，培养社会主义建设者和接班人。

（3）实现共富，促进公平，彰显担当。

【议学情境3】课前分组搜集文字资料、图片、视频等，课上分小组依次展示。1组：

初次分配、再分配、第三次分配的比较;2组:"多劳多得""最低工资标准""财产性收入"的政策解读;3组:个人所得税、养老保险、医疗保险、发放农民种粮补贴等图片;4组:金字塔型与橄榄型结构图对比解析;5组:介绍慈善活动的内涵、主要形式的视频。

【议学思考3】① 如何缩小收入差距,实现社会公平? 上述措施发挥了怎样的作用? ② 如何区分初次分配、再分配和第三次分配? ③ 作为一名学生,你可以为我国的慈善工作和扶贫工作做什么?

【活动意图3】通过合作探究分组展示文字、图片、视频等方式,帮助学生理解国家积极完善个人收入分配的各项政策,使学生明白实现社会公平的重要性,能够准确区分初次分配、再分配、第三次分配;最后由国家思考到个人,立意深化,鼓励学生用自己的力量来支持国家的政策,实现人生价值。

【议学情境4】播放《全面推进乡村振兴,听山东这些上会的村书记今年怎么干》。

【议学思考4】① 评价淄博市淄川区双杨镇赵瓦村乡村振兴的成功做法。② 就如何巩固拓展脱贫攻坚成果同乡村振兴有效衔接提出建议。

【活动意图4】通过探究当地致富绝招,鼓励学生用历史的眼光、国情的眼光、辩证的眼光认识淄博的"强富美优"之路,号召广大学生以更积极的姿态展现新时代淄博良好形象,提升城市影响力和美誉度,明确责任和担当,形成对乡村振兴和共同富裕的正确认识。

6. 作业与拓展学习设计

① 学习党的二十大报告《中国式现代化是全体人民共同富裕的现代化》。② 实地调研:走访调查本地的地方特色与发展优势,撰写调研报告。

(四)如何健全社会保障体系,托起美好生活之底

1. 内容分析

本课讲述了中国式现代化建设中有关个人收入分配、共同富裕、社会保障的基本原理,讲述了什么是社会保障、建立和完善社会保障的意义、我国社会保障的主要形式以及完善社会保障体系的重要举措。引导学生感受再分配在促进社会公平方面的作用,理解社会保障政策,感受坚持以人民为中心的发展思想,增强对我国社会保障制度的认同感。

2. 学情分析

高一学生的形象思维能力比较强,其抽象思维尚处于逐步发展阶段,他们对问题的理解有着直观、具体、形象、片面的特点,思辨能力不强。从兴趣与需求来看,这一阶段的学生开始关注社会、关注生活。通过前面的学习,学生对收入分配有了一定的认识,具备学习本课相关知识的经验;另外,学生通过自己的日常生活经验,能够直观地感受身边的社会保障形式,这些为本课教学活动的开展奠定了基础。

3. 学习目标

(1)通过学习全面了解我国社会保障体系,感悟我国社会保障制度建设取得的成就,体会社会主义制度的优越性,坚定制度自信,增强政治认同,培养学生的家国情怀。

(2)通过学习本框题,懂得完善社会保障体系要量力而行、尽力而为,全面客观地认识我国的社会保障的完善与发展,培养科学精神,增强辩证思维能力。

(3)明确享受社会保障是我们的权利,也需要社会成员分担责任,坚持权利与义务的统一,依法参与社会保障事业,增强法治意识。

(4)懂得社会保障的重要性,增强社会责任感和参与感,树立公民意识,提升公共参与能力。

4. 学习评价

(1)通过对《淄博市"民生一卡一码通"工作实施方案》的讨论交流,评价学生了解社会、关注民生、归纳分析问题的能力,着重评价学生对我国社会保障构成及作用的认知。

(2)通过开展"中国能否实行高福利"主题辩论,评价学生的逻辑表达能力,着重评价学生的创新思维。

(3)通过以"奔向强富美优,助力淄博愿景"为题提建议,评价学生公共参与的意识与能力,着重评价学生对如何织牢社会保障"安全网"的理性选择。

5. 学习活动设计

(1)提升生活服务中的获得感。

【议学情境1】为促进"民生一卡通"工作的开展,淄博市政府出台了《淄博市"民生一卡一码通"工作实施方案》,涉及残联、教育、民政、财政、人社、交通、文旅、退役军人、行政审批以及公积金等22个重点民生部门和37项"一卡通"高频民生服务事项,目前在政务服务、待遇领取、金融服务等方面采取多种措施,实现了社保卡的应用扩展……

【议学思考1】淄博"民生一卡通"实现了社保卡的应用扩展。让学生自主查阅淄博市"民生一卡一码通"服务目录清单,谈谈社会保障的内容;结合课前的自主预习与资料搜集,概括我国社会保障在经济社会发展中发挥的重要作用。

【活动意图1】引导学生关注身边生活,通过直观认识进行理性思考,全面认识我国社会保障的作用与内容,感受我国社会保障取得的成绩,增强对我国坚持以人民为中心的发展思想的理解,增强制度自信和政治认同。

(2)推进政策完善中的满足感。

【议学情境2】淄博市民政局、淄博市财政局出台《关于调整困难群众救助保障标准的通知》。

【议学思考2】① 登陆淄博市民政局官网,搜集相关具体信息。② 评述其中一项,并为进一步完善社会保障体系提出建议。

【活动意图2】通过对数据的分析和文件的解读,认识到完善社会保障体系,要覆盖全民、统筹城乡、公平统一,维护弱势群体的利益,感知淄博市委、市政府始终站在人民的立场,尽心竭力地增进民生福祉的公仆意识,增强政治认同。

（3）增强理性思辨中的认同感。

【议学情境3】制作名为"北欧从摇篮到坟墓"的福利制度的卡片。我国是社会主义国家，社会主义的优越性主要体现为社会保障的全民全覆盖。因此，有的人认为即便不工作，社保也要保障其生活。

【议学思考3】① 北欧从摇篮到坟墓的福利制度对中国社会保障制度有何经验和教训？② 开展"中国能否实行高福利"主题辩论。

【活动意图3】通过中外社会保障制度对比，引导学生正确看待北欧高福利制度的利与弊，并结合中国发展的实际，科学认识我国社会保障制度的发展历程，形成对经济发展和社会保障水平之间关系的正确认识，能够明辨是非，正确看待我国的社会保障制度。

（4）守护职业生涯中的安全感。

【议学情境4】初入职场的小王，每月缴纳约600元个人养老保险费（由单位代扣代缴）。他算了笔账：自己才25岁，还有几十年才能领养老金，现在每月缴这么多钱，影响当前生活质量，不划算。

【议学思考4】① 查阅资料，进一步了解我国《社会保险法》相关法律政策。② 小王现在想"退保"，假如你是小王的同学，他询问你的意见，你将如何答复？

【活动意图4】将未来的职业选择与课堂教学结合起来，激发学生的探究热情。学生通过自主思考、合作探究，在思辨中进一步了解我国社会保障体系的意义与要求，做出正确的价值判断与价值选择，帮助学生树立依法缴纳社保费的意识，自觉维护劳动者的合法权益。

6. 作业与拓展学习设计

① 了解《社会保险法》《劳动合同法》相关法律法规。② 请以"奔向强富美优，助力淄博愿景"为题，向相关部门提出两条有利于社会保障体系建设的合理化建议。

（设计者：岳鑫、杨萍、刘金花、王秀花、赵萌萌）

第三章　必修三　《政治与法治》

中国共产党的领导
大单元教学设计

一、单元主题：坚持中国共产党的领导

办好中国的事情，关键在党。全面建设社会主义现代化国家、全面推进中华民族伟大复兴，关键在党。中国特色社会主义最本质的特征是中国共产党领导，中国特色社会主义制度的最大优势是中国共产党领导，中国共产党是最高政治领导力量。党的领导是党和国家的根本所在、命脉所在，是全国各族人民的利益所系、命运所系。基于此，确定单元主题为"坚持中国共产党的领导"。

二、单元教学设计依据

（一）育人价值

基于落实立德树人的根本任务和学科核心素养的培育，本单元围绕"坚持中国共产党的领导"这一学科大概念，以三个分议题为引领，通过丰富多样的教学情境和进阶性逻辑化的活动设计，使学生经历必要的思维活动和社会实践活动，理性思考并深刻领会"没有中国共产党，就没有新中国，就没有中华民族伟大复兴"，自觉坚持和拥护中国共产党的领导。

（二）课程标准

（1）引述《中华人民共和国宪法》（简称《宪法》）序言，说明没有中国共产党就没有新中国，阐明中国共产党成为执政党的必然性。

（2）引述党章规定，明确党的性质、宗旨和指导思想。

（3）理解坚持党对一切工作领导的意义，阐述中国共产党依宪执政、依法执政的道理、方式和表现。

（三）单元内容

本单元紧紧围绕"坚持中国共产党的领导"，阐述中国共产党执政如何成为历史的必然和人民的选择；中国共产党为什么能够成为历史的必然和人民的选择，实现对中国革命、建设和改革的领导；中国共产党作为执政党，是如何不负历史和人民的选择，通过加强自身建设实现和巩固对中国的全面领导的。

（四）单元学情

通过初中《道德与法治》和相关历史知识的学习，学生对党的历史、先进性、领导地位、执政方式等有了初步的了解，但对中国共产党为什么要坚持以人民为中心、为什么能始终走在时代前列、新时代为什么要坚持和加强党的全面领导等内容，学生需要在认知的基础上深入理解和感悟。根据学生的理解和实践能力，让学生搜集身边的事例，结合时政，创设典型的议学情境，让学生自主探究和合作探究，发挥教师的引领、点拨与评价作用，突破学生的知识和能力障碍，强化情感认知，落地核心素养。

三、单元目标

（1）了解中国共产党的建国方案在各种政治力量中脱颖而出的必然性，阐明中国共产党执政是历史的必然和人民的选择；引用中国共产党领导人民革命、建设和改革的实例，说明中国共产党始终是中国特色社会主义事业的坚强领导核心，明确由中国共产党领导中华民族实现伟大复兴是历史和人民的选择。

（2）结合典型热点事例说明中国共产党始终坚持以人民为中心；结合党史学习和优秀共产党员的事迹等阐述中国共产党始终走在时代前列。

（3）结合具体事例说明中国共产党始终处于领导核心地位，始终发挥总揽全局、协调各方的领导核心作用；列举新形势下党面临的考验，说明全面从严治党是推进党的建设新的伟大工程的必然要求；通过现实事例说明中国共产党坚持科学执政、民主执政和依法执政的必要性，阐明党加强执政能力建设的必要性和现实性。

四、单元达成评价

（一）纸笔测试

课时训练、达标测验、单元测试。

（二）表现性任务

（1）请从"站起来""富起来""强起来"中任选一个主题，搜集资料，制作一幅展板，在班级内组织展示和评比。

（2）利用周末时间，收集身边优秀共产党员的先进事迹，拍摄相关图片，撰写高品质文案，使用微信小程序制作一期美篇并发布。

（3）跳出历史周期率既是中国共产党面临的战略问题，也是中国共产党始终要解决的党的建设的现实问题。习近平总书记在二十届中央纪委三次全会上深刻阐述党的自我革命的重要思想，明确了推进自我革命"以跳出历史周期率为战略目标"。请以"以自我革命跳出历史周期率"为主题写一份演讲稿。

五、单元实施

（一）单元整体教学思路

以教材内容为依托，以课程标准为依据，以学科大概念"坚持中国共产党的领导"为主线和统摄，以"必然选择：历史和人民何以选择中国共产党""朝气蓬勃：中国共产党何以成为领导核心""全面领导：中国共产党应如何巩固执政地位"三个议题为引领，开展大单元教学。

（二）单元整体框架

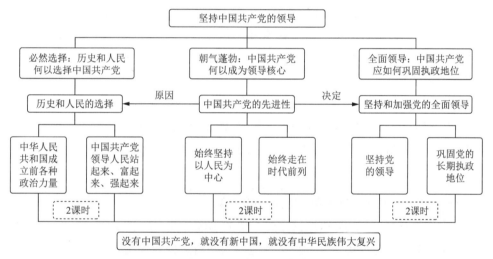

图 3.1.1　单元整体框架

六、课时教学设计

（一）必然选择：历史和人民为何选择中国共产党

1. 内容分析

本课结合中国社会的主要矛盾和历史任务，讲述中国人民和中华民族在寻求自己出路时的选择。近代以来，在中国人民反抗压迫、抵御侵略的斗争中，无数仁人志士前仆后继，进行了各种各样的尝试，但终究未能改变旧中国半殖民地半封建社会的性质和中国人民的悲惨命运。中国共产党成立后,团结并带领中国人民进行艰苦卓绝的斗争,推进革命、建设、改革的伟大事业,中华民族迎来了从站起来、富起来到强起来的伟大飞跃,迎来了实现中华民族伟大复兴的光明前景。第一框讲述中国共产党执政是历史的必然、人民的选择;第二框阐述中国共产党领导中华民族实现伟大复兴是历史的选择、人民的选择、正确的选择。两框共同说明中国共产党执政和中国共产党的领导是历史和人民的选择。

2. 学情分析

学习必修一和相关历史知识后,学生对本课内容有所了解,教师在教学时可更多地发挥学生的主体作用,让学生多表达;经过上学期的锻炼,学生的探究能力、辨析能力、合作能力均有所增强,教师可在教学过程中设计一些合作探究活动,让学生自主学习、探究学习;学生对于"党执政地位确立的历史必然性""没有中国共产党就没有新中国""为什么由中国共产党领导中华民族实现伟大复兴"等知识缺乏理性分析后的深层次认知,教师需要引导学生加深对党的真挚情感和自觉认同。

3. 学习目标

(1)通过分析、反思近代中国屈辱史及救亡图存的探索实践,明确中国共产党领导和执政地位的确立是历史和人民的选择;通过引导学生科学评析各种政治力量解决中国问题的方案,深刻体会没有共产党就没有新中国;通过引用《宪法》序言中的相关知识,增强学生的宪法意识,弘扬《宪法》精神,提升学生对中国共产党的认识,增强学生对党的初心和使命的理解。

(2)通过列举中国共产党领导中国人民站起来、富起来到强起来所取得的伟大成就,理解中华人民共和国成立、建立社会主义制度、改革开放、中国特色社会主义进入新时代的意义,认同中国共产党领导中国实现中华民族伟大复兴是历史的选择、人民的选择。

4. 学习评价

(1)纸笔测试:课堂达标测验、课后巩固练习。

(2)表现性任务:结合所学知识完成本课的思维导图;从"站起来""富起来""强起来"中任选一个主题并搜集资料,制作一幅展板,在班级内组织展示和评比。

5. 学习活动设计

(1)析屈辱原因,探救亡图存。

【议学情境1】播放《中国近代屈辱史》《不屈不挠的抗争》。材料情境1:中华文明似璀璨的明珠,熠熠生辉,在相当长的一段历史时期里领先世界,居于东亚地区的中心位置;然而近代以来,它落后了,"华人与狗不得入内"的凌辱至今深深地灼痛着中国人的心。材料情境2:近代中国不同政治力量提出的三种建国方案。

【议学思考1】① 结合视频《中国近代屈辱史》分析中国近代由盛而衰、备受屈辱的原因。据此,中国近代基本国情、主要矛盾及相应的历史任务是什么?② 结合视频《不屈不挠的抗争》讨论:为什么中国共产党的方案在历史和人民的检验中脱颖而出,最终成为唯一正确的选择?

【活动意图1】明确近代中国的主要矛盾及所面临的主要任务,进一步明确、认同中国共产党的初心和使命;明确中国共产党诞生的时代背景、中国人民与中华民族的伟大觉醒、马克思列宁主义同中国工人运动的紧密结合。

(2)数风流人物,悟伟大意义。

【议学情境2】播放《数风流人物》片段集锦。分角色为视频配音:五四运动青年男、五四运动青年女、李大钊、陈独秀、毛泽东、周恩来、瞿秋白、杨开慧、左权等。

【议学思考2】中国共产党是怎样力挽狂澜、再造河山的?

【活动意图2】通过视频配音活动,把学生带入那个激情澎湃的时代,进而明确中国共产党诞生的历史意义,深入理解并感悟中国共产党人的初心使命。

(3)建立新中国,中国人民站起来。

【议学情境3】播放《复兴之路》第三集"中国新生"片段。

【议学思考3】① 视频中提到的党在过渡时期的总路线的内容是什么?② 在中国共产党的坚强领导下,在过渡时期总路线的指导下,新中国取得了哪些显著成就?这在中国人民从站起来到富起来的过程中发挥了什么作用?

【活动意图3】引导学生掌握新中国成立的意义、党在过渡时期的总路线和总任务、社会主义改造完成的历史意义、社会主义革命与建设时期的历史任务和重大成就,深刻理解"没有中国共产党,就没有新中国,就没有中国的社会主义现代化"。

(4)改革开放,走向民富国强。

【议学情境4】播放《习近平在庆祝改革开放四十周年会议上的讲话》片段。

材料情境:居民马某某从1982年开始记录家庭账本。1982年他家的总收入是836.54元,总支出574.90元,结余261.64元。30多年过去了,他家的消费支出一年比一年多,肉蛋蔬菜的消费额明显增长,还加了彩电、冰箱、洗衣机、太阳能热水器、手机、摩托车、汽车等支出。账本显示,2018年他家的结余是1982年的200多倍。小小的账本折射出一个普通农民家庭生活的变化。

【议学思考4】① 根据视频,归纳总结我国做出改革开放重大历史决策的目的。② 阅读材料,说说这个家庭的生活发生了哪些变化。结合中国社会的发展,分析为什么会有这些变化。③ 根据视频,归纳总结我国改革开放伟大实践的历史意义。

【活动意图4】引导学生自主探究和合作探究,总结我国改革开放的目的和重大意义,深刻理解中国共产党领导人民找到了走向民富国强的道路,这是中国共产党对中华民族和中国人民做出的伟大历史贡献。

(5)进入新时代,踏上新征程。

【议学情境5】播放《2023年苏丹撤侨:我们来了,你们安全了》。

材料情境:1981年,党的十一届六中全会通过的《关于建国以来党的若干历史问题的决议》提出:"我国社会的主要矛盾是人民日益增长的物质文化生活需要同落后的社会生产之间的矛盾。"2017 年,党的十九大报告指出:"经过长期努力,中国特色社会主义进入了新时代,这是我国发展新的历史方位……我国社会的主要矛盾已经转化为人民日益增长的美好生活需要和不平衡不充分的发展之间的矛盾。"

【议学思考 5】① 结合材料,分析我国社会主要矛盾发生变化的原因。结合你所在地区的实际情况,说明满足人民美好生活需要的具体内容。② 如何理解中国特色社会主义新时代的历史方位?中国特色社会主义进入新时代有何重大历史意义?③ 结合视频信息,讨论中国海军能提前 7 小时赶到的原因。

【活动意图 5】通过自主学习、合作探究等形式,引导学生理解新时代中国社会的主要矛盾、新时代的历史方位,明确新时代的丰富内涵,理解中国特色社会主义进入新时代的重大意义。观看视频内容,感悟"中国共产党领导中华民族实现伟大复兴,是历史的选择,是人民的选择,是正确的选择"。

6. 作业与拓展学习设计

开展"学党史 听党话 跟党走"主题演讲。

(二)朝气蓬勃:中国共产党何以成为领导核心

1. 内容分析

本课结合中国共产党的性质、宗旨和指导思想,讲述了中国共产党是具有先进性的政党。第一框"始终坚持以人民为中心",从党的性质、宗旨、执政理念等方面阐述中国共产党的先进性。第二框"始终走在时代前列",从指导思想、思想路线、共产党员的先锋模范作用等方面阐述中国共产党的先进性。党的发展历史雄辩地证明,中国共产党不忘初心、牢记使命,是始终走在时代前列、人民衷心拥护、勇于自我革命、经得起各种风浪考验、朝气蓬勃的马克思主义政党。

2. 学情分析

经过前期学习,学生对中国共产党的初心和使命、宗旨、指导思想等知识有所了解;在日常生活中,也能通过各类媒体了解与党相关的新闻报道。但是学生对党的性质、宗旨、立场、执政理念、思想路线、共产党员的先锋模范作用等知识缺乏系统认识。结合党史和典型事例全面理解中国共产党的先进性,既是学生的认知需求,也是我们的育人目标。

3. 学习目标

(1)查找资料并结合实例,了解伟大建党精神的内涵,阐述中国共产党的初心和使命;回顾中国共产党的发展历程,引述党章的相关知识,阐明党的性质和宗旨;结合实例,说明中国共产党与人民的关系,懂得人民立场是党的根本立场,阐述中国共产党立党为公、执政为民的执政理念。

(2)结合党史,阐明中国共产党之所以始终走在时代前列,就在于它以接续推进的马克思主义中国化时代化创新理论成果作为行动指南,感悟党的指导思想与时俱进;联系实际,阐述中国共产党之所以始终走在时代前列,就在于坚持解放思想、实事求是、与时俱进、求真务实;列举优秀共产党员的事迹,感受不同时期共产党员先锋模范作用的表现,引导学生在思想和行动上向优秀共产党员看齐,自觉坚持和拥护中国共产党的领导。

4. 学习评价

(1)纸笔测试:课堂达标测验、课后巩固练习。

(2)表现性任务:到革命纪念馆等场所打卡,选取你印象中最为深刻的一个故事或人物,写下参观感受,与同学分享。

5. 学习活动设计

(1)忆往昔,不忘初心。

【议学情境1】100多年前的中国,长夜如磐、风雨如晦,人民生活在水深火热之中。陈独秀、李大钊等人最早在中国酝酿建立中国共产党,其目的是建立一个代表无产阶级和人民群众利益的政党。陈独秀说:"保障人民之权利,谋益人民之幸福者也。"李大钊说:"为世界进文明,为人类造幸福。"

毛泽东有着深厚的人民情怀,在青年时代就组织过学生运动、工人运动和农民运动。他提出,中国共产党要领导革命取得胜利,需要扎根于群众之中,"动员群众""组织群众""依靠群众""关心群众生活,注意工作方法",开创了"一切为了群众、一切依靠群众,从群众中来,到群众中去"的群众路线。

【议学思考1】小组合作:讨论中国共产党是怎样的政党。

【活动意图1】激发学生的好奇心和积极性,引导学生主动探寻建党初期共产党人的初心和使命,进而认识到中国共产党早在成立之初就坚持以人民为中心,阐明党的性质、宗旨和根本立场。

(2)立当下,牢记使命。

【议学情境2】① 材料情境:展示中国共产党自成立之初至中国特色社会主义进入新时代,为人民谋幸福、为民族谋复兴的光辉历程。② 图片情境:打赢脱贫攻坚战的山东实践(紧盯黄河滩、聚焦沂蒙山、锁定老病残);全国脱贫攻坚先进个人蒋虹君让村民的日子越过越红火。

【议学思考2】小组合作:讨论山东省委是如何领导人民脱贫攻坚的。

【活动意图2】学生在合作探究活动中能够通过不同观点的交流和碰撞,进一步探究党是如何践行初心和使命的,加深对党的执政理念的理解。同时,通过分组讨论,强化自主学习和合作学习,营造民主和谐的学习氛围,增强学生的表达和质疑能力。

(3)指导思想,与时俱进。

【议学情境3】① 课前布置学生搜集党史和网络素材,设置好小组自主探究任务。② 课上展示"小小红船到巍巍巨轮"展板。组内成员共同准备3分钟,然后推选出讲解员,在巨轮时间轴上方贴上相应图片,并简单讲解图片背后的党史故事。

【议学思考3】粘贴不同年代重大历史事件的图片,讨论并讲解图片背后的党史故事。

【活动意图3】学生通过搜集素材、小组探究、展示成果、评价质疑等方式,深刻理解中国共产党是马克思主义政党,党的指导思想与时俱进,始终坚持和发展马克思主义,始终以马克思主义中国化时代化创新理论作为行动指南。

(4)思想路线,重要法宝。

【议学情境4】① 回顾党的指导思想的创新历程,配合教师做好每一时期重大历史事件的搜集。② 结合现实,分析在新时代"赶考"路上,党面临的重大挑战,阐述党应如何更好地应对这些挑战,带领中国人民实现中华民族伟大复兴。

【议学思考4】① 结合马克思主义中国化时代化的理论成果,感悟党的指导思想始终一脉相承、与时俱进;结合重大历史事件,思考党领导人民取得历史性成就的原因。② 深刻思考党应该如何应对这些重大挑战,以走好新时代的"赶考路"。

【活动意图4】通过小组合作探究,回顾党的指导思想与时俱进发展历程,明确中国共产党能够始终走在时代前列、永葆生机活力的重要原因就在于党坚持解放思想、实事求是、与时俱进、求真务实。

(5)致敬英雄,勇当先锋。

【议学情境5】① 材料情境:经过全党全国各族人民的共同努力,我国脱贫攻坚战取得了全面胜利,创造了彪炳史册的人间奇迹!

党的十八大以来,党中央突出强调"小康不小康,关键看老乡,关键在贫困的老乡能不能脱贫",承诺"决不能落下一个贫困地区、一个贫困群众",拉开了新时代脱贫攻坚的序幕。2017年,党的十九大把精准脱贫作为三大攻坚战之一进行全面部署,锚定全面建成小康社会,聚力攻克深度贫困堡垒,决战决胜脱贫攻坚。

在脱贫攻坚这个没有硝烟的战场上,数百万党员干部倾力奉献、苦干实干,同贫困群众想在一起、过在一起、干在一起,将最美的年华无私奉献给了脱贫事业:35年坚守太行山的"新愚公"李保国,献身教育扶贫、点燃大山女孩希望的张桂梅,用实干兑现"水过不去、拿命来铺"誓言的黄大发,回乡奉献、谱写新时代青春之歌的黄文秀,扎根脱贫一线、鞠躬尽瘁的黄诗燕……在脱贫攻坚斗争中,1 800多名同志生动地诠释了共产党人的初心使命。同时,基层党组织在抓党建促脱贫中得到锻造,凝聚力、战斗力不断增强,基层治理能力明显提升,鲜红的党旗始终在脱贫攻坚主战场上高高飘扬。

② 图片情境:提供不同时期优秀共产党员(方志敏、夏明翰、王进喜、黄文秀)的图片与事迹:"敌人只能砍下我们的头颅,决不能动摇我们的信仰"是方志敏牺牲前留下的铮铮誓言;夏明翰视死如归,写下"砍头不要紧,只要主义真";"宁肯少活二十年,拼命也要拿下大油田"是王进喜崇高人生的写照;在脱贫攻坚第一线献出年轻生命的驻村第一书记黄文秀,下定"不获全胜,决不收兵"的决心……一代又一代共产党人以自己的奋斗牺牲,彰显了其对马克思主义的信仰、对社会主义和共产主义信念的无限忠诚。

【议学思考5】① 鲜红的党旗始终在脱贫攻坚的主战场上高高飘扬。结合材料情境,运用中国共产党的相关知识对此加以说明。② 结合不同时期优秀共产党员的先进事迹，思考并感悟发挥共产党员先锋模范作用的时代性。

【活动意图5】通过对材料和图片情境的探究，深刻领会共产党员先锋模范作用的内涵、原因、时代性和具体要求，进一步升华学生对中国共产党先进性的认知，强化自觉拥护中国共产党领导的政治认同。

6. 作业与拓展学习设计

黄文秀用生命诠释最美青春。请搜集、阅读黄文秀的日记，写下自己的感悟。

（三）全面领导：中国共产党应如何巩固执政地位

1. 内容分析

本课结合中国共产党人的初心和使命，结合新时代中国特色社会主义建设的目标和任务，讲述如何坚持和加强党的领导。第一框"坚持党的领导"，讲述中国共产党在我国政治生活中的地位和作用，阐明新时代如何坚持和加强党的全面领导。第二框"巩固党的长期执政地位"，讲述坚持全面从严治党的必要性和新时代党的建设的总要求，阐明科学执政、民主执政、依法执政的内涵、要求以及三者之间的关系。在新时代，坚持党对一切工作的领导，巩固党的执政地位，提高党的执政能力和执政水平，是坚持和加强党的全面领导的要求。两框题从不同角度阐述了如何坚持和加强党的全面领导。

2. 学情分析

第一单元的前两课为坚持党的全面领导做了理论上的准备，但学生对新时代如何坚持和加强党的全面领导、巩固党的执政地位缺少相应的认知，没有构建起对中国共产党的深入理解与自觉认同。学生对全面从严治党的必要性、中国共产党执政方式等知识的理解存在一定难度。学习本课有利于学生深刻理解坚持党的领导的意义和价值，引领学生信任、热爱、拥护中国共产党。

3. 学习目标

（1）观看视频《中国共产党百年述职报告》，深刻理解坚持中国共产党领导的意义，自觉坚持党的领导；剖析脱贫攻坚战胜利的原因，明确党的领导是全面的、系统的、整体的，必须全面、系统、整体地加以落实；利用脱贫攻坚战的成功经验，理解如何加强党的全面领导，进而在思想上、行动上拥护党的领导。

（2）通过探究议学情境和视频的相关内容，阐述坚持全面从严治党的必要性与具体要求，理解坚持党的领导，巩固党的执政地位，必须毫不动摇地把党建设得更加坚强有力；通过探究《监察法实施条例》的出台过程，深刻理解党坚持科学执政、民主执政、依法执政对提高党的执政能力和执政水平的重要意义，自觉坚持和拥护党的领导。

4. 学习评价

（1）纸笔测试：课堂达标测验、课后巩固练习。

（2）表现性任务：党的十八大以来，我国在经济、科技、教育、体育、文化、卫生事业等方面取得了举世瞩目的成就，从中任选一个角度，通过报刊、网络等方式搜集资料，探究在这一事件中党的作为。以"统筹全局"为主题，结合所选事件，写一份短评，论述党在我国政治生活中的地位和作用。

5. 学习活动设计

（1）中国共产党是中国特色社会主义事业的领导核心。

【议学情境1】视频情境：我国脱贫攻坚战取得成就。材料情境：我国脱贫攻坚战取得胜利的重要原因是广大人民在党的领导下举国同心、合力攻坚，党政军民学劲往一处使，东西南北中拧成一股绳。我们强化东西部扶贫协作，推动省市县各层面结对帮扶。组织定点扶贫，中央和国家机关各部门、民主党派、人民团体、国有企业和人民军队等都积极行动，积极开展产业扶贫、科技扶贫、教育扶贫、文化扶贫、健康扶贫、消费扶贫等。

【议学思考1】① 看完这段视频，大家有何感想？结合视频信息，概括中国共产党成立100多年来领导中国人民取得了哪些举世瞩目的成就。② 结合材料信息，小组合作探究：党的领导应如何贯彻脱贫攻坚工作的方方面面。

【活动意图1】通过自主学习、合作探究、展示分享等形式，明确中国共产党领导是中国特色社会主义的最本质特征，是中国特色社会主义的最大优势，明确全面建设社会主义现代化国家、全面推进中华民族伟大复兴，关键在党；深刻理解中国共产党是最高政治领导力量，党的领导是全面的、系统的、整体的，必须全面、系统、整体地加以落实。

（2）新时代坚持和加强党的领导。

【议学情境2】材料情境1：党中央把脱贫攻坚摆在治国理政的突出位置。强化中央统筹、省负总责、市县抓落实的工作机制，构建五级书记抓扶贫、全党动员促攻坚的局面。执行脱贫攻坚一把手负责制，中西部22个省的党政主要负责同志向中央签署脱贫攻坚责任书、立下"军令状"。材料情境2：习近平总书记就扶贫开发问题多次深入贫困地区调研考察，创造性地提出了精准扶贫、精准脱贫的基本方略，形成了一系列扶贫开发的新思想、新观点，丰富和发展了马克思主义反贫困理论，成为全国脱贫攻坚工作的根本遵循。材料情境3：把基层党组织建设成为带领群众脱贫致富的坚强战斗堡垒，全国累计选派25.5万个驻村工作队、300多万名第一书记和驻村干部，同乡镇干部、村干部一道奋战在扶贫一线，有1 800多名党员在脱贫攻坚的征程上生动地诠释了共产党人的初心使命。材料情境4：习近平总书记强调"治理国家，制度是起根本性、全局性、长远性作用的"。因此，我们需要把脱贫攻坚中党的实践经验转化为制度成果，为坚持和加强党的全面领导提供可靠的制度保障。

【议学思考2】阅读材料，结合我国脱贫攻坚的成功经验，请你为新时代坚持和加强党的全面领导提出建议。

【活动意图2】学生在合作探究中能够汇聚集体智慧，深入解读材料和教材，更好地理解教材的基本观点。课堂展示能够锻炼学生的心理素质，更好地展示学生的语言表达和逻辑思维能力。

（3）一刻不停地推进全面从严治党。

【议学情境3】材料情境：党的二十大从巩固党的长期执政地位、确保党始终是中国特色社会主义事业坚强领导核心的战略高度，对坚定不移全面从严治党、深入推进新时代党的建设新的伟大工程做出重大部署，这体现了以习近平同志为核心的党中央时刻保持解决大党独有难题的战略清醒、以党的自我革命引领社会革命的高度自觉以及坚定不移全面从严治党的使命担当。

【议学思考3】① 联系材料情境和实际，说明党为什么要坚持全面从严治党推进自我革命。② 说明新时代中国共产党应如何加强自身建设以落实全面从严治党。

【活动意图3】感受中国共产党全面从严治党，一严到底。理解为什么以及怎样全面从严治党。进一步明确如何保持和巩固党的执政地位，不断增强党的执政能力，认同、坚持党的领导。

（4）巩固党的执政地位须本领高强。

【议学情境4】《监察法实施条例》的出台。材料情境：中央纪委将制定《监察法实施条例》作为健全纪检监察法规制度体系的重要内容。十三届全国人大常委会第十四次会议通过《关于国家监察委员会制定监察法规的决定》。中央纪委国家监委对监察法实施以来的实践进行深入总结提炼，形成初稿；初稿听取所有省级纪委、监委建议后，修改形成征求意见稿；组织召开了相关领域法学专家座谈会，然后向社会公开征求意见。经党中央批准后，《监察法实施条例》于2021年9月20日正式公布实施。

【议学思考4】结合情境，分析《监察法实施条例》的出台过程是如何体现党的执政方式的。

【活动意图4】掌握科学执政、民主执政和依法执政的相关内容，增强对党的执政地位的认同，提高党对保持和巩固党的执政地位采取的举措的认同。

6. 作业与拓展学习设计

入队、入团、入党是青年追求政治进步的三部曲。学习本单元内容后，请结合你的理解，写一份入党申请书。

（设计者：李希锡、王传峰、范伟、张崇兵、隋玉雪、王现龙、刘波、邵明鹏、宋元伟）

第二单元

人民当家作主
大单元教学设计

一、单元主题：发展全过程人民民主，保障人民当家作主

我国是人民民主专政的社会主义国家，本质是人民当家作主。全过程人民民主是社会主义民主政治的本质属性，是最广泛、最真实、最管用的民主。我国各项国家制度都是围绕人民当家作主构建的：人民民主专政的国体、人民代表大会制度的政体、中国共产党领导的多党合作和政治协商制度、民族区域自治制度、基层群众自治制度。我国全过程人民民主具有完整的制度程序和完整的参与实践。选举民主与协商民主相结合，民主选举、民主协商、民主决策、民主管理、民主监督相贯通，国家政治生活和社会生活各环节、各方面都体现人民意愿、倾听人民声音。基于此，结合党的二十大报告的相关论述，本单元确定的主题是"发展全过程人民民主，保障人民当家作主"。

二、单元教学设计依据

（一）育人价值

基于落实立德树人根本任务和学科素养的培育，依托"全过程人民民主"这一核心概念，结合中国特色社会主义民主政治的伟大实践，设计议题和序列化探究活动，引导学生认识我国的国体、根本政治制度和基本政治制度，理解中国特色社会主义政治制度的基本内容、鲜明特点和主要优势，感悟我国最广泛、最真实、最管用的全过程人民民主，坚定制度自信，提高有序参与国家政治生活和社会公共生活的能力。

（二）课程标准

（1）列举《宪法》有关人民主体地位的规定，说明我国是人民民主专政的社会主义国家，人民代表大会制度是我国的根本政治制度。

（2）阐明中国共产党领导的多党合作和政治协商制度是具有中国特色的基本政治制度。

（3）阐述民族区域自治制度是符合我国国情的基本政治制度，铸牢中华民族共同体意识；阐释公民享有宗教信仰自由。

（4）领悟基层群众自治制度是我国人民依法直接行使民主权利的基本政治制度。

（三）单元内容

本单元围绕人民当家作主,集中讲述人民当家作主和保障人民当家作主的中国特色社会主义政治制度。本单元包括三个主题:我国人民民主专政的国体、我国的根本政治制度、我国的基本政治制度。这些制度相互联系、相互影响,是党和人民在长期实践探索中形成的中国特色社会主义制度的重要组成部分,是国家治理体系和治理能力的重要支撑,是坚持党的领导、人民当家作主和依法治国有机统一的重要环节。

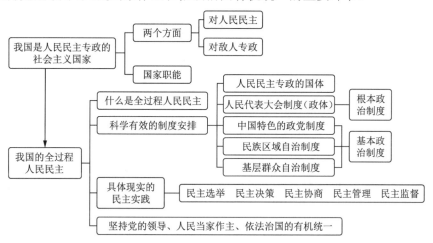

图 3.2.1　单元知识结构

（四）单元学情

认知方面,学生通过初中阶段的学习初步了解了我国的政治制度,但知识掌握碎片化,缺乏系统性、实践性。形式民主和实质民主、选举民主与协商民主等概念专业性理论性较强,学生需结合中国特色社会主义的实践,形成对我国全过程人民民主的正确而系统的认知。

思维能力和学科素养方面,高一学生的抽象思维能力增强,但不愿意被动接受他人观点或既定观点,又难以完全独立地、全面地形成自己的思想观点。本单元注重引导学生感悟身边的民主,深化对我国社会主义民主政治的认识,提高有序参与国家政治生活和社会公共生活的能力。

三、单元目标

（1）通过探究总议题"如何读懂中国式民主",明确中国特色社会主义政治发展道路既有科学的指导思想又有严谨的制度安排,既有明确的价值取向又有有效的实现形式和可靠的推动力量,明确全过程人民民主是最广泛、最真实、最管用的民主。

（2）通过探究"民之所呼如何成为会之所应""中国之治何以凝聚广泛共识""从'代村之变'看基层民主"等议题,阐明我国的根本政治制度、基本政治制度是如何体现全过程人民民主、保障人民当家作主的,明确必须坚持和完善人民代表大会制度、坚持和完善中国共产党领导的多党合作和政治协商制度、巩固和发展最广泛的爱国统一战线、坚持和完善民族区域自治制度,健全充满活力的基层群众自治制度;对照西方主要国家政治制度,理解我国政治制度的鲜明特点和主要优势,坚定不移地走中国特色社会主义政治发展道路。

(3)通过探究议题"如何在党的领导下实现人民当家作主",认识人民、党和国家的关系,明确人民当家作主的要求和实现方式,理解推进国家治理体系和治理能力现代化的重要性,进一步感悟我国全过程人民民主,坚定制度自信,增强积极行使当家作主政治权利、有序参与国家政治生活和公共事务的能力。

四、单元达成评价

(一)纸笔测试

课时训练、达标测验、单元测试。

(二)表现性任务

(1)调查研究,模拟撰写。聚焦社会热点问题进行调查研究,结合调研报告,模拟人大代表撰写议案或模拟政协委员撰写提案。

(2)走访采访,组织演讲。走访本地人大代表和政协委员,了解其履行职责的经验。举办"假如我是人大代表(或政协委员)"的演讲会。

(3)搜集资料,时事述评。搜集人民依法直接参与民主选举、民主协商、民主决策、民主管理、民主监督的实践,讨论有序参与的意义、无序参与的后果,并以"我国人民是如何当家作主的"为题写短评,考查学生能否结合身边现象感悟我国的全过程人民民主。

(4)对话协商,积极参与。参加对话协商活动,对公共政策的制定或争议问题的解决发表见解,如垃圾分类处理、食品安全、道路安全、环境治理,引导学生理解协商民主的优势,提高学生的公共参与素养。

五、单元实施

(一)单元整体教学思路

在党的领导、人民当家作主、依法治国有机统一的主线统领下,本单元围绕"发展全过程人民民主,保障人民当家作主"的主题,以"如何读懂中国式民主"为总议题,设置六个分议题。充分利用国家政治生活中的重大时政材料、本地社会热点问题、公共政策的制定、学生身边的民主等,贯通理论逻辑和实践逻辑,引导学生在情境分析中、在挑战性任务的探究中、在辨析与冲突中,读懂中国式民主,真正理解"我国全过程人民民主实现了过程民主和结果民主、程序民主和实质民主、直接民主和间接民主、人民民主和国家意志相统一,是全链条、全方位、全覆盖的民主,是最广泛、最真实、最管用的社会主义民主",理解"我国全过程人民民主是中国共产党领导下的人民当家作主"。

（二）单元整体框架

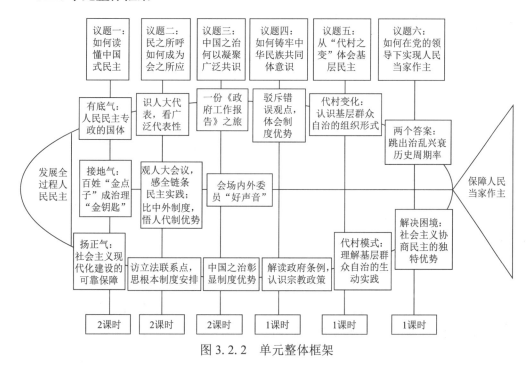

图 3.2.2　单元整体框架

六、课时教学设计

（一）如何读懂中国式民主

1. 内容分析

本课遵循"我国人民民主专政的国体—我国社会主义民主的特点和优势—发扬人民民主—行使国家职能为社会主义事业保驾护航"的线索，阐述我国是人民民主专政的社会主义国家，按照"是什么（内涵、特点）—为什么（作用、意义）—怎么做（可靠保障）"的逻辑展开，带领学生走近全过程人民民主，明确人民民主专政在我国社会主义制度中具有根本性的意义，在整个单元中具有基础性和决定性的作用。

2. 学情分析

高一阶段的学生看待事物、分析问题容易表面化、片面化，对国家的政治认同易受个人情绪影响，需要教师正确引导；他们对归纳、对比等分析方法有一定的了解，具备一定的逻辑思维能力；经过初中阶段的学习，结合自身生活经验和社会观察，他们初步了解了我国的国家性质，知道我国是人民民主专政的社会主义国家。

3. 学习目标

（1）通过解读《宪法》条文，说明我国是人民民主专政的社会主义国家，明确人民民主专政在我国社会主义制度中具有根本性的意义。

（2）结合苏州河滨河步道改造中居民参与环境治理全过程的实践，引导学生坚信全过程人民民主是社会主义民主政治的本质属性,是最广泛、最真实、最管用的民主。

（3）小组合作探究:我国总体国家安全观视域下的"五大安全"的系统性,明确人民民主专政的必要性,理解我国的国家职能为社会主义现代化建设提供可靠保障。

4. 学习评价

（1）解读《宪法》条文,评价学生提炼和解读信息的能力,着重评价学生对我国国体四大要素认识的全面性及对人民民主专政根本性意义的把握。

（2）梳理百姓"金点子"成治理"金钥匙"的过程,重点关注学生与小组同学积极配合、充分互动的状态,引导学生深刻认识我国全过程人民民主的特征,感受身边的全过程人民民主。

（3）搜集资料,小组合作展示我国如何践行总体国家安全观,培养学生引用例证、充分解读信息的能力,论证我国的国家职能能够为社会主义现代化建设提供可靠保障。

5. 学习活动设计

（1）导入新课。

【议学情境1】全过程人民民主是人民当家作主的必由之路。全过程人民民主以完整的制度程序和完整的参与实践为我国人民实现当家作主提供了强大保障,为现代化建设成果更多、更公平地惠及全体人民提供了坚实支撑。

【议学思考1】全过程人民民主与我国人民民主专政的国体之间是什么关系?

【活动意图1】通过思考全过程人民民主与我国人民民主专政的国体之间的关系,理解我国国体的内涵,引导学生在大单元理念的指引下展开探究,认同全过程人民民主是最广泛、最真实、最管用的民主,是人民的民主。

（2）有底气——人民民主专政的国体。

【议学情境2】《宪法》第一条和第二条。

【议学思考2】解读《宪法》条文,从四个方面解读我国的国家性质。

【活动意图2】通过《宪法》条文研读,引导学生分析《宪法》对我国国家性质和人民地位的规定,了解我国国家性质的根本法律由来,说明我国是人民民主专政的社会主义国家,明确人民民主专政在我国社会主义制度中具有根本性意义,是我们保障人民当家作主的最大底气,为后续环节的展开提供理论基础。

（3）接地气——百姓"金点子"成治理"金钥匙"。

【议学情境3】苏州河滨河步道华政段改造。如何打造有温度的"人民城市"?听取人民群众原汁原味的建议无疑是最直接的做法。不断丰富人民建议征集邮筒、人民建议征集联系点、人民建议征集网络等搜集群众意见的渠道。共商共议过程中,市民"金点子"推动一项项惠民便民举措出台,转化为一件件可观可感的民生成果。

【议学思考3】① 用思维导图的形式梳理苏州河滨河步道改造过程中百姓"金点子"成治理"金钥匙"的过程。② 小组讨论:分析全过程人民民主的特点,从最广泛、最真实、最管用三个角度感受全过程人民民主。

【活动意图3】依托居民参与环境治理全过程的情境,使学生明确从国家立法到城市治理,再到基层群众自治,我国不断践行全过程人民民主这一重大理念,把全过程人民民主落到实处,使人民意愿得到充分表达,群众获得感、幸福感、安全感也在参与民主过程中得到充分提升,坚定制度自信。

(4)扬正气——社会主义现代化建设的可靠保障。

【议学情境4】播放《总体国家安全观》。

【议学思考4】① 搜集资料,小组合作展示我国践行总体国家安全观、明确人民民主专政的必要性。② 结合我国国家职能的具体内容,理解我国的国家职能为社会主义现代化建设提供可靠保障。

【活动意图4】依托总体国家安全观的这一情境开展合作探究,深化对我国总体国家安全观的全面认识,体会专政的必要性和国家职能的作用,加强对学生的国家安全教育,切实增强全民国家安全意识和素养,在学生心中种下国家安全的种子。

6. 作业与拓展学习设计

任意选取"国事""家事""身边事"等素材,通过采访政府工作人员、小区居民及其他相关人员,登录各级政府网站、人民网等门户网站,前往图书馆、档案馆查阅资料等不同方式进行探究,撰写探究报告,感悟中国式民主。

(二)民之所呼如何成为会之所应

1. 内容分析

本课融合必修三第五课和选择性必修一第一课第二框的内容,引导学生认识人民代表大会制度是适应人民民主专政的政权组织形式,是中国的根本政治制度,是中国人民当家作主的根本途径和最高实现形式,是实现全过程人民民主的重要制度载体。人民代表大会制度坚持国家一切权力属于人民,是坚持党的领导、人民当家作主、依法治国有机统一的根本政治制度安排,体现了中国特色社会主义的制度优势,必须长期坚持不断完善。

2. 学情分析

通过初中阶段的学习,学生有一定的知识基础;大多数学生较少参与政治生活,不够关注政治领域的重大事件,且本课理论性较强,学生对于人民代表大会制度的优越性多是感性认识,缺乏系统理性的阐释。因此,本课教学设计特别注意结合十四届全国人大一次会议的相关内容,从价值和学理上引导学生认识到人民代表大会制度是全过程人民民主的重要制度载体,是保障人民当家作主的好制度。

3. 学习目标

(1)通过查阅和解读十四届全国人大一次会议代表结构、会议议程,理解人大的职能,阐明人大代表的权利与义务,认同人民代表大会制度是全过程人民民主的重要制度载体。

（2）通过对比中美政治运行的制度设计和实践运作,阐明人民代表大会制度的独特优势,坚定制度自信。

（3）通过基层立法联系点建设的重大意义,认同人民代表大会制度是实现党的领导、人民当家作主和依法治国有机统一的根本政治制度安排。

4. 学习评价

（1）通过课前准备,评价学生是否积极参与了"新一届人大代表的结构比例、会议议程以及基层立法联系点"等资料的搜集和整理,能否与小组同学主动配合,搜集信息是否精当。

（2）通过序列化的课堂探究活动,重点评价学生能否清晰论证表达观点,能否绘制出人民代表大会制度运行的思维导图,对我国人民代表大会制度保障和实践全过程人民民主的认识是否深刻,是否有坚定的制度自信。

5. 学习活动设计

（1）导入学习。

【议学情境1】人民代表大会制度为全过程人民民主提供了制度载体,是发展全过程人民民主、保证中国人民当家作主的重要途径和最高实现形式。坚持走中国特色社会主义政治发展道路,发展全过程人民民主,必须紧紧抓住人民代表大会这一主要民主渠道,充分发挥人民代表大会制度这一根本政治制度的作用。

【议学思考1】思考全过程人民民主与人民代表大会制度之间的关系。

【活动意图1】引导学生在大单元的视角下,思考全过程人民民主与人民代表大会制度之间的关系,感悟我国一切权力属于人民,理解人民代表大会制度为全过程人民民主提供了制度载体,是适合我国国情的好制度,坚定制度自信。

（2）识人大代表,看广泛代表性。

【议学情境2】① 我国的人大代表选举是世界上规模最大的民主选举,是中国全过程人民民主的生动实践。中国的人大代表具有广泛的代表性,每一个地区、每一个行业、每一个领域、每一个民族都有人大代表。各级人大代表中,基层群众都占有相当比例。② "代表通道"采访。"代表通道"采用现场方式,聚焦经济社会发展重点主题,传递民生温度,彰显中国开放自信的形象,体现清新有序的会风,成为全国两会备受瞩目的活动。

【议学思考2】① 展示课前搜集的十四届全国人大一次会议的代表结构、收取议案和建议情况。② 认识人大代表具有广泛代表性,了解代表密切联系群众的渠道,明确代表职责,并从广泛的代表性和履职的全覆盖角度理解全过程人民民主的生动实践。

【活动意图2】数据和事实胜于一切雄辩,在查阅和解读数据中,引导学生认识人大代表具有广泛的代表性,在理解人大代表的产生、地位、职责的同时,深刻把握全过程人民民主的真谛;通过"代表通道"采访,让学生深刻认识到人大代表来自人民、为了人民、受人民监督,增强学生的责任意识。

（3）观人大会议,感全链条民主实践。

【议学情境3】播放《十四届全国人大一次会议议程》。

【议学思考3】① 交流展示课前查阅的十四届全国人大的会议议程,明确人民代表大会的地位、职权。② 用思维导图展现全链条民主和全过程人民民主在人民代表大会上的实践。

【活动意图3】全国人大的会议议程充分体现了人民代表大会的地位和职能,让人民的意愿在国家政策和人事安排中得到最大程度的体现,引导学生认识到权力来自人民、服务人民、保障人民。人民民主不仅体现在民主选举中,也体现在协商、决策、管理、监督的各环节,实现了全链条、全过程的人民当家作主。

（4）比中外制度,悟人代制优势。

【议学情境4】中美国家机关的关系对比（制度设计）。

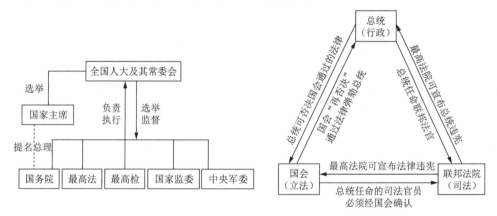

图 3.2.3　中美国家机关的关系对比

【议学思考4】① 分组探究,展示交流,对比中美政治制度。② 理解国体与政体的关系,明确人民代表大会制度的组织活动原则。③ 结合实例感悟人民代表大会制度的优势。

【活动意图4】融通选择性必修一的相关内容,通过辨析式教学,从制度和实践两个层面感受西方国家的虚伪民主和国家机关相互扯皮推诿的低效民主,阐明人民代表大会制度的独特优势,理解并认同人民代表大会制度是适合我国国情、体现社会主义国家性质、保证人民当家作主、保障实现中华民族伟大复兴的好制度,坚定制度自信。

（5）访立法联系点,思根本制度安排。

【议学情境5】播放《来基层立法联系点 感受中国立法的民意"直通车"》。小组展示"基层立法联系点建设"的政策、数据和相关案例。

【议学思考5】如何理解"小小联系点,民主大舞台"?结合《中华人民共和国立法法》修改的过程和内容,说明新时代我国修改《中华人民共和国立法法》的重大意义。

【活动意图5】基层立法联系点一头连着最高国家权力机关,一头系着基层群众,如延伸至街巷间的触角,是国家最高立法机关全国人民代表大会直接联系基层群众的有效渠道,对于推动基层群众参与国家立法、发展全过程人民民主具有积极意义。让学生进一步认同人民代表大会制度是实现党的领导、人民当家作主和依法治国有机统一的根本政治制度安排。

6. 作业与拓展学习设计

登录全国人大网站,参与"我为两会捎句话"活动,为相关国家机关的工作提出合理的建议或意见。

(三)中国之治何以凝聚广泛共识

1. 内容分析

本课内容是第六课第一框,由两目构成。第一目阐述中国共产党领导的多党合作和政治协商制度的产生和发展,各民主党派的性质,中国共产党领导的多党合作和政治协商制度的地位、基本内容、意义,新型政党制度的体现;第二目阐述人民政协的性质、组成、主题、职能以及人民政协与社会主义协商民主的关系。中国共产党领导的多党合作和政治协商制度,真实、广泛、持久代表和实现最广大人民根本利益、全国各族各界根本利益,是全过程人民民主的重要制度保障。

2. 学情分析

学生通过前两课的学习对我国制度体系有了一定的了解,通过初中阶段的学习对我国政党制度也有了初步的理解。但本课内容学理性强且注重对学生政治素养的培养,教师应在情境创设和任务设置上关注学生已有的认知水平、心理特点,层层推进,激发学生的探究兴趣。

3. 学习目标

(1)通过查阅我国民主党派的构成和人员特点,展示《政府工作报告》听取意见和建议的过程,明确各民主党派的性质及中国共产党领导的多党合作和政治协商制度的地位、基本内容、意义和优越性。

(2)通过探究政协新增"环境资源界"、政协委员在界别会议上的"抢麦"发言、政协提案的收集和办复数据等案例,引导学生理解人民政协的性质、构成、职能,阐明人民政协的作用和协商民主的优势,进一步认识政治协商制度真实、广泛、持久代表全国各族各界根本利益,是全过程人民民主的重要制度保障。

(3)通过展示西方政党与我国政党制度的典型事例,引导学生在对比和辨别中探究我国政党制度的特点和优越性,深化对中国共产党领导的多党合作和政治协商制度的认同。

4. 学习评价

(1)课前准备环节,评价学生是否积极查阅"我国民主党派的构成及人员特点",能否与小组同学主动配合,搜集信息是否精当。

（2）课堂探究展示环节,重点关注学生能否清晰表达观点并提供例证,能否对中国共产党领导的多党合作和政治协商制度、保障和实践全过程人民民主的制度形成深刻认识,是否有坚定的制度自信。

（3）通过模拟政协的活动,重点关注学生对人民政协的性质、职能等是否形成深刻认识,以及在活动中表现出来的参与能力。

5. 学习活动设计

（1）导入学习。

【议学情境1】中国新型政党制度与全过程人民民主具有不可分割的内在联系,承载着全过程人民民主的价值功能,是实现全过程人民民主的基本政治制度,能够充分彰显全过程人民民主的巨大优势。

【议学思考1】思考全过程人民民主与我国新型政党制度之间的关系。

【活动意图1】引导学生在大单元的视角下思考全过程人民民主与我国新型政党制度之间的关系,理解中国新型政党制度是践行与发展全过程人民民主的制度保障,体会我国新型政党制度的优越性,坚定制度自信。

（2）一份《政府工作报告》之旅。

【议学情境2】展示《政府工作报告》听取意见和建议的过程。《政府工作报告》的起草是一个集众智、汇众力的过程,也是一个顺应社会期盼、不断细化实化政策措施的过程。

【议学思考2】① 查阅我国民主党派的构成及人员特点,交流展示。② 各民主党派为什么能够与中国共产党通力合作? ③ 广泛听取民主党派对《政府工作报告》的意见建议有何意义?

【活动意图2】通过查阅引导学生分析民主党派的构成和人员特点,体会其广泛的社会联系和专业优势;通过形象展示《政府工作报告》听取意见和建议的过程,引导学生理解中国共产党领导的多党合作和政治协商制度的内容,体会我国政党制度广泛的代表性及对科学民主决策的意义。

（3）会场内外委员"好声音"。

【议学情境3】① 2023 年全国人民代表大会和中国人民政治协商会议(简称"两会")召开,全国政协增设的环境资源界别亮相。85 名来自能源、化工、环保等领域的全国政协委员组成了"环境资源界",他们将开启未来五年的履职。② 政协委员"抢麦"发言。"抢麦"是为了不辱使命,把民意呈现出来,从而推动政府部门改进工作。令人感叹的是,不少政协委员不只在发言时表现积极,平时履职也很积极。③ 五年来,全国政协十三届共收到 29 000 多件提案,编报各类社情民意信息 9 000 余期。

【议学思考3】① 时隔 30 年,全国政协增设"环境资源界"有何深意? ② 透过人民政协的组成人员和活动,体会中国人民政治协商会议是一个什么性质的机构,说说其职能和主题是什么。③ 人民政协发挥了怎样的作用? 新时代对发挥人民政协作用提出了怎样的要求？

【活动意图3】政协新增"环境资源界"是更好地反映社会各界愿望诉求、提升全过程人民民主有效性的重要举措，引领学生分析背后深意，认识政协的构成、性质、职能以及新时代对人民政协的要求；结合政协委员的"抢麦"发言和政协提案展示，让学生真切地感受到社会主义协商民主的独特优势以及它在我国政治生活中的积极作用。

（4）中国之治彰显制度优势。

【议学情境4】西方议会成为"掐架"现场。中国办实事，西方忙党争。中国两会展示的是团结和对经济民生发展的重视，而对立、分裂、争吵是西方议会的常态。

【议学思考4】在我国，人们商量商量就把事情办成了；而在西方议会，人们商量商量却打起来了。对比以上情境和西方议会的"掐架"场景，总结我国政党制度的特色和独特优势。

【活动意图4】通过展示有关西方政党与我国政党制度的典型事例，引导学生在对比、辨别、感悟中进一步理解中国政党制度的特色和优势，深化对中国共产党领导的多党合作和政治协商制度的认同。

6.作业与拓展学习设计

① 走访身边的政协委员，了解他们的产生过程、活动方式、主要职责及其履职感受，思考"假如我是一名政协委员……"。② 积极参与山东省青少年"模拟政协"提案征集，提高学生对于人民政协的认识。

图3.2.4 "模拟政协"提案

（四）如何铸牢中华民族共同体意识

1.内容分析

本课是第六课第二框的内容，包括民族政策和宗教政策两部分：第一部分讲述了我国民族的分布特点、新型民族关系、处理民族关系的方针、民族区域自治制度；第二部分讲述了党的宗教工作的基本方针、政策，引导学生理解和认同党的民族政策和宗教政策，具有很强的现实作用和政治意义。

2.学情分析

高一学生思维活跃，关心时事，对新知识有较强的获取渴望；初中阶段对民族和宗教内容的学习为本课打下了一定的理论基础,但学生未形成专业系统的知识体系;本课内容理论性较强,需要教师在课前组织学生进行社会实践活动,在课堂上创设学科情境,在探究中增进学生对伟大祖国、中华民族、中国共产党、中国特色社会主义的认同,铸牢中华民族共同体意识。

3. 学习目标

(1)结合我国的民族政策,驳斥美国政府的错误观点,体会党创造性地进行中国特色社会主义民族理论和实践的探索,明确民族区域自治制度是保证少数民族人民当家作主的重要制度安排,铸牢中华民族共同体意识。

(2)解读我国《宗教事务条例》,分析我国的宗教政策与法律,科学认识宗教的作用。

4. 学习评价

(1)驳斥错误言论的活动,重点关注学生从民族关系、民族方针、民族区域自治制度等多个角度的分析与论证,评价学生的语言表达能力。

(2)解读我国《宗教事务条例》,了解我国宗教工作的基本方针,着重把握学生科学认识宗教的作用,明确妥善处理宗教问题对维护国家统一和稳定的重要意义。

5. 学习活动设计

(1)导入学习。

【议学情境 1】民族区域自治制度既符合我国国情,也符合各族人民根本利益,是现代国家处理民族关系的一种创新性民主制度实践,是我国全过程人民民主制度体系的重要一环。

【议学思考 1】思考全过程人民民主与我国民族区域自治制度之间的关系。

【活动意图 1】引导学生在大单元视角下思考全过程人民民主与我国民族区域自治制度之间的关系,理解铸牢中华民族共同体意识,将全过程人民民主贯穿民族工作的全过程,体会我国民族区域自治制度的优越性,坚定制度自信。

(2)驳斥错误观点,体会制度优势。

【议学情境 2】美国政府先后通过所谓的"维吾尔人权政策法案""维吾尔强迫劳动预防法案",以"人权保护"之名行"以疆制华"之实。

【议学思考 2】① 结合我国的民族关系、民族方针、民族区域自治制度,多角度驳斥美国政府的错误观点。② 结合搜集的资料,阐述我国的民族政策、民族区域自治制度的内容、地位和显著优势。

【活动意图 2】通过驳斥错误观点,结合我国少数民族地区发展的成就,感悟我国是统一的多民族国家,体会党创造性地进行中国特色社会主义民族理论和实践的探索,明确民族区域自治制度是保证少数民族人民当家作主的重要制度安排,铸牢中华民族共同体意识,积极投身促进民族团结进步的实践。

（3）解读政府条例，认识宗教政策。

【议学情境3】我国政府发布《宗教事务条例》，保护公民宗教信仰自由，保障宗教界的合法权益，对涉及国家利益和社会公共利益的宗教事务进行管理。该条例对宗教团体、宗教院校、宗教活动场所、宗教教职人员、宗教活动、宗教财产的管理做了具体规定。

【议学思考3】① 辩证分析宗教的作用。② 解读《宗教事务条例》条文，了解我国关于宗教工作的基本方针，明确妥善处理宗教问题的意义。

【活动意图3】通过解读我国的宗教政策与法律，解释公民享有宗教信仰自由的含义，正确认识宗教的作用，提高辩证思维能力，明确妥善处理宗教问题对维护国家统一和稳定的重要意义。

6. 作业与拓展学习设计

以"铸牢中华民族共同体意识，凝聚中国式现代化的强大合力"为主题，写一篇小论文。要求：① 围绕主题，观点明确。② 论证充分，逻辑清晰。③ 学科术语使用规范。④ 250字左右。

（五）从"代村之变"体会基层民主

1. 内容分析

本课是第六课第三框。学生掌握了我国的根本政治制度、基本政治制度中的中国共产党领导的多党合作和政治协商制度及民族区域自治制度。学习本框，可使学生对我国基本政治制度形成完整的认知。本课主要讲述我国基层群众自治的组织形式，以及人民群众直接行使民主权利的实践，说明发展基层民主的意义，领悟基层群众自治制度是人民群众依法直接行使民主权利的基本政治制度，是保障全过程人民民主的重要制度载体，是本单元的重要组成部分。

2. 学情分析

高一学生对于基层群众自治制度比较感兴趣，但社会经验不足，对社会现象的观察深度不够，解决问题能力弱；初中阶段，学生学过"基层群众自治制度"的知识，对我国国家政治制度的总体框架有一定把握，但难以领悟其对社会主义民主发展的深刻意义。因此，教师应在教学过程中为学生创造贴近生活、贴近实际的情境，加深理解基层群众自治制度的制度优越性。

3. 学习目标

（1）通过对比代村前后变化，体会村委会的性质和职能，明确我国的基层群众自治制度是中国特色社会主义民主政治的重要组成部分，是中国特色社会主义政治制度优越性的重要体现。

（2）小组合作：分析代村充分发扬民主、保证村民当家作主的实践活动，体会人民群众直接行使民主权利的生动实践，提高自身参与政治生活的能力和素养。

4. 学习评价

（1）在对比"代村之变"的活动中，注重评价学生准确把握各个变量之间的关系，结合理论和实证深刻体会基层党组织、基层群众自治组织的积极作用，坚定制度自信。

（2）分组合作探究"代村模式"的活动，重点评价学生准确把握民主选举、民主协商、民主决策、民主管理、民主监督的内涵和意义，培养合作探究的能力，提高学生参与公共事务的能力和素养。

5. 学习活动设计

（1）导入学习。

【议学情境1】党的二十大报告明确提出"基层民主是全过程人民民主的重要体现"。基层民主是社会主义民主政治最广泛的实践，也是全过程人民民主的重要组成部分。

【议学思考1】思考全过程人民民主与我国基层群众自治制度之间的关系。

【活动意图1】引导学生在大单元视角下思考全过程人民民主与我国基层群众自治制度的关系，理解基层民主在全面发展全过程人民民主、保障人民当家作主方面既不可或缺又不可替代的重要地位和作用，坚定制度自信。

（2）基层群众自治的组织形式。

【议学情境2】王传喜率领党支部带领群众实现"代村之变"。乡村振兴代村模式的核心就是"依靠发展壮大村集体经济，鼓励支持村民自主创业就业，实现共同富裕"。王传喜同走"共富路"的担当，为群众铺就了一条通往美好生活的阳关大道。

【议学思考2】① 小组合作：交流基层党组织、基层群众自治组织在"代村之变"中的作用。② 体会村委会的性质和职能，明确党的领导为乡村振兴提供了坚强的政治保证和组织保证。

【活动意图2】通过对比代村前后变化并分析原因，明确基层群众自治组织和基层党组织在基层群众自治中的巨大作用，说明通过动员人民群众参与自治有利于提高基层发展活力和治理能力，感悟我国基层群众自治制度这一民主制度和治理模式的优越性。

（3）基层群众自治的生动实践。

【议学情境3】代村"四议两公开"制度、"村情发布会制度"等充分发扬民主、保证村民当家作主的特色活动。

【议学思考3】① 小组合作：搜集资料并展示成果。② 理解民主选举、民主协商、民主决策、民主管理、民主监督的内涵和意义，体会我国基层民主让全过程人民民主在"烟火深处"的基层社会扎下根来、运转起来、持久下去的生动实践。

【活动意图3】学生分组探究分析基层民主的代村模式，探究我国基层群众自治的具体实践，培养学生小组学习和合作探究的能力，明确扩大基层民主对推进全过程人民民主的作用，坚定制度自信，提高学生参与公共事务的能力和素养。

6. 作业与拓展学习设计

民主政治既高居"社稷庙堂"之上，也近在人间"烟火深处"。亿万普通城乡居民是基层民主的实践主体,广大城乡社区是培养群众民主素养、锻炼民主能力的实践课堂。请结合本村或本社区基层治理中存在的问题,设计解决方案,为完善本村或本社区基层治理出谋划策。

（六）如何在党的领导下实现人民当家作主

1. 内容分析

本单元围绕"人民当家作主"展开,讲述中国共产党领导中国人民建立并不断完善根本政治制度和基本政治制度,一系列行之有效的制度安排实现了形式民主与实质民主相统一、选举民主与协商民主相促进,推进国家治理体系和治理能力现代化,深化学生对党的领导的政治认同和对中国特色社会主义制度的自信。综合探究是对前两个单元的深化和延伸,在党的领导下实现人民当家作主,发展社会主义民主政治是我国建设社会主义和谐社会的重要目标,是学生现实政治生活的重大主题。

2. 学情分析

高一阶段的学生思考问题时开始从感性认识朝着理性认识发展,为学习本节探究课奠定了能力基础。在前几个课时的学习中,学生明确了人民民主专政的本质要求、我国的根本政治制度和基本政治制度,为本课探究提供了知识基础;将党的二十大精神融入高中思政课,找到课程内容与党的二十大精神的融合点,通过体验式活动强化情感认同存在一定难度,需要教师逐步引导。

3. 学习目标

（1）通过探究中国共产党跳出历史周期率的两个答案,深化对我国全过程人民民主的认识,深化对坚持党的领导的政治认同,坚定建设社会主义现代化强国而努力奋斗的政治责任感。

（2）结合我国社会主义协商民主的具体实践,感受社会主义协商民主的价值和独特优势,理解处理复杂问题需要协调多方利益,探究如何有序地进行政治参与,真正提高公共参与的能力与水平。

4. 学习评价

（1）在探究中国共产党跳出历史周期率两个答案的活动中,着重评价学生从不同角度分析问题的能力以及团结协作、勇于探究的精神,特别注意学生能否把握两个答案之间的逻辑关系。

（2）在协商民主的具体实践探究活动中,着重把握学生面对复杂问题的协调能力,能否通过学习有序地进行政治参与,以真正提高其公共参与能力与水平。

5. 学习活动设计

（1）导入学习。

【议学情境1】进入新时代,党从顶层设计入手,着眼于长效机制建设,不断推动协商民主体系建设进程,全过程人民民主步入发展快车道,社会主义协商民主体系的程序更加合理、环节更加完整、形式更加多样。

【议学思考1】思考党不断推进社会主义协商民主体系的完善对实现全过程人民民主的意义。

【活动意图1】引导学生站在大单元视角下,思考党推进社会主义协商民主体系完善与实现全过程人民民主的关系,体会党的领导是人民当家作主的根本保证,感受社会主义协商民主的价值和独特优势,坚定政治认同。

(2)跳出治乱兴衰历史周期率。

【议学情境2】① 1945年,"窑洞对"中毛泽东同志给出了第一个答案——民主。② 党的十八大以来,以习近平同志为核心的党中央在全面从严治党的实践中给出了第二个答案——党的自我革命。

【议学思考2】① 谈谈对跳出治乱兴衰历史周期率两个答案的理解。② 结合党的二十大报告中的表述,分析两个答案之间的逻辑关系。

【活动意图2】通过小组合作,引导学生从外在约束与内在自觉两个角度探究中国共产党跳出历史周期率的两个答案,感悟实现人民当家作主必须坚持党的全面领导,深化对党的领导的政治认同,认识我国通过行之有效的制度,安排确保人民有效参与国家政治生活和社会生活,在党的领导下真正实现人民当家作主。

(3)社会主义协商民主的独特优势。

【议学情境3】党的二十大报告(节选)。协商民主是实践全过程人民民主的重要形式。完善协商民主体系,统筹推进政党协商、人大协商、政府协商、政协协商、人民团体协商、基层协商以及社会组织协商,健全各种制度化协商平台,推进协商民主广泛、多层、制度化发展。

【议学思考3】采用视频、分析报告、情景表演等多种形式,从五个角度展示成果,理解实现民主的形式是丰富多样的。

【活动意图3】小组合作:搜集资料,全面认识我国协商民主的统筹推进和制度化发展,体会协商民主是实践全过程人民民主的独特优势,感悟中国共产党带领中国人民追求民主、发展民主、实现民主的伟大创造,提高学生有序参与国家政治生活和社会公共生活的能力。

6. 作业与拓展学习设计

① 阅读《中国的民主》白皮书(全文)。② 制作思维导图,以图示的方式呈现中国共产党带领中国人民积极发展全过程人民民主,健全全面、广泛、有机衔接的人民当家作主制度体系,以制度体系保障人民当家作主的伟大创造。

(设计者:刘国梅、杨睿聪、宋远祥、刘鹏、郭春芬、刘金芬、王广东)

第三单元

全面依法治国
大单元教学设计

一、单元主题：坚持全面依法治国，推进法治中国建设

全面依法治国是国家治理的一场深刻革命，关系党执政兴国，关系人民幸福安康，关系党和国家长治久安。要坚持走中国特色社会主义法治道路，建设中国特色社会主义法治体系，建设社会主义法治国家，围绕保障和促进社会公平正义，坚持依法治国、依法执政、依法行政共同推进，坚持法治国家、法治政府、法治社会一体建设，全面推进科学立法、严格执法、公正司法、全民守法，全面推进国家各方面工作法治化，在法治轨道上全面建设社会主义现代化国家。基于此，笔者将本单元主题确定为"坚持全面依法治国，推进法治中国建设"。

二、单元教学设计依据

（一）育人价值

基于落实立德树人根本任务和学科素养的培育，本单元以"坚持全面依法治国，推进法治中国建设"为主题，以习近平法治思想为指导，引导学生关注和分析社会热点案例——灵山湾治理案、遛狗拴绳案、张玉环案等，学生搜集资料并深入分析，进行"发现学习"，进而明确依法治国的目标和基本要求，增强对我国法治道路的认同，增强自身的法律意识。本单元教学设计依靠真实情境，学生沉浸式参与，旨在增强学生的科学精神，提升学生的公共参与能力。

（二）课程标准

（1）简述我国法治建设的成就；明确全面推进依法治国的总目标是建设中国特色社会主义法治体系，建设社会主义法治国家。

（2）搜集资料，阐述科学立法、严格执法、公正司法、全民守法的基本要求；列举事例，阐明建设法治国家、法治政府、法治社会的意义。

（三）单元内容

本单元共三课，总体逻辑方面，第七课在回顾我国法治建设成就、理解马克思主义法治理论的基本观点的基础上，引导学生深刻理解全面依法治国的总目标和原则，在目标

和原则统领下,坚持法治国家、法治政府、法治社会一体建设,从立法、执法、司法、守法等角度阐述全面依法治国是一个系统工程。为更好地落实和理解这部分内容,笔者将选择性必修二中《多元纠纷解决方式》和《诉讼权利实现公平正义》合并处理。

（四）单元学情

（1）生活经验基础。通过日常生活中自己的行为规范或关注社会重大违法案件和普法宣传教育等感知依法治国,了解部分法治案件和法理条文,有一定的法治意识。

（2）认知水平状况。对于依法治国有一定的感性认识,但不能从总体上把握建设社会主义法治国家的总目标和建设要求等。

（3）思维能力水平。学生思维活跃,有一定的创新思维,在单元议题的指引下能进行颇有新意的分析,但归纳思维和类比思维有所欠缺。

（4）学科素养状况。学生通过关注社会热点案例,对我国社会主义法治道路有一定的政治认同,具备了一定的法治意识,但仍需强化,分析热点案例时往往缺乏科学精神。

三、单元目标

（1）简述新中国法治建设成就,明确在中国共产党领导下,我国法治建设取得阶段成就,坚定中国特色社会主义道路自信。结合具体法律的立法宗旨、原则和条文,阐述法治国家的基本特征,体会中国特色社会主义法治的优越性,认同中国特色法治道路的正确性。

（2）运用马克思主义法治理论,认识我国法治建设历程,分析生活中遛狗案件、大数据杀熟案件等,提高学生对法治和依法治国的科学认识。通过对依法办事、依法维权、依法解决纠纷的案例的考查,正确认识建立完备的法律体系和完善的法律机制对保护公民的合法权益、建设和谐社会的意义,强化学生的法治思维。结合模拟法庭、辩论展示等,增强学生的主人翁意识,使其成为社会主义法治的忠实崇尚者、自觉遵守者、坚定捍卫者。

（3）能选择合适途径参与国家或地方重大立法,能有意识地了解执法和司法行为并进行监督和评价,能在社区等公共生活中进行普法宣传。提高学生的政治认同、法治意识、科学精神、公共参与素养。

四、单元达成评价

（一）纸笔测试

课时训练、达标测验、单元测试。

（二）表现性任务

（1）撰写调研报告。通过搜集、查阅、调研等方式,撰写"中国法治这十年"调研报告,总结新时代十年法治建设成就,感悟习近平法治思想。

（2）典型案例分析。结合我国的法治实践及各级人民法院发布的典型案例,在分析和辨析中认识法治国家、法治政府、法治社会建设的重要性及科学立法、严格执法、公正司法和全民守法的要求。

（3）参观学习、模拟法庭。通过参观调解中心、仲裁委员会、人民法院或人民检察院,认识其功能和作用,结合具体案件的审理或模拟法庭审理,感受司法的公平正义。

五、单元实施

（一）单元整体教学思路

本单元以习近平法治思想为指导,围绕"全面推进依法治国,推进法治中国建设"这一主题,设四个分议题。本设计结合我国全面推进依法治国的伟大实践,选取典型案例,引导学生明确全面推进依法治国的总原则、目标及依法治国的一体推进。本单元设计的创新之处在于打破教材单元,遵循法治国家、法治政府、法治社会建设与科学立法、严格执法、公正司法、全民守法的内在逻辑,构建新的教学单元。

《全面依法治国的总目标》内容上与《法治国家建设》有部分重合,可以以大数据"杀熟"案例贯穿进行融合讲解。《法治社会》和《全民守法》都关注到普法教育、民众法治意识等内容,可以以遛狗拴绳为情境进行融合处理。其中,关于《公正司法》与选择性必修二《纠纷解决的多元方式》相契合,可以结合起来讲解。

（二）单元整体框架

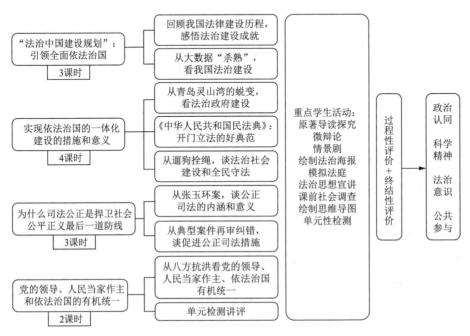

图 3.3.1　单元整体框架

六、课时教学设计

（一）回顾我国法律建设历程，感悟法治建设成就

1. 内容分析

本节内容回顾了我国法律发展的历史，简述了马克思主义法治理论的基本观点，为我国全面贯彻落实依法治国方略、建设法治国家提供了法律依据。通过学习，学生全面了解了法治建设成就，认同马克思主义法律思想的科学性，增强了依法治国的信心，坚定了中国共产党的领导。

2. 学情分析

在初中阶段，学生初步了解了改革开放以来我国法治的蓝图，但他们对我国古代法律发展的历史、马克思关于法的基本观点以及新中国我国法治建设发展的成就缺乏全面、深入的了解。本课的学习增进了学生对我国法治建设成就的认同，增强了学生的法治思维，坚定了学生对中国特色社会主义道路、理论和制度的自信，提升了学生在新时代参与法治建设的能力。

3. 学习目标

（1）通过小组合作学习的方式，就法律发展的历史开展小组活动，明确我国古代法制蕴含着丰富的智慧和资源，积极挖掘和传承中华法律文化精华。

（2）通过议题活动，懂得马克思主义法治理论的基本观点，能够运用马克思主义基本立场、观点和方法认识我国法治建设历程。

4. 学习评价

（1）通过小组合作展示的方式，认识我国法律发展的历程，重点关注学生搜集材料、引用例证、解读信息的能力，引导学生感受源远流长的中华法系。

（2）了解马克思主义法治理论的基本观点，评价学生能否运用马克思主义法治理论的基本观点，坚持阶级分析法，理解我国社会主义法律的性质及作用。

（3）列举我国的法治建设成就，增强法治自信。

5. 学习活动设计

（1）回望历史，源远流长的中华法系。

【议学情境1】小组合作：展示我国法律发展历史。

小组1：夏、商、西周、春秋、战国时期。

小组2：西汉、唐朝时期。

【议学思考1】通过小组展示的夏、商、春秋、唐朝等不同时期的法律学习，谈谈对我国法律发展历史过程的认识。

【活动意图1】通过学习我国法律发展的历史，明确我国古代法治文化蕴含着丰富的智慧和资源，使中华优秀法治文化创造性转化和创新性发展。

（2）追寻经典，了解马克思主义法治思想。

【议学情境2】原著欣赏。

"私法是私有制同时从自然形成的共同体的解体过程中发展起来的。"（《马克思恩格斯全集》第3卷）

"不是国家与法决定市民社会，而是市民社会决定国家与法；不是君主主权，而是人民主权；民主制中不是人为法律而存在，而是法律为人而存在。"（《黑格尔法哲学批判》）

"法的历史表明，个人的关系是直接表现出来的，随着社会的发展，法律关系改变了，它们的表现方式也文明了。"（《马克思恩格斯全集》第3卷）

【议学思考2】请分析原著并运用马克思主义法治理论的基本观点，理解我国法律的性质及作用。

【活动意图2】通过赏析原著，理解不同社会法的特征和功能，运用马克思主义基本立场、观点和方法学习法的本质、特征及职能，增强学生对我国法律的自信和认同。

（3）辉煌历程，新中国法治建设的成就。

【议学情境3】播放《非凡十年 法治中国》。党的十八大以来的十年，是中国法治发展的辉煌十年，也是中国法治发展的黄金十年。

【议学思考3】十年来，全面依法治国取得了哪些成就？法治中国建设走出了怎样的新步伐？

【活动意图3】根据新中国法治建设取得的成就，引导学生分析原因，自觉坚持中国共产党的领导，坚持习近平法治思想的指引，坚定走中国特色社会主义法治道路。

6. 作业与拓展学习设计

拓展阅读我国唐朝的法律，并分析对今天我国法治建设的借鉴意义。

（二）从大数据"杀熟"，看我国法治建设

1. 内容分析

本课融合必修三第七课第二框、第八课第一框的内容，阐述了全面推进依法治国的总目标和原则，法治国家的内涵、特征和具体要求，全面了解依法治国是法治中国系统性工程的重要组成部分，培育学生的法治思维、法治素养。

2. 学情分析

通过初中的学习，学生对于实行依法治国、建设社会主义法治国家等比较熟悉，有一定的常识性了解。但是，多数学生缺乏对于全面依法治国科学内涵、总目标、原则、具体要求及其内在联系的系统认识，更缺乏深入思考，也缺乏对于我国全面依法治国的理性认知，个别学生的法治意识比较淡薄。

3. 学习目标

（1）通过小组合作宣讲习近平法治思想，明确全面推进依法治国总目标，深刻理解

中国特色社会主义法治体系、建设社会主义法治国家的目标,培养学生的政治认同。

（2）通过大数据"杀熟"案例,科学认识全面推进依法治国的原则、法治国家的内涵及具体要求,达成政治认同、科学精神、法治意识和公共参与能力学科素养的培养。

（3）通过头脑风暴和思维导图的方式,总结归纳我国全面推进依法治国目标、原则和法治国家的内涵、具体要求。

4. 学习评价

（1）通过习近平法治思想宣讲和头脑风暴或思维导图方式,一是关注学生是否真正理解了全面推进依法治国的总目标和中国特色社会主义法治的原则,二是关注学生在学习中是否主动承担学习任务、能否参与讨论并积极发言,三是关注学生是否树立法治思维和法治意识。

（2）通过辨析式的拓展学习,培养学生的辩证思维,评价学生是否深入理解全面依法治国的内容。

5. 学习活动设计

（1）理论宣讲,解读习近平法治思想。

【议学情境 1】研读习近平法治思想相关资料,理解全面推进依法治国总目标就是建设中国特色社会主义法治体系、建设社会主义法治国家。

【议学思考 1】以小组为单位,深入开展习近平法治思想学习研讨,并选派一名学生为习近平法治思想宣讲员,进行讲解。

【活动意图 1】在"讲"中学,增强学生的代入感。理解并深刻领会习近平法治思想的精神实质,全面贯彻习近平法治思想的实践要求,培养学生透过现象看本质的能力。

（2）大数据"杀熟"与法治背道而驰。

【议学情境 2】2020 年 7 月,某平台上享受 8.5 折优惠价的钻石贵宾客户胡女士像往常一样,通过某 App 订购了舟山某酒店的一间豪华湖景大床房,支付价款 2 889 元。离开酒店时,胡女士发现酒店的实挂牌价仅为 1 377.63 元。胡女士不仅没有享受到优惠,反而多支付了一倍的房价。胡女士起诉至法院,要求某 App 所属公司退还因欺诈销售而多支出的酒店预订款、三倍赔付、赔礼道歉;要求该公司在其开发的某 App 里增加选项,使客户不同意其《服务协议》和《隐私条款》时,仍能使用该 App。

绍兴市柯桥区人民法院判决中释明:由于本案涉及的是住宿消费,且已消费完毕,不存在实体商品的退款退货,故"退一",即该院只判退差价,而非退 2 889 元全额房费;对于原告胡女士提出的"赔三",则可按 2 889 元全额房费的三倍赔付给原告。绍兴市中级人民法院二审支持了"退一赔三"的诉请,但驳回了胡女士的其他诉讼请求。

【议学思考 2】小组合作:分享法院判决结果的依据,畅谈理想中的法治国家,并用思维导图呈现。

【活动意图 2】通过真实的案例,以案说法,让学生深刻认识到全面推进依法治国的总目标与原则,进而坚定中国特色社会主义法治道路。

（3）遏制大数据"杀熟"需用好法治利器。

【议学情境3】针对大数据"杀熟"，要切实优化监管举措，多管齐下，改变"人人喊打又办法不多"的局面。大数据"杀熟"，实质就是经营者对算法的滥用。真正解决这一问题，归根到底还是要做好对平台的监管。个人信息保护法在法律层面上对自动化决策进行了规范，但相关规定还需进一步细化。要拿出更有效的监督和约束措施，促使平台切实履责。网信、市场监管等部门应主动作为，通过开展专项检查等方式做好相关执法查处。

【议学思考3】你认为如何解决大数据"杀熟"问题？这对于建设法治国家有什么要求？

【活动意图3】通过案情回顾引导学生基于当前社会生活的现象和法治建设中存在的问题，初步认识建设法治国家的具体措施和要求。

（4）追寻"法治之光"：我为法治国家做贡献。

【议学情境4】阅读《法治中国建设规划（2020—2025年）》节选。建设法治中国，应当实现法律规范科学完备统一，执法司法公正高效权威，权力运行受到有效制约监督，人民合法权益得到充分尊重保障，法治信仰普遍确立，法治国家、法治政府、法治社会全面建成。到2025年，党领导全面依法治国体制机制更加健全，以《宪法》为核心的中国特色社会主义法律体系更加完备，职责明确、依法行政的政府治理体系日益健全，相互配合、相互制约的司法权运行机制更加科学有效，法治社会建设取得重大进展，党内法规体系更加完善，中国特色社会主义法治体系初步形成。到2035年，法治国家、法治政府、法治社会基本建成，中国特色社会主义法治体系基本形成，人民平等参与、平等发展权利得到充分保障，国家治理体系和治理能力现代化基本实现。

【议学思考4】总结推进法治国家建设的措施。

【活动意图4】依法治国不仅需要国家、社会层面的举措，更需要落实落细到公民个人实践上。通过上述活动感悟习近平法治思想的力量，引导学生自觉做社会主义法治的忠实崇尚者、自觉遵守者、坚定捍卫者。

6. 作业与拓展学习设计

写小论文：有人认为，良法之下必有法治国家，也有人认为，良法之下未必有法治国家。请任选其中一个观点，加以论述。

（三）从青岛灵山湾的蜕变，看法治政府建设

1. 内容分析

严格执法最重要的主体是政府，而法治政府建设是全面依法治国的关键，是法治中国建设的主体。本课涉及"法治政府""严格执法"两框内容，主要阐述法治政府的含义、特征以及建设法治政府的具体要求和重大意义。必修二"更好发挥政府作用"学习中已经涉及政府的基本职能，为本课学习奠定了基础。

2. 学情分析

高一学生的政治参与意识已然觉醒,他们大多善于思考、勇于质疑。在信息时代,学生能够接触到海量关于政府的信息,但他们社会阅历浅,对信息进行筛选、辨别的能力不足,对于政府缺乏全面而科学的认识。从理解能力和认知水平上来看,基于过往的知识储备,学生通过预习便能读懂教材中的观点,但想让学生从情感上认同建设法治政府的必要性存在一定的难度。因此,教授本课时,教师必须解决学生在学习过程中存在的"知而不信"的问题,进而解决"知而不行"的教学问题,让学生确立正确的认识观点,提高学生的接受水平。

3. 学习目标

(1)通过对"走近灵山湾"课前活动型作业成果的展示交流,体会法治政府的内涵和必要性,提升学生运用所学知识分析社会现象的能力,培养学生自觉参与法治国家建设的意识。

(2)通过对"国家行政机构改革"的深入剖析,学生深刻体悟法治政府、法治国家的建设始终坚持人民立场,实现从了解政府到理解政府再到相信政府的进阶,坚定政治认同。

(3)通过对政府职能行使、执法人员如何执法的科学思辨,培育学生运用马克思主义立场和观点观察事物、分析问题、解决矛盾的能力,进一步明确建设法治政府的举措和要求。

(4)通过对"假如我是执法者"的开放型问题探讨,培养学生的知识迁移与运用能力,提高其积极参与社会主义民主政治建设的公民意识。

4. 学习评价

(1)通过课前活动型作业成果的交流,关注学生能否认识到法治政府的内涵和必要性,以及能否运用所学知识分析社会现象。

(2)在对政府职能行使、执法人员如何执法的科学思辨中,关注学生能否在价值冲突中深化理解,在比较、鉴别中提高认识、强化价值引领、明确建设法治政府的重要举措和要求。

(3)"假如我是执法者"的开放型探讨,一要坚持"求同"与"求异"相结合,评价学生从不同视角、表达不同见解,二要评价学生的知识迁移能力,提高学生的公民意识和法治意识。

5. 学习活动设计

(1)答卷——湾之治。

【议学情境1】播放《美丽灵山湾》。近年来,青岛灵山湾聚力蓝色海湾整治行动,通过陆海协同、多元共治形成了"金滩镶绿野,碧海映蓝天"的海滨风光,成为广大游客的"打卡地"和西海岸新区市民的"第一会客厅"。

【议学思考1】政府在治理中履行了哪些职能？政府的职能涉及多领域、多方面，是不是意味着政府管得越多越好？

【活动意图1】小组分享展示青岛各级政府对灵山湾的治理措施，在教师的引导下对措施进行分类，归纳总结法治政府的内涵。引导学生关注社会生活及有关政治活动，增强学生的社会责任感与主人翁意识，锻炼学生的公共参与能力。引导学生感受社会生活真实变化，真实体会建设法治政府的必要性，提升学生的政治认同。

（2）改革——国之治。

【议学情境2】2023年国务院机构改革重新组建科学技术部。加强科学技术部推动健全新型举国体制、优化科技创新全链条管理、促进科技成果转化、促进科技和经济社会发展相结合等职能，强化战略规划、体制改革、资源统筹、综合协调、政策法规、督促检查等宏观管理职责，保留国家基础研究和应用基础研究、国家实验室建设、国家科技重大专项、国家技术转移体系建设、科技成果转移转化和产学研结合、区域科技创新体系建设、科技监督评价体系建设、科研诚信建设、国际科技合作、科技人才队伍建设、国家科技评奖等相关职责，仍作为国务院组成部门。

【议学思考2】为什么要组建科技部？从现实原因、法治角度、理论角度，让学生分组进行分析、研讨。

【活动意图2】通过对行政机构改革的深度剖析，与学生共同感受全面依法治国是国家治理领域的一场广泛而深刻的革命，引导学生准确系统地理解法治政府建设，提升学生的理性认知和情感认同，培育学生的科学精神。

（3）执法——行必严。

【议学情境3】2021年9月7日，青岛某区市场监管局在对某包装公司进行现场检查时发现，该公司一辆在用电动叉车无铭牌、无车牌，不能提供该车的检验、登记手续，操作人员也没有叉车操作人员证。市场监管局现场做出《特种设备安全监察指令书》，该包装公司收到后及时将涉案叉车进行报废处理，又购置了新的、经登记检验合格的叉车，并申请了特种设备作业人员资格，消除了涉案叉车的安全隐患。后市场监管局仍对其做出罚款3万元的行政处罚。该包装公司不服，缴纳罚款后向该区政府申请行政复议，区政府做出维持决定。该公司提起行政诉讼。该区法院经审理认为，该包装公司的行为违反了《中华人民共和国特种设备安全法》的相关规定，但系初次违法、所涉特种设备数量较少，在自用该叉车过程中也未造成实际危害后果，并且某包装公司对违法行为及时进行了改正，符合《中华人民共和国行政处罚法》第三十三条第一款"初次违法且危害后果轻微并及时改正"的规定，行政机关可以不予行政处罚，故当事人符合"首违不罚"条件，最终判决撤销涉案行政处罚决定及该区政府的行政复议决定。

【议学思考3】首违不罚是否执法不严？结合具体事例就"假如我是执法者"进行展示分享。

【活动意图3】通过科学思辨，培养学生用马克思主义基本立场、观点和方法观察事物、分析问题、解决矛盾的能力；学生在进一步理解法治政府建设的基础上，提升尊法、学法、守法、用法的法治意识与共同投身法治社会建设的公共参与意识。就开放型问题探讨,培养学生的知识迁移与运用能力,升华学生的政治认同。

6. 作业与拓展学习设计

报名参加青岛市委宣传部活动,从中学生视角拍摄一段青岛市法治政府建设的宣传视频,时长 3～5 分钟,可剪辑。

(四)《中华人民共和国民法典》:开门立法的好典范

1. 内容分析

科学立法是全面推进依法治国的前提,本课主要从内涵、原则、具体要求等角度阐释科学立法,引导学生准确地理解科学立法,提升学生对法治的理性认知和情感认同。

2. 学情分析

学生在九年级"建设法治中国"和本书第五课"我国的根本政治制度"的学习中对科学立法有所了解,为本课的学习打下理论基础。高一学生具备一定的信息整合和团队协作能力,课前通过小组合作梳理了《中华人民共和国民法典》(简称《民法典》)的编纂历程和内容变化,深化了对立法机关和立法过程的了解。学生的社会阅历浅、立法实践少,难以全面理解科学立法的内涵。因此,本课将在学生已有的学科认知的基础上,强化其对科学立法的深度思考,实现学生认知和理解上的螺旋式上升。

3. 学习目标

(1)通过梳理《民法典》的编纂历程,深刻感悟国家法治建设的各项工作始终坚持人民立场,顺应时代符合国情,坚定政治认同。

(2)结合《民法典》的制定程序及部分法律条文的改变,探究生活中的实际案例,提高学法、守法、用法的法治意识。

(3)对拥有立法权的国家机关进行从个性到共性的思考,明确国家权力行使的规范化和科学性,落实科学精神。

(4)通过观看立法成就视频及模拟参与立法,增强积极为国家建言献策的意识并予以实践,增强公共参与意识。

4. 学习评价

(1)教师在分析《民法典》编纂实行两步走的原因、《中华人民共和国立法法》(简称《立法法》)修改的内容等教学情境中,着重评估学生解决情境化问题的过程和结果,明确科学立法的重要性和要求。

(2)教师通过设置表现性的拓展作业,引导学生明确公民参与立法的重要性,强化学生的参与意识。

5. 学习活动设计

(1)观《民法典》编纂之路,明科学立法之内涵。

【议学情境1】播放《当哪吒遇上〈民法典〉》,引入主题。

【议学思考1】梳理《民法典》的编纂历程,组织学生交流分享。

【活动意图1】探析分两步走的原因,归纳出科学立法的内涵和原则。直观生动的视频能够激发学生的兴趣,使学生在理解学科知识的同时,提升语言表达和自主归纳能力。

（2）析《民法典》内容之变,明科学立法之原则。

【议学情境2】《民法典》77处变化列举:将"弘扬社会主义核心价值观"作为一项重要的立法目的;限制民事行为能力人的起始时间由10周岁调整为8周岁;新增对数据、网络虚拟财产的保护……

【议学思考2】从立法角度分析为何会有这些变化。

【活动意图2】让学生组成法律专家代表团,介绍和回答《民法典》的部分改变,分组探究,体悟科学立法的原则。

（3）看《民法典》立法之依据,探科学立法之要求。

【议学情境3】播放《立法法》。

【议学思考3】绘制"我国有立法权的国家机关"图表;登录中国人大网,在法律草案征求意见栏目中查询正在征求意见的草案,引导学生选择一部感兴趣的草案,完成立法建议表。

【活动意图3】设置贴近学生生活的立法实践活动,实现学生从学科认知到实践运用的转变,真正做到内化于心、外化于行。

6. 作业与拓展学习设计

搜集展示:请学生查阅感兴趣的《民法典》版块,学习其中与自己密切相关的条文,查找条文相关案例或身边事例,进行小组交流汇报。

表 3.3.1 我的立法建议

我的立法建议	
所选法律草案	
建议及理由	
提出建议的途径	

（五）从遛狗拴绳,谈法治社会建设和全民守法

1. 内容分析

全民守法、建成法治社会是全面依法治国、构筑法治中国的基础。通过学习,明确法治中国建设要落实到每位公民的身上,提升学生对法治中国建设的情感认同与参与意识。

2. 学情分析

在掌握初中知识和前面课时学习内容的基础上,学生对法治社会和全民守法的内

在逻辑较容易接受,但在社会治理和完备法律服务体系等重点内容的理解上尚需深化和拓展。

3. 学习目标

(1)通过调研、观察、评析生活中的现象,明辨身边的违规违法行为,帮助学生树立法治意识,自觉学法、信法、用法,懂得用法律维护自己的合法权益。

(2)通过对文明养犬进行小组探究,明确建设法治社会的具体措施,体悟建设法治社会需要全方位、长期性的努力。

(3)通过感受生活变化,体悟法治社会建设的意义,增强学生的政治认同。

(4)通过宣传方案设计,引导学生为落实良法善治、建成法治社会贡献力量,增强学生的公共参与能力,做法治的自觉践行者。

4. 学习评价

(1)情境式、案例式教学的评价主要关注学生能否明辨身边的违规违法行为,真正认识法治社会的内涵和体现,进而树立法治意识,懂得用法律维护自己的合法权益。

(2)制作"文明养犬 你我同行"宣传方案,与社区联合开展宣传教育活动。评价的关注点应放在学科核心素养能否得到提升上,具体要看学习目标是否明确,活动设计是否合理,活动组织是否恰当,活动资源是否充分利用,学生的主体性和创造性是否得到充分发挥,能否为建成法治社会贡献力量,自觉做社会主义法治的崇尚者和自觉践行者。

5. 学习活动设计

(1)养狗乱象——体悟法治。

【议学情境1】从萌宠图和养宠数据谈起,讨论遛狗拴绳入法,导入本课。

【议学思考1】通过遛狗伤人纠纷视频引导学生对被告和受害者的行为进行评析,体悟法治社会和全民守法的内涵。小组合作:从权利与义务、解决矛盾纠纷的途径等角度体悟全民守法,概括法治社会的内涵。

【活动意图1】通过热点问题与视频导入,引发学生对生活与教学内容的思维碰撞,激发学生的学习兴趣,做到知行合一,提升学生的认同感与参与能力。

(2)文明养犬——全民共建。

【议学情境2】组织学生对课前调研成果进行分享,引导学生就如何整治养狗乱象,建成法治社会开展合作探究。

【议学思考2】课前开展社区调查:养狗规定知多少?你是否赞同遛狗不拴绳?遛狗不拴绳可能导致哪些后果?提炼建设法治社会的有效措施,感受建设法治社会需要全方位、长期性的努力。

【活动意图2】从报告和材料中总结建设法治社会的举措,增强学生对文本进行剖析、解读的能力。通过现实情境问题引导学生主动思考共建法治社会的有效措施,理解全民守法的必要性,提升学生的公共参与能力与素养。

（3）全民守法——畅想未来。

【议学情境3】① 播放《法治建设在各具体情境下取得的成就》。② 展示《法治社会建设实施纲要》。

【议学思考3】根据材料并结合社会生活变化,体悟建设法治社会的意义。

【活动意图3】通过设置真实情境引导学生感受生活的真实变化,体悟法治让社会生活更加美好,理解法治社会在法治中国建设中的基础地位,坚定政治认同。

6. 作业与拓展学习设计

制作一个"文明养犬　你我同行"宣传方案,并与社区联合开展宣传教育活动。

（六）从张玉环案,谈公正司法的内涵和意义

1. 内容分析

本节融合必修三第九课第三框第一目以及选择性必修二第十课第一框、第二框内容。公正司法是维护社会公平正义的最后一道防线,是全面依法治国能否实现的最后实践环节。教材讲述公正司法的内涵、意义及推进公正司法的具体要求,对于坚定维护社会公平正义的信念和实现全面依法治国目标的信心尤为重要。

2. 学情分析

通过前面的学习,学生积累了经验,具备了法律相关知识和学习方法。学生更有兴趣分析社会典型案例,在实践中探究公正司法的具体要求。通过研究案例,学生总结出提高公正司法的措施可能有难度,教师应予以协助和鼓励。

3. 学习目标

（1）通过微辩论的方式,使学生深刻理解公正司法的重要意义,提高学生的参与能力和辩证思维能力,培养学生的法治意识和科学精神。

（2）通过自主学习,初步了解公正司法的内涵,理解诉讼权利和诉讼程序,培养学生自主阅读、总结概括等独立学习的能力,在课堂合作交流中加深理解。

4. 学习评价

（1）设置微辩论,关注学生能否敢于表达自己的看法,在活动中不断纠正错误、完善观点,针对思维的逻辑性、表达的准确性等方面做出判定。评价的关键点是在比较与鉴别中深刻理解公正司法的重要意义。

（2）设置拓展性作业,评价学生在分析具体案例中感受诉讼权利和诉讼程序,公正司法是维护社会正义的最后一道防线,自觉做公平正义的维护者和践行者。

5. 学习活动设计

（1）回顾典型案例,分析公正司法之价值。

【议学情境1】回顾张玉环案,引发学生思考公正司法的重要性,指导学生开展观点辩论,展现学生的认知过程并总结评价。

【议学思考1】微辩论:迟到的正义有无意义? 全班同学自由组合分成两组,要求人数相当。

第一环节:小组代表汇总组员观点并当堂陈述。

第二环节:自由辩论。

【活动意图1】通过回顾典型的国家赔偿案例,引发法与情的矛盾冲突,激活思维。通过小组学习,认识到公正司法最重要的是结果公正,感悟公正司法的重要意义。

(2)探究典型案例,分析公正司法的程序公正和诉讼权利。

【议学情境2】引领学生思考案件一审、二审环节中的错误,从权利和程序等方面归纳总结公正司法的含义,为理解实现公正司法的具体措施做铺垫。

【议学思考2】交流案件一审、二审环节中的错误,尝试对错误进行归类。

【活动意图2】直视真实案件中存在的各种问题,总结要实现司法结果公正就必须确保程序公正、诉讼权利得到保障等,提高学生的独立思考能力。

【议学情境3】引导学生指出张玉环案中当事人的辩护权利没有得到保障这一问题,引发学生思考司法诉讼权利有哪些、诉讼的程序是什么。

解答学生疑惑,分析易错易混概念:起诉、上诉、应诉、一审、二审、再审等。

【议学思考3】学生自学选择性必修二第十课第一框第一目"诉讼权利面面观",交流学习成果。学生根据案情,结合选择性必修二第十课第二框"严格诉讼程序",了解诉讼程序,用鱼骨图画出起诉与应诉、审理与判决的程序图。

【活动意图3】根据案件情境中存在的错误,激发学生学习新知识的兴趣,提高学习效果,促进学生自主学习新知识,进行交流并解决困惑点。

6. 作业与拓展学习设计

了解最高人民法院典型案例中呼格案案情并进行分析。

(七)从典型案件再审纠错,谈促进公正司法措施

1. 内容分析

融合必修三第九课第三框第三目"推进公正司法"和选择性必修二第十课"诉讼实现公平正义"。第一,侧重从法律援助与司法救助角度,分析司法为人民、加强人权司法保障等内容。第二,分析诉讼中证据的重要性。第三,结合法院管辖制度等知识,分析我国司法职权配置。这些内容是实现公正司法具体措施的重点和难点,也是核心素养落实的关键点。最后,全面总结促进公正司法的措施,提高思维的综合性。

2. 学情分析

学生在学了公正司法这节课后,掌握了公正司法的基本知识,全员参与了典型案例分析,他们的理论联系实际能力、小组合作能力得到了锻炼。教师可在此基础上发挥学生的主体作用,深入分析典型案例。

3. 学习目标

（1）通过小组合作，分析呼格案中的法律援助与司法救助环节，提高学生分析案情的能力，科学区分两种制度，深刻理解我国司法为人民和司法人权保障制度，在科学精神中培养学生的政治认同。

（2）通过独立分析列表，完成证据相关知识的梳理，理解证据在审判中的重要性。

（3）结合案情和李沧区人民法院的视频，科学认识我国三类司法机关的职权分工，明确国家优化司法职权配置的重要性。

（4）运用头脑风暴法，总结归纳我国公正司法的具体措施，培养学生思维的概括性。

4. 学习评价

（1）通过典型情境、任务单设置、序列化的探究活动，评价学生是否全面理解公正司法的要求。

（2）设置拓展性作业（调研走访、写小论文等），评价学生理论联系实际、灵活迁移运用的能力，对公正司法进行全面、系统的阐释。

5. 学习活动设计

（1）典型案件再审纠错——谈法律援助与司法救助。

【议学情境1】提前了解案情，安排学生展示上节课的拓展作业，分析呼格案案情，回顾上节课知识。教师引导学生思考：该案件纠错过程中存在的法律援助和司法救助现象，有什么区别？意义何在？

【议学思考1】综合展示、评析案例——呼格案。从主体、方式等角度，小组列表讨论法律援助和司法救助的区别，总结意义，进行交流，修改表格。

【活动意图1】通过分析司法纠错中法律援助和司法救助的现象，分析公正司法为人民、公正司法加强人权司法保障等内容。

（2）证据是审判的关键。

【议学情境2】引导学生思考：如果程序正当，当事人权利也得到保障，那么打官司的决定性因素是什么？

【议学思考2】总结分析证据在案件审判中的重要作用，列表完成证据的含义、种类、重要性等知识；展示分享，互相评价，总结和完善列表。

【活动意图2】通过案件分析，引导学生深刻理解作为认定案件事实依据的证据是诉讼的灵魂，证据既是揭露犯罪的有力武器，也是保障无辜者不受错误追溯的盾牌，进一步增强学生的证据意识。

（3）优化司法职权配置。

【议学情境3】邀请李沧区人民法院的法官分享我国法院的分级管辖权。通过直观的方式了解我国司法机关的职权分配。

【议学思考3】依据已有知识，分析呼格案中法院、检察院与公安机关的分工；尝试解读呼格案一审、二审、再审等环节。

【活动意图3】通过案情再回顾,引导学生从国家职能角度分析优化司法职权配置对实现公正司法的意义,加深学生对公正司法措施的理解。

(4)如何实现司法公平正义。

【议学情境4】结合两个案例、两本教材及相关知识,总结实现司法公平正义的措施。

【议学思考4】运用头脑风暴法,分析如何实现公正司法。

【活动意图4】学生通过感性体验和理性认知,总结实现公正司法的具体措施,完成本议题的知识任务和素养目标,优化学习能力,锻炼高阶思维。

6. 作业与拓展学习设计

以"提高公正司法之我见"为题,结合所学知识,写一篇小论文。

(八)从八方抗洪,看党的领导、人民当家作主、依法治国有机统一

1. 内容分析

综合探究是对第三单元内容的总结和拓展,也是本册教材的一个综合。综合探究围绕本模块的核心内容"党的领导、人民当家作主、依法治国有机统一"展开。结合八方抗洪行动理解:依法治国是党领导人民治理国家的基本方式,体会坚持党的领导、人民当家作主、依法治国的有机统一。

2. 学情分析

学生在学习了党的领导、人民当家作主、全面依法治国三个单元的知识之后,对党的领导、人民当家作主有了一定的认知基础。在生活中,学生通过观看新闻也具备了一定的法治意识。

通过前面内容的学习,学生的信息提取、分析归纳等能力逐步提升,具备一定的学科学习能力。但本部分内容的理论度较高,三者之间的关系较为抽象和高度概括,学生对其关系的深入把握存在一定的困难,需要教师进一步引导。

3. 学习目标

通过分析八方抗洪中在党的领导、人民群众和社会各界的广泛参与下,我们最终取得八方抗洪的胜利,深化学生对党的领导的政治认同,科学认识我国的制度优越性和强大生命力。唤醒学生的使命感和责任担当,提高他们的公共参与意识。学生在探究八方抗洪的相关案例和相关法律条文中,增强了法治意识。

4. 学习评价

(1)通过小组合作展示的方式,让学生认识八方抗洪中党的领导、人民的团结奋斗。教师应重点关注学生搜集材料、引用例证、解读信息的能力,引导学生深化对党的领导的政治认同。

(2)通过情景剧的展示,让学生认识到,在八方抗洪中,我们始终坚持人民至上的理

念,同时人民群众也是党紧紧依靠的力量,从而提高学生自身的青年使命感。

（3）借助普法宣讲活动,引导学生深入理解法治是国家社会发展的重要保障。

5. 学习活动设计

（1）八方抗洪党先行。

【议学情境1】播放《抗洪一线飘扬的党旗》。

【议学思考1】观看视频,分组讨论:抗洪救灾为什么必须坚持党的领导? 小组内分工明确,有主持讨论的小组长,有记录探究成果的记录员,有积极主动进行分享的发言人。

【活动意图1】通过对八方抗洪中党的领导作用的分析,让学生感悟坚持和加强党的领导的必要性和重要意义,明确只有坚持党的领导,才能成功实现抗洪救灾,深化学生对坚持党的领导的政治认同。同时,小组总结分享有助于锻炼学生获取信息、总结概括的能力,提高学生的语言表达能力。

（2）八方抗洪人民强。

【议学情境2】由一组和二组同学展演情景剧《八方抗洪中的你我他》,生动地展现我们始终坚持人民至上的理念。

【议学思考2】学生认真展演情景剧,其他同学细心观察、体会,感受八方抗洪中人民的重要地位。

【活动意图2】通过情景剧的展演,培养学生的情境把握和临场语言表达能力;让学生了解各行各业在八方抗洪中做出的贡献,切实感受人民群众的主体力量,理解人民能够切实行使当家作主的权利,从而拥护和支持党的领导。

（3）八方抗洪法保障。

【议学情境3】依据课堂资料包,请学生查阅防汛抗洪的相关法律法规及各部门的执法情况。

【议学思考3】我国为防汛抗洪救灾提供了哪些法治保障?

【活动意图3】查阅资料,引导学生认识防汛抗洪,通过制定和完善相关法律法规,加大执法力度,保障人民权益,进一步理解依法治国是党领导人民治理国家的基本方式,进一步增强学生的法治意识。

6. 作业与拓展学习设计

走进社区,开展普法宣讲活动。例如:拒绝高空抛物,守护"头顶安全"。

（设计者:孙俊香、吉芳芳、王霞、薛丁凤、陈曈）

第四章　必修四 《哲学与文化》

第一单元
探索世界与把握规律
大单元教学设计

一、单元主题：马克思主义哲学是科学的世界观和方法论

学懂弄通马克思主义世界观和方法论，熟练掌握马克思主义立场、观点、方法，善于运用马克思主义世界观、方法论分析实际问题，解决现实问题，坚定理论自信，积极投身于新时代中国特色社会主义现代建设的伟大实践。

二、单元教学设计依据

（一）育人价值

基于落实立德树人根本任务和学科素养培育目标，本单元引导学生学习哲学与马克思主义哲学的基本知识，了解马克思主义哲学是科学的世界观和方法论，是科学性、革命性与实践性的统一；认同马克思主义哲学的指导地位，掌握马克思主义哲学的真谛，坚持和运用马克思主义作为指导；认同习近平新时代中国特色社会主义思想是当代中国马克思主义，是 21 世纪的马克思主义；增强"四个意识"，坚定"四个自信"，做到"两个维护"。

同时，在马克思主义世界观的指导下，掌握科学的工作方法，想问题、办事情一切从实际出发，实事求是，培养严谨的工作态度和科学的工作方法，反对形形色色的主观主义；坚持联系的观点、发展的观点和矛盾分析法，防止用孤立的、静止的和片面的观点看问题，践行辩证唯物论和唯物辩证法，反对形而上学。

（二）课程标准

比较哲学思维与日常思维的异同，理解真正的哲学是时代精神的精华，阐明马克思主义哲学是科学的世界观和方法论。说明思维和存在的关系问题，阐释世界的统一性在于它的物质性，摆正无神论立场，表明坚持一切从实际出发，实事求是的态度。描述世界是普遍联系、永恒运动的，领会全面地、发展地看问题的意义，学会运用矛盾分析法观察和处理问题。

（三）单元内容

本单元以习近平新时代中国特色社会主义思想为指导，紧紧围绕马克思主义世界观和方法论展开，核心问题是回答什么是科学的世界观、方法论，坚定理论自信。本单元以哲学的内涵和作用为起点，系统讲述马克思主义哲学的基本原理、思想精髓、历史地位和重要意义，阐明马克思主义哲学是科学的世界观和方法论。

本单元包括三课。第一课为"时代精神的精华"。从哲学到马克思主义哲学，遵循从一般到特殊的认识思路，围绕哲学与实践、哲学与世界观、哲学与具体科学、哲学与马克思主义哲学等关系把握和理解什么是哲学思维方式、什么是马克思主义哲学和马克思主义中国化，从而增强政治认同，形成科学的学科素养。第一框"追求智慧的学问"讲述了哲学与实践的关系、哲学与世界观的关系、哲学与具体科学的关系。第二框"哲学的基本问题"讲述了哲学的基本问题、哲学的基本派别。第三框"科学的世界观和方法论"讲述了马克思主义哲学的产生、基本特征与中国化成果。

第二课为"探究世界的本质"。从阐释内容方面看，第一框"世界的物质性"讲述了世界的本原是物质，第二框"运动的规律性"阐明了物质与运动的关系、客观规律与主观能动性的辩证关系与方法论。从逻辑关系方面看，第一框为第二框奠定知识基础，第二框是第一框的延伸。

第三课为"把握世界的规律"。三个框题分别阐述了唯物辩证法的总特征以及联系的观点、发展的观点、唯物辩证法的实质与核心。

（四）单元学情

高中生对哲学有着天生的好奇，他们听过一些哲理故事，读过一些哲学家的逸闻趣事，知道哲学是让人聪慧的学问。他们愿意学好哲学，抱着浓厚的兴趣踏上哲学学习之旅。但受年龄限制，高中生心智不够成熟，他们擅长形象思维，抽象思维能力较弱，容易将哲学思维降格为日常思维，把日常思维等同于哲学思维。因此，教师在教学中应尽量选取贴近学生生活和实践的材料，借助语文、历史学科中的一些哲学知识，培养学生的学习兴趣；同时，引导学生学哲学、用哲学，在学以致用的过程中提升学生的哲学思维水平。

三、单元目标

（1）知道马克思主义哲学是最先进的哲学思想，具有科学性、革命性和实践性，在生活中能坚持唯物主义、反对唯心主义。

（2）简述马克思主义中国化的重大理论成果，认同习近平新时代中国特色社会主义思想的重要地位，增强理论自信，做到"两个维护"。

（3）描述物质、运动与规律的关系，归纳世界的物质性原理，结合实例论证发挥主观能动性必须尊重客观规律；坚定马克思主义无神论立场，坚持一切从实际出发，实事求是。

（4）归纳联系的普遍性，能用联系的观点分析生活中的真实问题；知道发展的实质，运用发展的状态和途径分析实际问题；区分矛盾的同一性与斗争性，自觉运用矛盾分析法，坚持唯物辩证法，反对形而上学。

四、单元达成评价

（一）纸笔测试

课时训练、达标测验、单元测试。

（二）表现性任务

（1）真理之光、跨越时空、映照当下。英国广播公司（BBC）1999 年和 2005 年先后组织"千年思想家"和"古今最伟大哲学家"调查，结果都是卡尔·马克思位列第一。美国的著名经济学家罗伯特·海尔布隆纳说："要探索人类社会发展前景，必须向马克思求教。"哲学大师萨特在《辩证理性批判》中写道："马克思主义是不可超越的，因为产生它的情势还没有被超越。"观看中国中央电视台《马克思是对的》第五集，写一篇观后感，谈一谈为什么卡尔·马克思赢得了那么多人的赞誉。不少于 500 字。

（2）以小组为单位，通过访谈或查阅历史资料，说一说本市/县/乡/村是如何贯彻一切从实际出发，实事求是的方法论，从而取得辉煌成就的。或违反这一原则，事业是如何遭到挫折的。

（3）在毛泽东同志的《矛盾论》中，从"矛盾的普遍性""矛盾的特殊性""主要的矛盾和主要的矛盾方面""矛盾诸方面的同一性和斗争性""对抗在矛盾中的地位"五个片段中任选其一仔细阅读，结合实际完成不少于 800 字的仿写任务。

五、单元实施

（一）单元整体教学思路

以教材内容为依托，以课程标准为依据，以学科大概念"马克思主义哲学是科学的世界观和方法论，要坚持马克思主义哲学的指导地位"为主线，遵循学生的认知逻辑开展教学。"马克思主义哲学是科学的世界观和方法论"下设三个子概念，即"马克思主义哲学是科学性、革命性和实践性的统一"（第一课）、"一切从实际出发，实事求是，是我们想问题办事情的根本立足点"（第二课）、"用联系的观点、发展的观点和矛盾分析法观察和处理问题"（第三课）。

三个子概念是总分关系，第一个子概念属于总体概述，让学生对马克思主义哲学有总体判断，后两个子概念分别描述世界的本原（第二课唯物论）和世界的状态（第三课辩证法）。

（二）单元整体框架

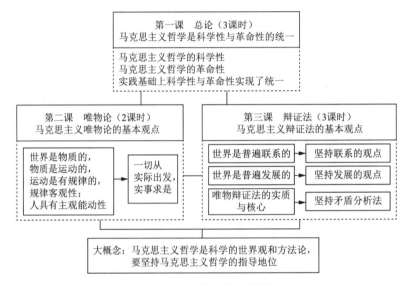

图4.1.1 单元整体框架

六、课时教学设计

（一）马克思主义哲学是科学性与革命性的统一

1.内容分析

第一课是哲学的起始课，由三框构成，第一框"追求智慧的学问"介绍了哲学的起源、哲学与世界观的关系、哲学与具体科学的关系；第二框"哲学的基本问题"介绍了哲学的基本问题是思维与存在的关系问题，要坚持唯物主义、反对唯心主义；第三框"科学的世界观和方法论"介绍了马克思主义哲学的产生、基本特征与中国化成果。

第一课的大概念是"马克思主义哲学是科学性与革命性的统一"。依据学生的认知逻辑，为了更好地发挥大概念的统摄作用，笔者对教学内容进行了必要的整合，重构三节课的内容：利用前两个课时学习"马克思主义哲学是科学的"，利用第三课时学习"马克思主义哲学是革命的"。"科学性"包含三个方面：先进的哲学建立在科学的世界观之上，先进的哲学离不开对自然、社会和思维知识的概括和总结，先进的哲学要坚持唯物主义、反对唯心主义，其内容涵盖第一框和第三框的部分内容。"哲学的革命性"分布在第三框第一目。"马克思主义哲学实现了实践基础上科学性与革命性的统一"主要分布在第一框第一目"哲学的起源"、第三框第二目"马克思主义哲学的基本特征"、第三框第三目

"马克思主义中国化的重大理论成果"。

哲学是追求智慧的学问,是系统化、理论化的世界观。马克思主义哲学是当今人类理论思维的最高峰,第一次实现了实践基础上科学性与革命性的统一。

2. 学情分析

学生在日常生活中通过书籍、报纸、杂志、广播电视、互联网等多种途径,看过、听过很多哲学故事或哲学典故,在历史学科"中国古代思想"、语文学科的"古代文献"也接触过一些哲学流派及哲学主张,对哲学有一定的新奇感,愿意学习哲学,让自己成为聪明睿智、思想深刻的人,学生的学习兴趣比较高涨。

但是,由于学生尚未成年,偏好感性思考,抽象思维能力较弱,存在一定的学习困难,需要教师加强指导,帮助学生区分哲学思维与日常思维,理解真正的哲学是时代精神的精华,坚持唯物主义,反对唯心主义。

3. 学习目标

(1)比较"哲学""世界观""方法论"三个概念,说明哲学与世界观的关系,描述哲学与具体科学的关系,认同科学的哲学思想离不开正确的世界观和丰富的具体科学。

(2)描述哲学基本问题的内容,简述思维与存在的关系问题成为哲学基本问题的原因。

(3)阐述唯物主义和唯心主义的基本观点,列举唯物主义和唯心主义的形态,判断中外哲学言论、观点所属哲学派别,认同先进的哲学思想,在生活和工作中始终坚持唯物主义、反对唯心主义。

(4)讲述马克思主义哲学产生的历史条件和历史使命,领会其革命性;简述马克思主义中国化的重大理论成果,认同中国特色社会主义。

(5)依据实践与认识的辩证关系,评析"实践性是马克思主义哲学区别于旧哲学的最重要、最显著的特征"。

4. 学习评价

(1)纸笔测验:课时达标测试、课后巩固练习。

(2)表现性任务:① 随着 ChatGPT 等智能聊天工具的兴起,经过深度学习,人工智能可以从事越来越多的工作,对人们生活的影响越来越大。ChatGPT 能根据上下文和用户的意图生成合适的回复。请问:它是否真的理解自己所说的话并具有自我意识?② 马克思说:"哲学把无产阶级当作自己的物质武器,同样,无产阶级也把哲学当作自己的精神武器。"谈谈你对"物质武器"和"精神武器"的理解。③ 2021 年 2 月 20 日,习近平总书记在党史学习教育动员大会上的讲话中指出:"马克思主义深刻改变了中国,中国也极大丰富了马克思主义。"[1] 谈谈你对这句话的理解。

1 习近平. 在党史学习教育动员大会上的讲话[J]. 中国人大,2021(07):6-13.

5. 学习活动设计

（1）科学的哲学建立在正确的世界观之上。

【议学情境1】"哲"字最早可考证到西周中期的铜器"史墙盘"，上面刻有"渊哲康王"；《尚书》曰："知人则哲"；中国最早的一部解释词义的词典《尔雅》载有"哲，智也"；中国最早的字典《说文解字》载有"哲，知也"。"哲学"（拉丁文 philosophia，英文 philosophy）概念起源自古希腊，是"爱"（philos）和"智慧"（sophia）两个概念的组合，通常解释为"爱智慧"。

【议学思考1】① 思考哲学与实践的关系，探讨哲学是否科学。② 思考并表述自己的世界观，结合实例回答世界观与方法论的关系。

【活动意图1】本课属于哲学的入门课，从对"哲学"字面解释入手，容易激发学生学习的兴趣。哲学、哲学与世界观、方法论的关系是学生在学习哲学时遇到的第一个抽象问题，教师应由浅入深地设置五个问题，引导学生联系思想实际，主动厘清哲学与世界观的关系，为后续学习打下基础。

（2）科学的哲学需要概括和总结具体科学知识。

【议学情境2】物理学的研究对象是声、光、热、电、力等物理现象的规律和结构；化学的研究对象是物质的性质、组成、结构、变化、用途、制法以及物质变化规律的自然科学；每个学科都有自己的研究对象。

【议学思考2】① 结合对语、数、外、化、生、政等学科的学习，区分哲学与具体科学的研究对象。② 阐述哲学与具体科学的关系。③ 列举马克思主义哲学的理论来源。

【活动意图2】本环节主要解决哲学与具体科学的关系，然后在此基础上理解马克思主义哲学是科学的哲学。首先，哲学必须建立在概括和总结具体科学的基础之上，具体科学的进步推动哲学的发展；其次，哲学为具体科学研究提供世界观和方法论的指导。马克思主义哲学是哲学大观园中最美丽的花，它建立在近代以来自然科学和社会科学的发展成果基础之上，所以是科学的。要坚定马克思主义思想的理论自信。在学习了哲学与具体科学的一般知识之后，要趁热打铁，学习马克思主义哲学的理论来源，这符合学生的认知逻辑，有利于提升学生对马克思主义的科学认知。

（3）科学的哲学需要正确回答哲学的基本问题。

【议学思考3】① 走路被石头绊脚，会有痛的感觉。是先被石头绊倒才有痛的感觉，还是先有痛的感觉才被石头绊倒？②《庄子·秋水》中记录：庄子与惠子游于濠梁之上。庄子曰："鲦鱼出游从容，是鱼之乐也。"惠子曰："子非鱼，安知鱼之乐？"庄子曰："子非我，安知我不知鱼之乐？"你怎样看待庄子的观点？③ 结合中国"载人航天工程三步走发展战略"，回答：为什么思维和存在的关系问题是哲学的基本问题？④ 根据思维与存在何者为本原，哲学划分为唯物主义和唯心主义两大阵营。唯物主义的基本观点是什么？唯物主义在其历史发展中经历了哪些形态？唯心主义的基本观点是什么？唯心主义的两种形态是什么？⑤ 根据思维与存在有无同一性，哲学上又划分为可知论和不可知论。二者的区别是什么？马克思主义哲学坚持哪种观点？⑥ 列宁说："聪明的唯心主义比愚蠢的唯物主义更接近聪明的唯物主义。"小组讨论并选派代表汇报讨论结果。

【活动意图3】哲学的基本问题比较抽象。本环节通过呈现多样化的情境材料，石头绊脚、鲦鱼之乐等，帮助学生明确哲学基本问题就是物质与意识的关系问题，它包含两个方面的内容，启示学生要坚持唯物主义、反对唯心主义，坚持可知论、反对不可知论，提升学生的科学精神。最后落脚马克思主义哲学，正确回答了哲学的基本问题，所以是科学的，从而增进学生的理论自信。

（4）马克思主义哲学具有鲜明的革命性。

【议学情境4】毛泽东同志在《实践论》中指出："马克思主义的哲学辩证唯物论有两个最显著的特点，一个是它的阶级性，公然申明辩证唯物论是为无产阶级服务的，再一个是它的实践性，强调理论对于实践的依赖关系，理论的基础是实践，又转过来为实践服务。"[1]

【议学思考4】① 什么是哲学的阶级属性？请举例说明其他哲学的阶级性。② 如何判断一门哲学是否具有革命性？哲学的革命性是永恒的吗？③ 为什么说马克思主义哲学具有鲜明的革命性？

【活动意图4】哲学的革命性描述是哲学的阶级属性。研究一门哲学，不仅要看它的名称、旗号，更要研究它的阶级本质。在本环节，我们先研究哲学革命性的一般知识，再具体到马克思主义哲学，符合学生的认知逻辑。同时，研究马克思主义哲学的革命性，有利于提升学生的政治认同和理论自信。

（5）马克思主义哲学实现了实践基础上科学性与革命性的统一。

【议学情境5】习近平总书记在纪念马克思诞辰200周年大会上的讲话中指出："马克思主义是实践的理论，指引着人民改造世界的行动。实践性是马克思主义理论区别于其他理论的显著特征。"[2]

【议学思考5】① 从哲学的起源和作用看，哲学与实践什么关系？② 怎么理解"马克思主义哲学实现了实践基础上的科学性和革命性的统一"？如何理解习近平新时代中国特色社会主义思想是对马克思列宁主义、毛泽东思想、邓小平理论、"三个代表"重要思想、科学发展观的继承和发展，是马克思主义中国化最新成果，是党和人民实践经验和集体智慧的结晶？

【活动意图5】依据实践与认识的辩证关系，探索哲学的产生、发展和作用，帮助学生理解"实践性是马克思主义哲学区别于旧哲学的最重要、最显著的特征"，认同马克思主义哲学的指导地位，认同马克思主义中国化的最新成果——习近平新时代中国特色社会主义思想的地位，坚定理论自信，做到"两个维护"。

1 毛泽东. 毛泽东选集(第1卷)[M]. 北京：人民出版社, 1991.

2 习近平. 在纪念马克思诞辰200周年大会上的讲话[J]. 共产党人, 2018(10)：4-10.

6. 作业与拓展学习设计

阅读《共产党宣言》。《共产党宣言》是马克思和恩格斯为共产主义者同盟起草的纲领,全文贯穿马克思主义的历史观,是马克思主义诞生的重要标志。《共产党宣言》运用辩证唯物主义和历史唯物主义分析生产力与生产关系、经济基础与上层建筑的矛盾,分析阶级和阶级斗争,特别是资本主义社会阶级斗争的产生、发展过程,论证资本主义必然灭亡和社会主义必然胜利的客观规律,并将其作为资本主义掘墓人的无产阶级肩负的世界历史使命。

(二)坚持一切从实际出发,实事求是

1. 内容分析

本课学习马克思主义唯物论,既有世界观的知识,也有方法论的要求。第一部分马克思主义世界的本质,阐述了自然界与人类社会的物质统一性、意识与物质的统一性原理,教育学生要坚持科学无神论立场。第二部分介绍物质是运动的,运动是有规律的,规律是客观的,要正确发挥主观能动性,最终落脚到一切从实际出发,实事求是,这是我们生活中必须坚持和贯穿的基本原则,也是坚定理论自信,并用马克思主义世界观和方法论武装头脑的基本要求。

2. 学情分析

高中生具有很强的好奇心,愿意动手搜集资料,通过对比、归纳、总结、分析等方法对社会现象做出自己的理解和评价。他们也初步具备了运用哲学原理简单分析社会现象的能力,但是受年龄和阅历的限制,他们的抽象思维能力不足,很容易把哲学概念与日常生活中的概念混淆,思维缺乏深度和广度,考虑问题不全面、不深刻。教师要借助必要的生活情境,通过带领学生系统学习"物质""运动""规律""主观能动性"等哲学知识,提升学生的抽象思维能力、哲学思辨能力、书面表达能力。

3. 学习目标

(1)通过观看相关视频,理解自然界和人类社会的物质性,掌握世界的物质统一性原理,坚定科学无神论立场。

(2)通过了解运动、规律的含义,理解物质与运动的关系、规律的客观性与普遍性,尊重客观规律,做到发挥主观能动性与尊重客观规律相结合。

(3)通过分析淄博烧烤火爆出圈的事例,阐述一个人、一个单位、一个国家或政党是如何坚持一切从实际出发,实事求是的。

4. 学习评价

(1)纸笔测试:课时达标测试、课后巩固练习。

(2)表现性任务:淄博烧烤火爆出圈,引发全民关注。为了助推区域发展,请你寻找家乡特色,为提振当地经济写一篇模拟政协提案。

5. 学习活动设计

（1）世界的物质统一性原理。

【议学情境1】播放《地球的起源》。

【议学思考1】① 地球是神创的吗？为什么？② 古代哲学家为什么把水、火等看作世界的本原？③ 人类出现后，创造了许多自然界原来没有的东西，如转基因食品、高速公路、铁路、桥梁、地铁。这些人为的产品是物质的吗？

【议学情境2】播放《人类社会的起源》。

【议学思考2】① 是什么原因促成了由古猿的生存环境到人类的社会环境、由古猿的群体结构向人类的社会结构的转变？② 构成人类社会的基本要素有哪些？这些要素分别具有哪些特性？③ 请根据上述两个视频归纳物质的含义。④ 我们生活的世界既有姿态万千的江山湖海，还有许多看不见、摸不着但又真实存在着的事物，如紫外线、电磁波。请比较物质与物质的具体形态的关系。

【议学情境3】播放《黑猩猩灭火》《机器人"索菲亚"62种面部表情》。

【议学思考3】① 动物心理与人的意识的区别是什么？智能机器人能像人一样拥有自主意识吗？② 意识是如何产生的？

【议学情境4】《韩非子·外储说左上》记载，客有为齐王画者，齐王问曰："画孰最难者？"曰："犬马最难。""孰最易者？"曰："鬼魅最易。夫犬马，人所知也，旦暮罄于前，不可类之，故难。鬼魅，无形者，不罄于前，故易之也。"

【议学思考4】① 你认同"犬马最难""鬼魅最易"这个观点吗？② 意识的内容源于哪里？③ 意识的形式有哪些？

【活动意图1】对于高中生而言，物质和意识的概念具有一定的抽象性，本环节通过两段视频，让学生直观感受世界的物质统一性，提高学生的学习兴趣，也为归纳物质的含义创造了必要条件。在学习"自然界的物质性""人类社会的物质性""世界的物质性"原理之后，教师顺势而为提出其方法论要求，既要符合学生的认识规律，又要有利于提升学生的学习效果。通过拓展"意识的形式有哪些"，提醒学生意识的形式多种多样，为下一环节学习"一切从实际出发"奠定基础。

（2）规律的客观性原理。

【议学情境5】播放《二十四节气》。

【议学思考5】① 二十四节气交替变化说明了什么问题？谈谈你对"日往则月来，月往则日来，日月相推而明生焉；寒往则暑来，暑往则寒来，寒暑相推而岁成焉"的理解。② 物理运动、化学运动、生物运动、社会运动的主体分别是什么？物质与运动是什么关系？③ 什么是规律？规律与规则有什么区别？④ 规律具有普遍性、客观性，人在规律面前是无能为力的吗？

【议学情境6】播放《火热的"淄博烧烤"》。

【议学思考6】① 烧烤给淄博带来了哪些福利？说明人的意识有何作用？② 分析意

识活动的三大特点。③ 始于烧烤,长于城市之变。一个城市的发展,归根到底还要靠立市之本——产业。结合淄博近年来产业结构调整的事例,论述尊重客观规律和发挥主观能动性的关系。

【活动意图2】通过二十四节气视频导课、淄博烧烤火爆出圈、视频深化,引导学生归纳:世界的本原是物质,物质是运动的,运动是有规律的,规律是客观的,要按规律办事。同时,人又可以发挥主观能动性认识规律、创造条件利用规律;要把发挥主观能动作用和尊重客观规律结合起来。层层递进,一气呵成,便于学生深化对哲学原理的认识。

(3)一切从实际出发,实事求是。

【议学情境7】视频《淄博烧烤出圈的前前后后》。

【议学思考7】① 结合情境材料,思考淄博是如何坚持一切从实际出发,实事求是,振兴地方经济的? ② 什么是一切从实际出发,实事求是?

【活动意图3】一切从实际出发,实事求是既是世界物质性原理的基本要求,也是正确处理规律客观性与发挥主观能动性的必然要求。教师可在此环节借助丰富的情境材料加深学生的理性认识,让学生在掌握原理内容的基础上学会利用原理知识分析现实问题,在学以致用中提升学科核心素养。

6. 作业与拓展学习设计

课外阅读《大众哲学》(艾思奇)。《大众哲学》是艾思奇20世纪30年代为通俗宣传马克思主义哲学而写的优秀著作。毛泽东同志曾称赞《大众哲学》是一本"通俗的而又有价值的"著作,推动了马克思主义在中国的传播和普及。2020年1月,习近平总书记在云南考察时专门参观了艾思奇纪念馆,称赞艾思奇是"把马克思主义本土化讲好的人才",强调我们要传播好马克思主义,不能照本宣科、寻章摘句,要大众化、通俗化。

(三)坚持唯物辩证法,反对形而上学

1. 内容分析

本部分学习马克思主义的唯物辩证法,共涉及联系、发展、矛盾的观点三框。第一框学习联系的普遍性、客观性与多样性,用联系的观点看问题,要正确认识和处理部分与整体的辩证关系,掌握系统优化的方法。第二框学习世界处于永恒运动、变化、发展的过程中,发展的实质,用发展的观点看问题,质量互变规律;事物发展的前途是光明的,道路是曲折的。第三框学习事物发展的源泉和动力、矛盾问题的精髓、用对立统一的观点看问题。

三框之间紧密相连。联系的观点和发展的观点是唯物辩证法的总特征,矛盾的观点是唯物辩证法的根本观点。

2. 学情分析

高二学生初步具备分析社会现象的心智和能力,能够通过搜集资料对比、归纳总结、归因分析等方法对社会现象做出基本理解与评价。他们对于新知识保持好奇,但思维能力有限,考虑问题不够全面;能提出问题,但不善于表达;能参与议题商议、辩论,已具备合作探究、搜集整理分析资料、预习教材、分析问题的基本能力。他们对联系的普遍性、客观性和多样性、整体和部分的辩证关系、发展的实质、事物发展的途径是前进性和曲折性的统一、量变和质变的辩证关系等内容在生活中已有初步体验,但是对于系统优化方法的理解缺乏深度。鉴于此,教师应创设合适的情境,设计有梯度的任务,组织有效的学生活动,通过问题的引导和讨论,全方位、多角度给予学生参与学习的机会,在合作探究中落实学习重点,突破学习难点,落实核心素养。

3. 学习目标

(1)能够结合生活中的实例理解联系的普遍性、客观性、多样性,体会世界是普遍联系的,学会用联系的观点看问题,掌握系统优化方法。

(2)知道事物发展的形式或状态是量变和质变,阐述质量互变规律,能够在生活中重视量的积累,坚信事物发展的前途是光明的,同时,准备走曲折的路,认同马克思主义发展观。

(3)知道矛盾就是对立统一,能够用一分为二、具体问题具体分析、一般与个别、两点论和重点论相结合等矛盾观点看问题。

4. 学习评价

(1)纸笔测试:课堂达标测验、课后巩固练习。

(2)表现性任务:阅读毛泽东同志的哲学著作《矛盾论》第三部分"矛盾的特殊性",并结合当今实际完成不少于 800 字的仿写任务。

5. 学习活动设计

(1)用联系的观点看问题。

【议学情境 1】播放《福岛核污水排》。2011 年,日本"3·11"大地震导致福岛第一核电站反应堆的堆芯熔毁,产生大量放射性物质。2021 年 4 月,日本政府宣布,将采取排放入海的方式解决与日俱增的核污水问题。2023 年 8 月 24 日,日本启动福岛核污染水排海。

核事故后第二年的检测数据显示,福岛附近海域的铯元素浓度有 10 万贝克勒尔/立方米,比切尔诺贝利核泄漏后在黑海中检测的数值还要高 100 倍。直到 10 年后的 2021 年,日本渔民在福岛县外海捕获的一条平鲉体内仍检测出 500 贝克勒尔/千克的放射性元素,是日本规定标准的 5 倍。核事故 11 年来,福岛县每 6 万名儿童中就会出现 1～2 名甲状腺癌患者,而常规情况下,每百万人中才会出现 1～2 例甲状腺癌患者。

日本政府和东电公司反复宣称,核污水排放前需经过多核素去除装置(ALPS)处理,是"安全"的。但日方强调的只是"氚"这一放射物质达标了,实际上即便经过处理,水中依然含有能够引起生态界遗传变异的锶 90、碳 14 等其他放射性物质,这一现实被选择性忽视。自从发布 ALPS 相关报告之后,日本政府再未举行任何面向一般民众的公开说明会或意见听证会。为给核污水正名,日本政府还曾联系市民团体,要求停止使用"核污水"的说法,改为使用"核处理水",以达到"洗白"的目的。

【议学思考1】① 核污水排海造成的影响有哪些? 归纳联系的含义和特征。② 材料如何体现联系的普遍性、客观性和多样性。③ 列举生活中罔顾联系普遍性的事例,批判生活中的封建迷信思想。

【议学情境2】播放《福岛核污水排(第二节)》。面对全球生态环境的变化和挑战,没有一个国家可以独善其身,人类是一荣俱荣、一损俱损的命运共同体。日本政府和东京电力公司无视国内外强烈反对,持续推进核污染水排海计划,引发国际社会,特别是利益攸关方的广泛质疑和反对,韩国、菲律宾、俄罗斯、法国等纷纷抗议。

【议学思考2】① 为何日本这一行为会引发国际社会的广泛质疑和反对?② 结合实例说明在工作和生活中为什么要树立全局观念,统筹全局,实现整体的最优目标?③ 结合实例说明,如何用局部的发展推动整体的发展?

【活动意图1】通过福岛核污水排海这一热点背景材料,激发学生的学习热情。从不同的角度分析核污水排海,分别思考联系的含义、特征(普遍性、客观性和多样性)、整体与部分的联系。特别是方法论要求,一气呵成,有助于提升学生学以致用的能力。

(2)坚持发展的观点。

【议学情境3】播放《超高清VR技术打造视听新体验》。

2023年中国家电及消费电子博览会除了展出虚拟现实和增强现实,还展出了家电、消费电子、智能家居、智能科技、3C数码、智慧娱乐、可穿戴设备、汽车智驾技术、机器人等诸多领域前沿成果。通过对重点领域创新成果的集中释放,引领家电与消费电子产业发展方向和消费趋势。会上展示了我国海信的真空璀璨503冰箱和激光电视L8K、华为鸿蒙生态系统的致极PRO集成烹饪中心等展品。这些集最先进的智能生活解决方案和最高科技含量、最新潮的产品与技术于一身的展品,说明我国家电业得到进一步发展。

【议学思考3】结合家电产品更新换代,归纳发展的含义与发展的实质。

【议学情境4】我国家电业的发展历程。新中国成立之后到改革开放前,由于没有市场引导,高度集中的计划经济导致我国家电行业发展缓慢。20世纪80年代,伴随企业经营自主权扩大,市场更加灵活,我国家电行业得到了快速发展。20世纪80年代以后,因为市场存在不平衡问题,国家采取了一系列有利于家电行业发展的财政政策、货币政策,我国家电行业取得了质的飞跃。近年来,我国充分发挥市场在资源配置中的决定性作用,在绿色发展和创新发展理念的指导下,家电行业的发展更上一层楼,进入智能家居时代。

【议学思考4】① 运用发展的观点思考:我国家电行业能否从新中国成立之初的极低水平,一步跨入智能家居时代?② 事物发展状态的方法论要求是什么?③ 智能家居这么"火热",为什么到现在还没有普及呢?反映了什么哲学道理?④ 我国家电业取得了今天的成绩不是一蹴而就的,也不是一帆风顺的。结合情境材料,概括事物发展的前途与道路。

【活动意图2】通过与学生生活密切相关的家电升级视频的导入,引发学生对家电业发展的思考,激发学生的兴趣,提高学生的参与度,为提高课堂效率奠定基础。结合家电行业更新换代,阐述量变与质变的辩证关系,结合学生身边传统家电到智能家电变化的例子,使学生深刻体会事物发展的趋势与路径,加深他们对本课内容的理解,也能使学生感受哲学与我们的生活息息相关。

（3）坚持矛盾分析法。

【议学情境5】播放《南京浦口区春江十里风光带》。

【议学思考5】① 生态环境保护与经济社会发展之间的关系体现了什么哲学道理？② 浦口区如何把握生态环境保护与经济社会发展之间的平衡？③ 根据材料归纳、概括矛盾的含义及其基本属性。

【议学情境6】播放《青海:着力构建黄河流域生态保护和高质量发展新格局》。

自习近平总书记强调把黄河流域生态保护和高质量发展上升为国家战略以来,各地坚持以问题为导向,解决黄河流域存在的矛盾和问题,推进生态保护修复,完善治理体系,高质量发展取得新进步。青海省针对黄河水少沙多、水沙关系不协调、生态环境脆弱的现状和特点,结合黄河流域上下游、干支流、左右岸的特殊情况,在解决河流共性问题的同时,对黄河流域的特殊问题采取特别的治理措施,充分考虑黄河流域的特点。水少沙多、水沙关系不协调是黄河复杂难治的症结所在。要紧紧抓住水沙关系调节这个"牛鼻子",完善水沙调控机制,解决九龙治水、分头管理问题,实施河道和滩区综合提升治理工程,减缓黄河下游淤积,确保黄河沿岸安全。

【议学思考6】① 青海省为什么要对黄河流域的特殊问题采取特别的治理措施？体现了什么哲学道理？② 运用矛盾的普遍性与特殊性的知识分析青海治黄措施。③ 结合材料分析,在黄河治理过程中关键解决哪个问题？应如何对待其他问题？④ 黄河治理中,水沙关系调节了,是否就万事大吉？⑤ 如何理解矛盾主要方面和次要方面的关系？

【活动意图3】以浦口区生态环境保护与经济社会发展之间的关系切入,引导学生分析矛盾的含义和基本属性;以黄河流域的生态保护和特色发展的路子,分析矛盾的普遍性、特殊性以及普遍性和特殊性的辩证关系;以黄河治理过程中关键解决的问题引导学生理解主要矛盾与次要矛盾的含义及二者的关系,矛盾的主要方面和次要方面的关系,以及坚持两点论和重点论相统一的方法论。

6. 作业与拓展学习设计

课外阅读:《自然辩证法》（恩格斯）。《自然辩证法》是马克思主义关于自然和科学技术发展的一般规律、人类认识自然和改造自然的一般方法以及科学技术与人类社会相互作用的一般原理的学说,被认为是自然科学家和工程师走向马克思主义的"桥梁"。习近平总书记多次引用恩格斯在《自然辩证法》中的论断阐述生态文明、科技发展、经济建设等问题。

（设计者:林家武、张都现、杨端端、李晓辉、谭笑、王晓倩）

第二单元
认识社会与价值选择
大单元教学设计

一、单元主题:从中国航天事业的发展认识社会与价值

本单元围绕对中国航天事业的相关事例的探索,引导学生从哲学层面树立起马克思主义实践观、认识论,认同基本的历史唯物主义基本原理。

二、单元教学设计依据

(一)育人价值

基于落实立德树人根本任务和学科素养的培育,坚持对学生进行历史唯物主义基本原理以及马克思主义的实践观、认识论教育,通过创设多样化情境,引导学生正确认识国情,更好地认识党和国家事业发展的大势,更好地认识历史发展的规律,树立正确的世界观、人生观和价值观。

(二)课程标准

(1)领悟社会存在决定社会意识,理解价值观的形成与时代和环境密切相关。

(2)解析价值观差异与冲突产生的社会根源,能够进行合理的价值判断和行为选择。

(3)理解价值观对人们行为的导向作用,探寻实现人生价值的条件和途径,践行社会主义核心价值观。

(三)单元内容

本单元以"人的认识从何而来、认识真理性标准是什么"为起点,讲述马克思主义认识论、历史唯物主义、价值论。核心是正确理解认识与实践的关系,明确社会历史的本质、发展规律、主体,正确认识人的价值和实现人生价值。

(四)单元学情

学生初学历史唯物主义时,理解起来有一定的困难,学生通过学习历史学科,对唯物史观有了模糊的认识,为学好本单元内容做了一定的铺垫。学生学习第一单元后,具备了一定的哲学基础知识,同时他们具有一定的生活经验,具备一定的信息收集和筛选能力、阅读能力、语言表达能力以及探究合作能力。

高中阶段是一个人世界观、人生观和价值观形成的关键时期。高中生对于如何实现人生价值的问题有所思考,但由于对社会发展规律的认识不够,尚未认识到人民群众的作用,他们在现实生活中有时会脱离群众,部分青少年以自我为中心的思想比较突出,表现为思想认知与行为选择相互冲突。因此,本单元要引导学生坚定理想信念,树立正确的人生价值观。

三、单元目标

(1)通过"从嫦娥奔月探认识与实践"的探究,明确实践的特点,树立实践第一的观点;能够阐释实践与认识的关系,树立科学的实践观,提高运用马克思主义认识论认识、分析、解决问题的能力。

(2)通过"从载人航天工程发展觅历史真谛"的探究,归纳社会发展变化的规律和人民的主体作用。

(3)通过"从航天追梦人释人生价值"的探究,感悟人生价值的内涵和实现途径,明确正确的价值判断和价值选择的标准,树立正确的价值观,积极投身到为人民服务的伟大实践中。

四、单元达成评价

(一)纸笔测试

课时训练、达标测验、单元测试。

(二)表现性任务

(1)搜集我国探月发展的相关资料,运用"探索认识的奥秘"的知识,围绕"逐月千年梦,启航新征程"主题,写一篇小论文。

(2)围绕"点燃航天梦,助力中国梦"主题,写一篇时政短评。

(3)围绕"中国航天追梦人释人生价值"主题,写一篇演讲稿。

五、单元实施

(一)单元整体教学思路

依据新课标要求,围绕思政学科大概念,以"从中国航天的发展认识社会与价值"为总议题,以中国航天的发展体现的哲学道理为主线,开展大单元教学。

（二）单元整体框架

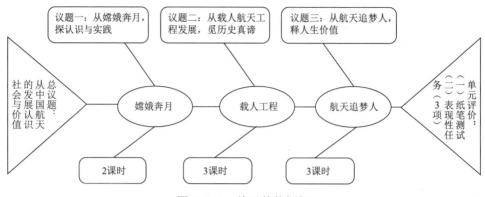

图 4.2.1　单元整体框架

六、课时教学设计

（一）从嫦娥奔月，探认识与实践

1. 内容分析

第四课共两框：第一框"人的认识从何而来"和第二框"在实践中追求和发展真理"。两框的逻辑关系是层层递进的。首先，说明实践是认识的基础；然后，提出在实践的基础上追求和发展真理。两框内容逐步深入。

第一框介绍了马克思主义哲学中的认识论，阐释认识的含义及认识的两个阶段（即感性认识与理性认识），讲述实践的含义与特点，进一步阐明认识与实践的辩证关系。

第二框介绍了真理的含义和基本属性，正确区分真理的客观性、条件性、具体性，继而形成能正确区分真理和谬误的能力。在追求真理的过程中，要认识到认识的反复性和无限性，理解追求真理是一个螺旋上升的过程，并形成解放思想、与时俱进、不断发展真理的能力。

2. 学情分析

高二学生对实践的重要意义已有初步感知，知道"实践出真知""没有调查就没有发言权"等关于实践的名言警句，但是对于哲学上的实践的含义和特征不能进行理性分析，对实践和认识的辩证关系有待深度理解。学生对于"真理"一词早有耳闻，对认识的反复性有所感知，但是对于"真理的最基本属性是客观性""真理是具体的、有条件的"这些抽象知识的认识有待深入，在此基础上明确认识的无限性、反复性和上升性，追求真理是一个过程，需要与时俱进、开拓创新，在实践中认识和发现真理，在实践中追求和检验真理。

3. 学习目标

（1）通过分享有关月亮的诗句神话，观看视频《千年奔月梦——中国探月工程纪实》,了解感性认识与理性认识的关系,知道实践的含义、形式、特点,提高学生理性认识问题的能力,培养理性看待问题的科学精神。

（2）通过中国探月技术的发展历程,懂得实践与认识的关系,提高学生运用马克思主义认识论认识、分析、解决问题的能力,引导学生树立实践第一的观点。

（3）通过探月过程中的科研纷争,理解真理的特点,知道真理是主观与客观相符合的哲学范畴,树立真理面前人人平等的意识,掌握真理是具体的、有条件的,提高学生辨析真理、克服谬误的能力。

（4）通过中国探月工程中的曲折与圆满收官,懂得追求真理是一个过程,学会与时俱进、开拓创新地看待问题,引导学生积极探索太空,投身追求真理的实践。

4. 学习评价

（1）纸笔测试:课堂达标测验、课后巩固练习。

（2）表现性任务:请大家搜集我国探月发展的相关资料,运用"探索认识的奥秘"的知识,围绕"逐月千年梦,启航新征程"主题,撰写一篇小论文。

5. 学习活动设计

（1）逐梦千年,不解之缘。

【议学情境1】从古至今,人类对浩瀚宇宙充满无尽的遐想,飞天揽月更是中华民族延续千年的梦想。

诗句神话:嫦娥奔月、玉兔捣药……

云母屏风烛影深,长河渐落晓星沉。嫦娥应悔偷灵药,碧海青天夜夜心。——李商隐《嫦娥》

小时不识月,呼作白玉盘。——李白《古朗月行》

探月工程:随着科技的不断发展,人类对月球的探索有了更多的可能,从中国探月工程正式立项,到"嫦娥一号"至"嫦娥五号"的不断升空,中国人一步步将"上九天揽月"的神话变成现实。科学家在调查研究的基础上,逐步形成对月球的起源及发展规律的认识。

【议学思考1】① 分享所知道的关于月亮的诗句神话以及中国的探月工程发展进程。② 诗人对月球的认识和科学家对月球的认识有什么不同的特点? 感性认识和理性认识有什么关系?

【活动意图1】分享关于月亮的诗句神话及中国的探月工程发展进程,从探月事看哲学事,符合从生活到理论的逻辑。在分享的过程中,学生对感性认识和理性认识的区别和联系进行准确把握,提高学生理性认识问题的能力。

【议学情境2】播放《千年奔月梦——中国探月工程纪实》。

【议学思考2】① 从哲学角度看,科学家对月球的探索是什么活动? 它有哪些形式? ② 发射"嫦娥一号"需要做好哪些准备? 体现了实践的什么特点? ③ 探月实验研究与动物的本能活动有什么区别? 体现了实践的什么特点? ④ 月球探测试验是一个人能完成的吗？体现了实践的什么特点？

【活动意图2】学生通过观看中国探月工程的视频，深刻认识实践的含义、形式、特点，提高理性认识问题的能力。

（2）嫦娥探月，使命非凡。

【议学情境3】从"嫦娥一号"到"嫦娥五号"，科研人员多年来深入航天工作第一线，反复试验，攻克了多项技术难题，解决了一系列的技术问题。

"嫦娥五号"探测器首次实现了我国地外天体采样返回，标志着我国探月工程"绕、落、回"三步走规划如期完成。此次搭载是全世界独一无二的绕月深空诱变研究，将为科研工作者深入研究航天育种变异规律提供重要的实验样本和数据。

【议学思考3】① 从"嫦娥一号"到"嫦娥五号"，科研人员攻克的技术难题有哪些？② 我国探月技术的发展历程是如何体现"实践是认识的基础"的？

【活动意图3】以中国探月技术的发展历程为典型案例，呈现实践的重要作用，意在引导学生深化对实践与认识的辩证关系的理解与掌握。在情境体验过程中让学生懂得探月技术发展的艰难以及国家对探月工程的重视，培养学生的家国情怀，从而引导学生努力学习并在将来投身中国航天事业。

（3）科研纷争，追求真理。

【议学情境4】① 材料："嫦娥四号"探测器是中国的一项重要航天任务，该探测器由中国的"长征三号乙"运载火箭成功发射升空。在研制"长征三号"火箭时，究竟采用氢氧发动机，还是采用常规发动机，这在研制队伍里引起了一场非常激烈的争论。一方认为常规发动机有基础，比较保险；而另一方认为，如果一味因循守旧，不发展新技术，与世界先进水平的差距会越来越大。② 播放《中国长征火箭的升级之路》。

【议学思考4】① 在研制"长征三号"火箭时，采用哪种发动机？为什么会产生不同意见？这两种意见都对吗？② 单芯级火箭到大型火箭的发展历程说明了什么？

【活动意图4】以科研活动中的争议为切入点，激发学生学习兴趣，通过分析单芯级火箭到大型火箭的发展历程，知道随着过程的推移、历史条件的变化和丰富，我国的载人航天事业更迭发展，在分享中归纳真理的含义及特点。

（4）梦想无垠，永无止境。

【议学情境5】材料1：人类探索太空的过程，是充满挫折和挑战、伴随失败与牺牲的过程。人类在探月迈出的每一步都是极其艰难的。2014年2月，中国首辆月球车"玉兔"出现了故障。材料2：今天，我们利用现代科技把中国人的奔月梦想变为现实。2004年，中国启动的探月工程被命名为"嫦娥工程"。中国探月工程分为"绕""落""回"三个阶段。2007年，我国发射绕月卫星"嫦娥一号"。2013年，"嫦娥三号"实现月面软着陆。2019年，"嫦娥四号"在人类历史上首次实现了航天器在月球背面软着陆和巡视勘察。2020年，"嫦娥五号"探测器把1 731克月球样品成功带回地球，首次实现中国地外天体采样返回，"三步走"圆满收官。目前，中国载人月球探测工程登月阶段任务已启动实施，计划在2030年前实现中国人首次登陆月球。

【议学思考5】① 为什么人类探月的过程不会一帆风顺？② 中国探月工程分为三个阶段,历时 20 年,说明了什么？③ 中国探月工程"三步走"圆满收官后,我们还会继续探月吗？为什么？

【活动意图5】以探月为基础,让课堂内容在有效叙事中更具探索性,同时,发出"中国探月工程'三步走'圆满收官后,我们还会继续探月吗？"之问,激发学生的深度思考和高阶思维。这一环节要求学生通过情境结合现实,在自主思考和议学合作中理解认识具有反复性、无限性和上升性,追求真理是一个过程,从而在生活中与时俱进、开拓创新,在实践中认识和发现真理,在实践中检验和发展真理。

6. 作业与拓展学习设计

搜集我国探月发展的相关资料,运用"探索认识的奥秘"的知识,围绕"逐月千年梦,启航新征程"主题,写一篇小论文。

（二）从载人航天工程发展,觅历史真谛

1. 内容分析

第五课共三框:第一框"社会历史的本质"、第二框"社会历史的发展"和第三框"社会历史的主体"。三框从不同角度阐述了马克思主义唯物史观的主要观点,阐明了人民群众在社会生活实践中遵循社会历史发展规律,在创造物质财富和精神财富、变革社会中推动人类社会历史发展。

第一框介绍了社会生活在本质上是实践的、社会存在与社会意识的含义及其辩证关系。

第二框介绍了生产力和生产关系、经济基础与上层建筑的关系以及生产关系一定要适应生产力、上层建筑一定要适合经济基础的社会发展规律,阐述社会发展的总趋势。

第三框介绍了人民群众的含义、人民群众是历史的创造者、中国共产党的群众观点和群众路线。

2. 学情分析

通过前面唯物论知识的学习和积累,本课基础知识理解难度不大。教师在教学过程中应注重理论联系实际,使学生感悟唯物史观的基本观点和基本方法。

高中学生具有一定的逻辑和思辨能力,在学习了《中国特色社会主义》内容之后,对生产力和生产关系、经济基础和上层建筑的矛盾运动有了初步认识,把握了人类社会发展的规律和历程,对人民群众的作用也有一定认识。

3. 学习目标

（1）通过中国载人航天工程发展的三个历程,从社会存在出发理解社会意识,运用社会存在与社会意识的辩证关系原理分析问题。

（2）通过中国载人航天工程发展历程和发展过程中的曲折状况,把握中国发展航空和航天事业的必然性,理解生产力与生产关系、经济基础与上层建筑的矛盾运动,明确人类社会发展的趋势,顺应时代发展潮流。

（3）通过航天梦实现过程中不同群体所起的不同作用,明确人民群众在中国航天事业中发挥的主体作用,积极投身社会实践,虚心向群众学习,坚持群众观点和群众路线,为实现中国梦贡献力量。

4.学习评价

（1）纸笔测试:课堂达标测验、课后巩固练习。

（2）表现性任务:参观中国航天云展馆,了解中国航天事业的发展成果,围绕"点燃航天梦,助力中国梦"主题,写一篇时政短评。

5.学习活动设计

（1）从载人航天工程"三步走",研社会存在与社会意识。

【议学情境1】播放《中国载人航天工程三步走》。

【议学思考1】① 视频如何体现社会存在与社会意识的辩证关系? ② 在"三步走"战略的指导下,我国载人航天工程不断实现跨越式飞跃,这是否意味着战略决定了我国航天事业的发展? ③ "三步走"战略产生于 20 世纪 90 年代我国载人航天事业低谷期,为中国载人航天发展指明了方向,不断实现跨越式发展。这说明了什么?

【活动意图1】通过我国载人航天工程的发展历程及其每个阶段的任务、目标和作用,从物质与意识的角度,理解社会存在与社会意识的含义和辩证关系。在思考与探究的过程中,准确判定中国载人航天工程属于社会存在,中国航天"三步走"战略属于社会意识,深刻理解中国航天发展状况的社会存在决定中国航天"三步走"战略的社会意识、社会意识对社会存在具有反作用,坚定历史唯物主义的立场。

（2）从载人航天发展演变,探社会历史发展的规律和趋势。

【议学情境2】国之大者,任重千钧。政策变化促梦想实现。1970 年,党中央批准"714 工程",计划 1973 年底发射"曙光一号"飞船,后来,因特殊历史原因,工程"下马"。1986 年 3 月,"863 计划"出台,航天技术在七大领域中位列第二。随着社会发展的需要,1992 年 9 月 21 日,中央政治局常委会会议集体审议《关于开展中国载人飞船工程研制的请示》。这是一个关乎中国航天事业甚至众多高科技领域前途命运的重大战略决策。2022 年 12 月 31 日,国家主席习近平在新年贺词中向全世界郑重宣布"中国空间站全面建成"。从蓝图绘梦到奋斗圆梦,几代中国航天人用了整整 30 年书写了用航天梦托举中国梦的壮丽篇章。

【议学思考2】① 我国为什么重视载人航天事业的发展? ② 中国载人航天事业发展政策的调整属于生产关系的调整还是上层建筑的变革? ③ 结合我国载人航天行业政策发展完善,分析生产力与生产关系、经济基础与上层建筑之间的辩证关系。④ 在载人航天工程"三步走"政策的指引下,我国已成为全球载人航天大国。由此,我们得出什么结论?

【活动意图2】通过中国载人航天事业政策的演变,引出生产力与生产关系、经济基础与上层建筑的矛盾运动,意在引导学生明白随着社会发展的变化,我们要不断调整上层建筑,以适应经济基础的发展,增强对规律的认识。

【议学情境3】播放《回顾中国载人航天艰难发展历程》。1961年,极其困难的条件没有动摇中国人追逐飞天梦想的决心,老一辈科学家开启了漫漫求索之路。1970年,党中央批准"714工程",计划1973年底发射"曙光一号"飞船,后来因特殊历史原因,工程"下马"。1992年,中国载人航天工程正式立项实施,中国决心独立自主建造自己的空间站。为了追赶发达国家,中国在载人航空航天领域投入巨大的精力和成本,不断调整发展政策,但中国载人航天事业的发展并不是一帆风顺的,自载人航天事业发展以来,中国火箭发射经历了12次失败。为了发展航空航天事业,提高综合国力和国际地位,中国科学家绘就了航空航天事业发展的宏伟蓝图,并制订了分步推进的相应计划。

【议学思考3】① 中国载人航天事业的发展过程呈现怎样的特点?总体趋势是什么?② 在中国载人航天事业发展中,我们不断调整政策,促进载人航天事业的发展。从社会发展的整体来看,我们该如何推动社会发展,解决社会矛盾?③ 结合中国载人航天事业的发展,思考社会发展的动力是什么?

【活动意图3】以《回顾中国载人航天艰难发展历程》视频为基础,意在引导学生认识发展载人航天事业对中国综合国力和国际地位提升的重要作用。通过不同时期国家载人航天政策的调整,认识到推动中国载人航天事业发展,最根本的就是调整载人航天事业,以适应当前现代社会发展的要求,从而进一步加深对"社会发展的动力是生产力与生产关系、经济基础与上层建筑的基本矛盾"的理解。综合中国航天发展历程,认识理解中国航天事业、社会历史发展的总趋势都是前进的、上升的,是生产关系适应生产力、上层建筑适应经济基础的结果。

(3)从载人航天人实现航天梦,悟社会历史的主体。

【议学情境4】航天人成就航天梦。建设载人航天强国,是中国人不懈追求的航天梦。成绩的背后,是无数先辈的日夜奋战与竭诚付出。酒泉卫星发射场有一座东风革命烈士陵园,这里长眠着700多位航天英烈。老一辈航天人用智慧探索宇宙奥秘,和平利用太空造福人类,推动社会的发展和进步。在实现中华民族伟大复兴的历史进程中,中国载人航天持续奏响精神高地的时代强音,助推中国梦的实现。中国梦是人民的梦,必须紧紧依靠人民来实现,必须不断为人民造福。全国各族人民应牢记使命,心往一处想,劲往一处使,用13亿人的智慧汇聚起不可战胜的磅礴力量。

【议学思考4】① 搜集在中国载人航天事业的发展中,做出贡献的各类人物的资料。② 总有那么一群又一群可爱的人埋头苦干,如果没有他们,我们的载人航天事业能有今天的发展吗?请谈谈你对人民群众的理解。③ 实现航天梦为什么必须依靠人民,必须不断为人民造福?④ 为了发挥人民群众的主体作用,党和国家始终坚持以人民为中心,坚持群众观点和群众路线。什么是群众观点、群众路线?我们怎样坚持群众观点、群众路线?

【活动意图4】以学生搜集整理的载人航天事业的平凡人物和英雄人物为基础,在活动过程中鼓励学生整合信息,明确航天人就是人民群众的一员,载人航天事业的发展离不开人民群众的力量,引导学生发现人民群众在社会发展中的作用,坚持人民的主体地位,树立群众观念和群众路线。以载人航天事业在实现中国梦中的作用为基础,理解坚持载人航天事业就是坚持航天梦,实现航天梦就是要坚持人民主体地位,坚持为人民服务,满足人民多样化的需求,激发深度思考和高阶思维,助力中国梦。

6. 作业与拓展学习设计

参观中国航天云展馆,了解中国航天事业的发展成果,进一步宣传和弘扬载人航天精神。围绕"点燃航天梦,助力中国梦"主题,写一篇时政短评。

(三)从航天追梦人,释人生价值

1. 内容分析

第六课共三框:第一框"价值与价值观"、第二框"价值判断与价值选择"和第三框"价值的创造和实现"。三框的逻辑关系是理论—认识—行动,逐层递进,前后呼应。

第一框介绍了人生价值、价值观的导向作用。

第二框介绍了价值判断与价值选择的主体差异性特征和社会历史性特征、价值判断与价值选择的客观标准——自觉遵循社会发展的客观规律和自觉站在最广大人民的立场上。

第三框从三个方面介绍如何创造和实现人生价值:弘扬劳动精神实现人生价值,在个人与社会的统一中创造和实现价值,在砥砺自我中创造和实现价值。

2. 学情分析

本课内容是对初中《道德与法治》九年级上册第五课第二框"凝聚价值追求"学习内容的拓展与深化。经过初中阶段的学习,学生对价值观已有初步的认知和了解,但没有从哲学角度来深层次理解和把握。

生活体验上,高二学生具有一定的认识社会、提炼信息、提出问题、分析问题、解决问题的能力,通过实践或互联网有了较丰富的视野,形成了比较完整的价值观体系,对事物的认识、判断和选择有一定的认知度。这些都为本课的学习打下了基础。然而,哲学的问题偏向抽象性,因此,需要结合生活实例、时事新闻,激发学习兴趣,将抽象的知识形象化讲解,促进学生对知识的理解。

3. 学习目标

(1)循着"两弹元勋"王希季的人生足迹,更好地体会人生真正的价值在于对社会的责任和贡献,树立正确的价值观。

(2)通过"神舟十五号"航天员邓清明"3备3落",坚守24年10个月,56岁终圆梦太空的事例,更好地理解价值判断与价值选择的特征与客观标准。

(3)通过观看《2021感动中国年度人物:航天追梦人》,学生能深刻领会弘扬劳动精神,实现人生价值,在个人与社会的统一中创造和实现价值,在砥砺自我中创造和实现价值。

4.学习评价

（1）纸笔测试：课堂达标测验、课后巩固练习。

（2）表现性任务：搜集航天追梦人的相关事迹，围绕"中国航天追梦人释人生价值"主题，写一篇演讲稿。

5.学习活动设计

（1）从"两弹元勋"王希季的人生足迹，体会价值与价值观。

【议学情境1】播放《王希季：中国空间事业开拓者》。从"两弹元勋"功勋奖章获得者王希季的事迹中认识人生的价值。

【议学思考1】① 王希季为什么放弃丰厚待遇，毅然决然回国建设？② 应怎样衡量王希季人生价值的大小？③ 王希季主持"长征一号"运载火箭研制的人生选择是受了什么影响？从王希季身上我们可以看出价值观有什么作用？④ 王希季主持"长征一号"运载火箭研制是如何体现社会主义核心价值观的？

【活动意图1】搜集整理材料并共享生成课堂教学资源，加深对"两弹元勋"功勋奖章获得者王希季事迹的理解，激发学生的探究欲望，提高学生搜集和筛选处理信息的能力，加深对搜集整合结果的深刻体验，让学生有学习探究的成就感；有针对性的探究问题有利于引导学生更好地领会价值观的导向作用，提高本课的课堂效率。

（2）从神舟十五号航天员邓清明圆梦太空，探价值判断与价值选择。

【议学情境2】播放《3备3落，坚守24年10个月，56岁邓清明终圆梦太空》。

【议学思考2】① 你怎么看待邓清明坚守航天梦的行为？② 学生和家长对邓清明坚持梦想24年的看法不同，为什么会这样？这体现了价值判断和价值选择的什么特征？为什么会出现这种现象？

【活动意图2】通过对情境的探讨使学生理解价值判断和价值选择的主体差异性特征和社会历史性特征，提高学生分析问题的能力。

【议学情境3】调查问卷结果：50%的学生认为，如果自己是邓清明，坚持了这么多年还没有圆梦，会转换思路，换一个行业，不会继续圆自己的航天梦；88%的家长认为，如果自己是邓清明，尽管坚持了这么多年还没有圆梦，也不会放弃航天梦，相信坚持总会有回报。

【议学思考3】① 邓清明不畏艰险、甘于奉献，体现了什么哲学原理？我们应该如何做出正确的价值判断与价值选择？② 学生扮演四次接近飞天梦想却三次止步发射塔前的邓清明，谈谈自己的心声。③ 结合上述学生的发言，分组讨论我们该如何做出正确的价值判断与价值选择。

【活动意图3】学生设计、分析调查问卷，更能加深对调查结果的深刻体验，更有学习探究的成就感。学生在角色扮演的过程中体验过程，收获成就感，从学生的表现和回答中引出价值判断与价值选择的客观标准——自觉站在最广大人民的立场，不仅能激发学生的学习兴趣，更能使学生知行合一。

（3）从航天追梦人的事迹,悟创造实现人生价值。

【议学情境4】① 播放《2021 感动中国年度人物:航天追梦人》。发射,入轨,着陆,九天探望,一气呵成;追赶,并跑,领跑,50 年差距,一载跨越;环宇问天,探月逐梦,五星红旗一次次闪耀太空,中国航天必将行稳致远。② 播放《中国在航空航天领域投入巨额资巨大精力》。

【议学思考4】① 结合航天追梦人的事迹和颁奖词,思考:为什么劳动对我们如此重要?为什么要在全社会弘扬劳动精神? ② 结合情境材料,从哲学角度分析:中国为什么要大力发展航天事业?这对中国航天梦的实现有何作用?

【活动意图4】通过列举航天人努力奋斗的事迹,使学生真切地感受到劳动是拥有幸福人生的根本途径,感悟劳动的力量,引导学生树立正确的劳动观。通过中国在航空航天领域投入巨额资金和巨大精力的背景材料,引导学生正确处理个人与社会的关系,感悟中国航天人的精神,让学生理解社会提供的客观条件是人们创造和实现人生价值的前提。通过航天人事例分享,培养学生在新时代拼搏奋斗的意识和勇于担当的责任感,引导学生在日常生活中能够真正做到将社会主义核心价值观内化于心、外化于行,沿着正确的人生道路前进。

6. 作业与拓展学习设计

阅读关于中国航天追梦人的相关文章。围绕"中国航天追梦人释人生价值"主题,写一篇演讲稿。

（设计者:丁丽、谷秀芳、龙飞、衡腾腾、张淑瑶、陈发展）

第三单元
文化传承与文化创新
大单元教学设计

一、单元主题:文化传承与文化创新

文化是民族的血脉,是人民的精神家园,它与每个人息息相关。本单元紧紧围绕不忘本来、吸收外来、面向未来展开,核心是正确认识和对待中华优秀传统文化、外来文化有益成果,发展中国特色社会主义文化,坚定文化自信。教材以文化的内涵和功能为起点,讲述中华传统文化、外来文化、中国特色社会主义文化。

二、单元教学设计依据

（一）育人价值

本单元以习近平文化思想为指导,坚持马克思主义基本原理教育,培育和践行社会主义核心价值观,推动中华优秀传统文化创造性转化、创新性发展,继承革命文化,发展社会主义先进文化,更好地构筑中国精神、中国价值、中国力量。学习本单元内容有助于学生坚定中国特色社会主义"四个自信",树立马克思主义文化观,牢固树立共产主义远大理想和中国特色社会主义共同理想,自觉培育和践行社会主义核心价值观,理解推动中华优秀传统文化创造性转化、创新性发展的意义,使学生成为中国特色社会主义文化的自觉践行者和传播者,切实承担起传承文化、繁荣文化的历史责任,展示中国特色社会主义文化践行者和传播者的自信和自觉。

(二)课程标准

辩证地看待传统文化,领会对中华优秀传统文化进行创造性转化、创新性发展的重要意义,弘扬民族精神;感悟世界文化的多样性,理解文化多样性的价值,明确文化交流互鉴的途径和意义;辨识各种文化现象,领悟优秀文化作品的影响力和感召力,展示中国特色社会主义文化自信。

(三)单元内容

文化自信是更基础、更广泛、更深厚的自信。实现中华民族伟大复兴,必须对中华优秀传统文化进行创造性转化与创新性发展,必须弘扬以爱国主义为核心的民族精神和以改革创新为核心的时代精神;必须面向世界、博采众长,学习借鉴外来文化的有益成果;必须走中国特色社会主义文化发展道路,建设文化强国。

本单元以文化内涵为逻辑起点,从一般意义上讲述文化的有关内容,立足中国实际,继承传统,借鉴外来,着眼特色,从特殊意义上讲述文化建设有关内容。从内容呈现的逻辑顺序上看,三课教学层次递进、横向关联、环环相扣、一脉相承,有助于学生树立马克思主义文化观,继承中华优秀传统文化,弘扬民族精神,坚守中华文化立场,立足当代中国现实,坚定中国特色社会主义"四个自信",提升参与新时代中国特色社会主义文化建设的自觉性和能力。

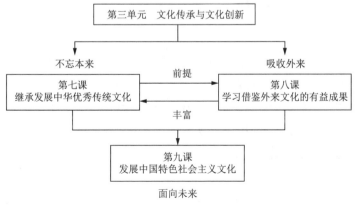

图 4.3.1 单元知识结构

（四）单元学情

通过前面内容的学习及生活经验,学生对中华优秀传统文化的当代价值有了一定的知识基础,对弘扬中华优秀传统文化并不陌生。但是他们对"中华优秀传统文化的创造性转化与创新性发展"这个热点话题的认识不够清晰,对中华民族精神的内涵理解得不够深入。教师需要运用一些生活中的案例,激发学生的兴趣,将内容讲透。学生通过学习本单元,明白处理现实生活中传承和发展文化、弘扬民族精神的正确态度和做法,树立正确的世界观、人生观、价值观,热爱中国共产党、热爱社会主义社会、热爱国家、热爱人民。

三、单元目标

（1）以"文化传承与文化创新"为核心构建单元思维导图,辩证地看待传统文化,感悟世界文化多样性,懂得中国人民选择中国特色社会主义文化发展道路的历史必然性。

（2）借助北京冬奥会素材叙述对传统文化、外来文化的认识,说明如何发展好中国特色社会主义文化。

（3）回顾中华文化百年复兴之路,设计纪录片脚本,深刻理解走中国特色社会主义文化发展道路的历史必然性,坚定文化自信。

（4）重构单元思维导图,通过撰写"强国有我,请党放心"短评,提升参与中华民族文化复兴的意识。

四、单元达成评价

坚持过程性评价与结果性评价相结合,采取自我评价、组内评价、组间评价和教师评价等多元评价方式,注重教、学、评一体化。

（一）纸笔测试

课时训练、达标测验、单元测试。

（二）表现性任务

（1）冬奥会成功闭幕后,请你以"强国有我,请党放心"为主题进行时事述评,阐述青年学生如何才能不辜负党的期望、人民期待、民族重托,接续民族文化复兴新征程。

（2）续写文本内容:结合文本,完成对中医所包含的中华文化思想内涵的续写,理解中华优秀传统文化的主要内容;用生活实例论证中医的科学性,驳斥否定中医价值的观点,坚定对中国优秀传统文化的自信。

五、单元实施

（一）单元整体教学思路

本单元以习近平新时代中国特色社会主义思想为指导,坚持马克思主义基本原理教育,培育和践行社会主义核心价值观,推动中华优秀传统文化创造性转化、创新性发展,继承革命文化,发展社会主义先进文化,更好地构筑中国精神、中国价值、中国力量。围绕"参与发展中国特色社会主义文化,坚定文化自信"学科大概念,以"发展中国特色社会主义文化"为总议题,以"文化自信:中华文化有力量"为主线,开展大单元教学。

(二)单元整体框架

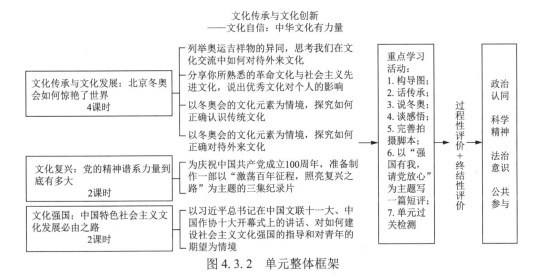

图 4.3.2　单元整体框架

六、课时教学设计

(一)文化传承与文化发展:北京冬奥会如何惊艳了世界

1. 内容分析

文化是民族的血脉,是人民的精神家园,它与每个人息息相关。本单元紧紧围绕不忘本来、吸收外来、面向未来展开,核心是正确认识和对待中华传统文化、外来文化有益成果,发展中国特色社会主义文化,坚定文化自信。教材以文化的内涵和功能为起点,讲述中华传统文化、外来文化、中国特色社会主义文化。

2. 学情分析

学生对中华优秀传统文化的当代价值有了一定的知识基础,对弘扬中华优秀传统文化并不陌生;国家大力提倡弘扬民族精神,进行文化建设,学生在这一氛围中对民族精神也有一定的了解。但是他们对"中华优秀传统文化的创造性转化与创新性发展"这个热点话题的认识不够清晰,对于民族精神的内涵理解不够深入。

3. 学习目标

(1)以"文化传承与文化创新"为核心构建单元思维导图,把握传统文化、外来文化和中国特色社会主义先进文化的逻辑关系。

（2）分析文本案例，能辩证地看待传统文化，感悟世界文化多样性，懂得中国人民选择中国特色社会主义文化发展道路的历史必然性。

（3）搜集并分享你所熟悉的革命文化与社会主义先进文化，说出优秀文化对个人成长的影响。

4. 学习评价

（1）纸笔测试：课堂达标测验、课后巩固练习。

（2）表现性任务：结合所学知识及理解完成本课的思维导图；搜集资料，结合实例阐述对中国特色社会主义发展道路的认识，坚定文化自信，认同中国文化发展道路。

5. 学习活动设计

（1）构导图。

【议学情境1】利用自习课通读必修四第三单元"文化传承与文化创新"，初步明确本单元的重点，找出疑问点。

【议学思考1】① 通过自主学习，用自己喜欢的方式构建本单元的思维导图，从宏观上把握本单元的知识结构，整体把握单元内在逻辑。② 小组代表对本单元思维导图进行总结和提升，通过不同小组的描述进行比较，完善知识与生活热点之间的内在联系。

【教师点拨1】本单元紧紧围绕不忘本来、吸收外来、面向未来展开，核心是引导学生正确认识和对待中华传统文化、国外文化有益成果，发展中国特色社会主义文化，坚定文化自信。教材以文化的内涵为起点，讲述中华传统文化、外来文化、中国特色社会主义文化。

【活动意图1】了解本单元在整本书中的地位，清楚描述大单元内部课、框、目之间的相互联系，建构包括三个层级以上的知识结构思维导图。

（2）话传承。

【议学情境2】有人说，新冠疫情防控的胜利是中国文化的胜利：传统家庭观念让我们甘愿隔离，不把病毒带给家人；传统家国观念，让国人自愿遵守防疫要求，不给国家添乱；每一位逆行者身上都体现民族精神的光辉。

【议学思考2】① 传统文化是财富还是包袱？② 搜集具体案例，说明传统文化和民族精神在疫情防控中的作用，在新时代我们应该如何继承、发展好优秀传统文化和民族精神。

【教师点拨2】明确对待传统文化需要坚持辩证观点，坚持"取其精华、去其糟粕"的原则。对待传统文化不能一概而论，而应当进行区分，有鉴别地加以对待，有批判地予以继承。对具有当代价值的文化，应当坚持古为今用、推陈出新；对落后的、腐朽的文化，应当予以摒弃。

【活动意图2】通过辩论"传统文化对现实生活而言是财富还是包袱"，进一步引发学生对传统文化的认知。搜集具体案例，说明传统文化和民族精神在疫情防控中的作用，在新时代我们应该如何继承并发展好优秀传统文化和民族精神。

（3）说冬奥。

【议学情境3】随着第二十四届冬奥会在北京开幕,吉祥物冰墩墩火了,成为名副其实的冬奥顶流,实力演绎"一墩难求"。介绍三组吉祥物各自的文化印记和形象寓意。

【议学思考3】比较上述三组奥运吉祥物的异同,思考为什么不同奥运会承办国设计出不同的会徽？我们在文化交流中应该如何对待外来文化？

【教师点拨3】文化交流、文化交融构成了文化发展的重要动力,文化因交流而多彩,文化因交融而丰富。

【活动意图3】通过谈对冬奥会蕴含的中华传统文化和文化交流的知识,引导学生正确认识传统文化,正确对待外来文化。

（4）谈感悟。

【议学情境4】以小组为单位,搜集自己熟悉的革命文化和社会主义先进文化。

【议学思考4】结合自己搜集的案例制作手抄报,谈谈优秀文化对个人成长的影响。

【活动意图4】通过资料收集和展览手抄报,提高学生资料搜集和筛选、组织协调能力。结合文化发展对个人、社会、民族、国家等的影响,阐明文化的功能。

（5）不忘本来。

【议学情境5】冬奥会开幕式上的中华优秀传统文化传承与创新:《立春》倒计时,体现中国人对时间的理解;《冰雪五环》的意境来自中国古老的诗句"黄河之水天上来",这是对中国母亲河的浪漫想象和赞美;《虎头帽》体现了2022年是中国农历的"虎年",传统习俗中人们会在虎年给孩子戴虎头帽;《小雪花》中百年未有的点火方式,充分彰显了"绿色、共享、开放、廉洁"的办奥理念。请思考:北京冬奥会如何惊艳了世界？

【议学思考5】北京冬奥会开幕式被盛赞,体现了博大精深的中华文化,展现了独属中国人的文化自信与浪漫。请结合开幕式中的传统文化符号与思想,论述北京冬奥会开幕式是如何展示中华传统文化的。

【教师点拨4】二十四节气、水墨画、虎头帽、小雪花等传统文化符号;中华优秀传统文化的主要内容与特点;中华优秀文化的当代价值;弘扬中华优秀文化要坚持创造性转化和创新性发展。

【活动意图5】学生于课前搜集北京冬奥会的传统文化符号与思想,在课上分享交流,加强对冬奥会的整体认知,进一步引发他们对传统文化继承与发展的思考,增强文化自信。

（6）吸收外来。

【议学情境6】奥林匹克运动自诞生起就担负着团结世界文明、播撒和平希望的崇高使命,长期以来在促进不同国家、不同民族、不同文化交流互鉴方面发挥着重要作用。团结、友谊、和平也是中华民族数千年以来一直追求和传承的理念。

北京冬奥会开幕恰逢中国虎年春节,这为本届冬奥会带来不同寻常的东西方文明融合的多彩体验,北京冬奥会主媒体中心,中外记者写春联、做红包、共迎虎年新春的照片,早已在海内外传播。延庆赛区冬奥会保障酒店里,传统春节饰品和冬奥元素相融合,"冬奥年"氛围满满……

北京 2022 云展厅是奥运史上首个云上展厅,旨在打造公众与北京冬奥会和冬残奥会线上沟通和互动的乐园。它还是一座文化的桥梁,通过丰富多彩的体验活动,让参与者感受到奥林匹克文化的魅力。短短几天,参与投票的人数已超 10 万。

【议学思考6】① "文明因交流而多彩,文明因互鉴而丰富",如果你是北京冬奥组委成员,你会设置哪些活动来促进中外运动员、工作人员之间的文化交流。② 结合北京冬奥会相关资源,从文化传承与创新的角度谈一谈冬奥会的自信来自何处。

【教师点拨5】① 爬长城、游故宫、逛庙会、写春联、包水饺等。② 北京冬奥会开幕式借助器物、表演等载体,深入挖掘中华优秀传统文化中的核心思想理念、中华传统美德、中华人文精神,彰显了中华优秀传统文化的源远流长、博大精深。按照当今时代的特点和要求,将中华优秀传统文化与奥运元素、理念有机融合,推动中华优秀传统文化的创造性转化、创新性发展,推动文化交流和文化交融,向世界展示中华文化开放、包容的特质,提升了中华文化的国际影响力。

【活动意图6】通过中外文化交流活动方案的设计,分享交流,加强对中华文化的整体认知,进一步引发学生对传统文化继承与发展的思考,增强文化自信。

（7）开创未来。

【议学情境7】播放《共创美好未来》。"可持续、向未来",北京冬奥会提出的可持续性愿景,更深远的意义在于"创造奥运会和地区可持续发展的新典范"。本届冬奥会是"时代之需"。2022 年北京冬季奥运会不仅是一次全球瞩目的冬奥盛会,也是一次展示新发展阶段中国形象的重要机会,对中国和世界来说具有非常重大而深远的意义。本届冬奥会是"人民之要"。"冬奥赛后,'冰丝带'将着力打造集'体育赛事、群众健身、文化休闲、展览展示、社会公益'五大功能于一体的多功能冰雪运动中心,成为人民群众体验冬季美好生活的新地标。"本届冬奥会也是"未来之约"。体育强则国家强,国家强则体育强。发展体育事业不仅是实现中国梦的重要内容,还能为中华民族伟大复兴提供凝心聚气的强大精神力量。

【议学思考7】当冬奥遇到春节——既是体育盛会,也是文化盛宴。结合北京冬奥会的文化元素,说明北京冬奥会不只是展现当今中华文化发展成果的舞台。文化发展如何开创未来?

【活动意图7】通过多样化的学习活动,拓展学习资源,搜集人物观点,论证中国特色社会主义文化发展道路的历史必然性,坚定文化自信。

6. 作业与拓展学习设计

① 登陆中国国家博物馆网站(https://www.chnmuseum.cn),浏览你感兴趣的版块,并写一篇观后感,1 000 字左右。② 自筹办冬奥会以来,习近平总书记多次看望并勉励运动员、教练员,并说道:"推动我国冰雪运动跨越式发展是实现第二个百年奋斗目标的重

要组成部分,也为广大冰雪运动员创造了难得的人生机遇。"[1]请以"复兴之梦想　青年之责任"为题,写一篇演讲稿。要求:① 观点明确,逻辑清晰。② 不少于 200 字。

(二)文化复兴:党的精神谱系力量到底有多大

1. 内容分析

在整体感知、探究建构等学习阶段的基础上,本课时的学习任务是运用之前学到的文化传承与文化创新的核心知识,去分析、解决复杂情境中的问题,提高学生核心知识情境化表达能力,并进一步建构必备知识与生活实践之间的联系,提高学生学科阅读理解能力、学科逻辑推理能力和学科知识情境化表达能力,增强学生中国特色社会主义文化自信。

2. 学情分析

经过前两个阶段的学习,学生对本单元学习内容有了整体的把握和简单的理解应用,要形成分析解决生活实际问题的真实能力,还需要进一步提供复杂的、新颖的情境和有挑战性的问题,以培养学生综合运用知识的能力;在解决复杂情境和挑战性问题过程中,学生的思维逻辑规范性可能还不充分,这就需要教师找准学生的思维拐点,适时抛出思维支架进行追问、点拨,帮助学生形成科学的思维逻辑模型。

3. 学习目标

(1)搜集实现中华文化复兴不同代表人物的观点,说出他们为民族文化复兴做出的探索和努力。

(2)设计纪录片脚本,回顾中华文化百年复兴之路,探究走中国特色社会主义文化发展道路的历史必然性。

(3)文化兴则国家兴,青年强则国强。青年学生如何才能不辜负党的期望、人民期待、民族重托,接续民族文化复兴新征程?

4. 学习评价

(1)纸笔测试:课堂达标测验、课后巩固练习。

(2)表现性任务:结合所学知识与理解,完成本课的思维导图;搜集资料、总结归纳、畅想反思,为个人学业发展制订长远规划,并尝试将个人梦想融入民族梦想,将个人奋斗融入国家事业,自觉担当民族复兴时代大任,自觉接力实现伟大事业。

5. 学习活动设计

(1)觉醒年代的探索与尝试。

【议学情境 1】为了实现民族复兴,再铸中华文化的辉煌,无数仁人志士上下求索,寻

1 　郑轶,季芳,孙龙飞. 同筑冰雪梦　一起向未来——习近平总书记引领冬奥之路 [N]. 人民日报,
　　2022-02-02(1).

找救国良方,进行了各式各样的尝试。

【议学思考1】① 请结合历史所学,分析不同阶层探索、尝试失败或者成功的原因。② 除了教材列举的三位代表人物外,你还知道哪些人的典型观点。请搜集资料,讲讲他们为民族文化复兴做出的努力。

【教师点拨1】回顾百年征程,伟大斗争需要伟大精神。中国在不断尝试中选择"发展中国特色社会主义文化,走中国特色社会主义文化发展道路"是有其历史必然性的,从中我们可以感悟到中国共产党在文化复兴中的巨大作用。

【活动意图1】通过所学知识,总结无数仁人志士上下求索,寻找救国良方,坚定文化自信。

(2)青年学生接续民族文化复兴新征程。

【议学情境2】新时代中国青年既面临着难得的建功立业的人生际遇,也面临着"天将降大任于斯人也"的时代使命。

【议学思考2】青年与国家民族文化复兴有什么关系?青年学生如何才能不辜负党的期望、人民期待、民族重托,接续民族文化复兴新征程?请学生以"青年学生接续民族文化复兴新征程"为主题制作人生规划卡,把个人理想与国家规划相结合。

【教师点拨2】在中国特色社会主义进入新时代的今天,在中华民族伟大复兴迎来光明前景的今天,坚定文化自信,发展中国特色社会主义文化,必须坚持马克思主义,牢固树立共产主义远大理想和中国特色社会主义共同理想,培育和践行社会主义核心价值观,不断增强意识形态领域主导权和话语权,推动中华优秀传统文化创造性转化、创新性发展,继承革命文化,发展社会主义先进文化。不忘本来、吸收外来、面向未来,更好地构筑中国精神、中国价值、中国力量,为人民提供精神指引。

【活动意图2】通过总结本课所学,结合个人学业发展规划,放飞梦想。培养家国情怀和人类关怀,发扬中华文化崇尚的四海一家、天下为公精神,为实现中华民族伟大复兴而奋斗,为推动构建人类命运共同体、实现中华民族伟大复兴的中国梦而努力。

6. 作业与拓展学习设计

观看"激荡百年征程,照亮复兴之路"三集纪录片,以"在学习党史中汲取奋进的力量"为题,写一篇短评。要求:① 观点明确,逻辑清晰,论述合理。② 200字左右。

(三)文化强国:中国特色社会主义文化发展必由之路

1. 内容分析

在之前整体感知、探究建构、应用迁移等学习阶段的基础上,本课时学习的任务是从整体上重构知识与知识、知识与实践之间的联系,完善单元思维导图,并通过拓展提升过程中问题的分析和解决,提高学生学科阅读理解能力、学科逻辑推理能力和学科知识情境化表达能力,增强学生的中国特色社会主义文化自信。

2. 学情分析

经过整体感知、探究建构、迁移提升三个阶段的学习,学生对本单元学习内容有了整体的把握和创造性的应用,内心具有强烈的完善单元思维导图和进行单元过关的学习意愿;但是,限于校园生活的半封闭性,学生对生活中最新的情境和问题了解不足,在学习过程中需要教师提供必要的思维支架,帮助学生完善知识与实践之间的联系。

3. 学习目标

(1)重构单元思维导图,厘清中华优秀传统文化、革命文化和社会主义先进文化三者之间的关系。

(2)结合习近平总书记重要讲话,能够说出发展中国特色社会主义文化、坚定文化自信的原因和措施。

(3)通过撰写"强国有我,请党放心"短评,增强学生参与中华民族伟大复兴的意识。

4. 学习评价

(1)纸笔测试:课堂达标测验、课后巩固练习。

(2)表现性任务:结合所学知识及理解,完成本课的思维导图;搜集材料,综合运用所学知识,以"强国有我,请党放心"为主题写一篇短评。要求:① 围绕主题,观点明确。② 论证充分,逻辑清晰。③ 学科术语使用规范。④ 250 字左右。

5. 学习活动设计

【议学情境】以"发展中国特色社会主义文化,坚定文化自信"为核心,重构单元思维导图。在构建思维导图时,阐明知识关系、能力关系、逻辑关系,并标注核心原理及对热点问题的解读。

【议学思考】与中国特色社会主义文化具有纵向联系的是什么? 与中国特色社会主义文化具有横向联系的是什么? 发展中国特色社会主义文化的目标和目的分别是什么?

【教师点拨】中国特色社会主义文化源自中华民族五千多年文明历史所孕育的中华优秀传统文化,熔铸于党领导人民在革命、建设、改革中创造的革命文化和社会主义先进文化,植根于中国特色社会主义伟大实践。发展中国特色社会主义文化,就是以马克思主义为指导,坚守中华文化立场,立足当代中国现实,结合当今时代条件,发展面向现代化、面向世界、面向未来的民族的、科学的、大众的社会主义文化,推动社会主义精神文明和物质文明协调发展。要坚持为人民服务、为社会主义服务,坚持百花齐放、百家争鸣,坚持创造性转化、创新性发展,不断铸就中华文化新辉煌。

【活动意图】学生通过再次以"发展中国特色社会主义文化,坚定文化自信"为核心,重构单元思维导图。对本单元形成深入内化和理解,侧重层级关系进行重难点解读。

6. 作业与拓展学习设计

中医饱含中华民族五千多年的健康养生理念及其实践经验,具有独到的内涵特质、思辨哲理,充分彰显了"道法自然、天人合一"的中华文明内在生存理念:蕴含① _____。

但有人认为中医治疗往往无法给出像西医一样精确的认知,传统的中医主要依靠经验的积累。与西医相比,中医对于人体病因的阐述方式会让部分人觉得更加抽象、含糊,如"气""经络"等概念,这样的描述往往因为无法得到现代科学的解释,使得一些人对中医有不信任感。

在新冠疫情防控的"战场"上,古老的中医焕发出新的生命力,成为疫情防控的利器。在西药没有特效药、疫苗还没有被研发出来的时期,源自《伤寒杂病论》古方的"清肺排毒汤"等经典方剂被广泛用于临床一线救治,取得了巨大成效;在② _____,中医已经用客观事实证明,中医治疗是有效的,我们不能因为现代的科技能力暂时无法对中医进行科学的解释,就将其归为"不科学"的范畴,相反,我们应该积极地研究中医治疗的科学原理。

续写:结合文本情境,① 完成对中医所包含的中华文化思想内涵的续写,理解中华优秀传统文化的主要内容;② 用生活实例论证中医的科学性,驳斥否定中医价值的观点,坚定对中国优秀传统文化的自信。

（设计者:刘莹、邢海龙、余波、李辉、李如娟、王银华、刘丽华）

选择性必修模块
大单元教学设计

第五章
选择性必修一 《当代国际政治与经济》

第一单元

各具特色的国家
大单元教学设计

一、单元主题：各具特色的国家

本单元围绕"国家"这一主线展开，国家作为国际社会的主要行为体，直接影响着国际组织的运行和其作用的发挥，影响着国际格局的发展趋势。因此，只有先理解国家的概念、本质与运作方式，才能更好地理解不同国家的国情与发展道路，进而深化对当今国际态势及其发展趋势的认识，树立马克思主义国家观。

二、单元教学设计理念

（一）育人价值

基于立德树人根本任务，以习近平外交思想和马克思主义国家观为指导，用"国家"这一大概念统领教学任务，坚持活动型学科课程的设计原则，坚持教、学、评一致性的思想。在议题的引领下，通过丰富多样的教学情境和进阶性逻辑化的活动设计，学生能够经历必要的思维活动和社会实践活动，增强对我社会主义制度的政治认同，实现课程的育人价值。

（二）课标要求

（1）了解国体和政体的关系，揭示国家的本质，理解国家管理形式的多样性。

（2）解析国家的结构形式，理解维护国家统一、捍卫国家主权的意义。

（3）引用实例，比较不同国家的特点及其发展状况，阐明我国的总体国家安全观。

（三）单元内容

本单元围绕各具特色的国家展开，着重探讨国家的本质和分类、国体与政体的关系、国家政权组织形式和结构形式，阐明我国的总体国家安全观。由于国家的历史传统、现实国情等不同，其发展道路必然各具特色，任何国家都要尊重国家多样性。维护国家统一、捍卫国家主权是主权国家对外活动的重要出发点。国家安全利益是国家的最高利益，国家主权是国家安全的核心，国家安全体现在国家的政治、经济、社会、文化、军事、外交等诸多方面，要坚持总体国家安全观。

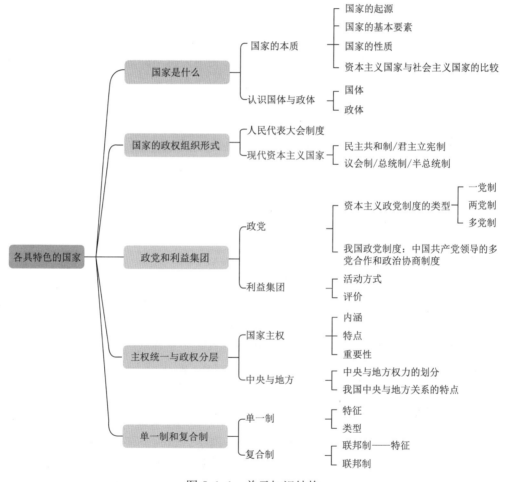

图 5.1.1　单元知识结构

（四）单元学情

通过课前检测，学生基本掌握、理解必备知识，但对西方主要国家的政治制度、我国的政治体制、当今世界不同国家政治制度的异同存在理解上的偏差，教师需在课堂教学中重点把握。高中学生已初步形成对国家的理解和认识，热爱祖国，认同社会主义制度，但他们的理解和认识更偏重感性认识,缺乏在对比分析中形成理性认识。因此,教师应在教学过程中加强对不同国家国体、政体的分析比较,推动学生对所学内容由感性认识上升为理性认识。

三、单元目标

(1)通过议题探讨理解国家及其本质,深入把握国体与政体的关系,提升学生在国际大背景下分析问题、解决问题的视野和能力,培养学生的国家观念,拓展其国际视野,使其有自觉践行维护国家统一、国家领土和主权完整的义务。

(2)通过议题探讨理解政党在国家中的地位和作用,结合具体问题情境,在丰富的影像资料、文字资料中感悟中国共产党领导是中国特色社会主义最本质的特征,是中国特色社会主义制度的最大优势,增强学生的制度自信。

(3)通过议题探讨,在全球视野中辩证地、历史地分析不同国家的政治制度,理解基于国情处理中央与地方关系的必要性。明确我国民主集中制原则的科学性,坚持总体国家安全观,自觉维护国家安全。

四、单元达成评价

本单元涉及的国家原理及概念较多,需要依据课程标准,采用多种方式对知识、能力及学习过程做出相应的评价,坚持过程性评价与终结性评价相结合。

(一)纸笔测试

(1)绘制单元知识结构图。
(2)纸笔测验:设计 15 个选择题和 3 个主观题。

(二)表现性任务

以"国家安全在身边"为主题,撰写一份社会实践调查报告。

五、单元实施

(一)单元整体教学思路

依据习近平新时代中国特色社会主义思想,围绕思想政治学科大概念,以各具特色的国家为总议题,以不同国家的特色为主线,开展大单元教学。本单元以探究活动为主,教师选用合适的材料创设具有真实性、探究性、艺术性的情境,提出相应的问题,学生在独立思考、小组合作的过程中掌握关键核心知识,碰撞出思维的火花,提升思维能力,增强政治认同。

（二）单元整体框架

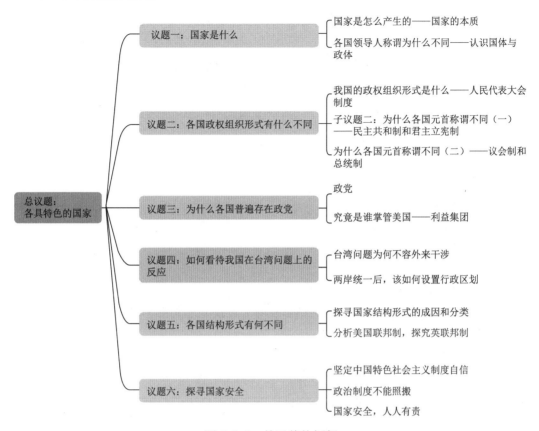

图 5.1.2　单元整体框架

六、课时教学设计

（一）国家是什么

1. 内容分析

"国家是什么"是高中思想政治选择性必修一《当代国际政治与经济》第一单元第一课第一框的内容，包括两目。第一目"国家的本质"，阐述马克思主义的国家理论，从阶级的角度分析了国家的产生和性质。第二目"认识国体与政体"，阐述国体、政体的含义及其内在联系，从统治阶级为维护自身利益所采取的政权组织形式方面分析了政体的多样性。两目分别从内容和形式两个方面阐释了国家制度。

2. 学情分析

以学生现有的知识储备来看，学生在初中阶段尚未系统接受此类知识，这为本课的讲授带来了一定的挑战。但高二学生的认知能力和情感价值具有较大的可塑性。

3. 学习目标

（1）能够理解马克思主义国家理论的科学性，增强认识和分析纷繁复杂的政治现象和本质的能力。

（2）通过查阅相关资料或参与国家政治生活，增强关心国家的意识和能力。

（3）理解民主与专政的关系，辨析资本主义民主与社会主义民主的本质区别，明确我国是人民民主专政的社会主义国家，是新型民主与新型专政的统一，坚定中国特色社会主义制度自信。

4. 学习评价

（1）纸笔测试：课堂达标测验、课后巩固练习。

（2）表现性任务：上网搜集你感兴趣的国家，选取一个令你印象最深刻的故事，写下阅读感受，带到学校与同学们分享。

5. 学习活动设计

（1）导入新课。

【议学情境1】播放《北京冬奥会精彩瞬间》，特别呈现北京冬奥会开幕式中"一个都不能少"的精妙设计。

【议学思考1】节目《一个都不能少》有何寓意？为什么雪花上的"中华台北"不能写成"台湾"？国家是什么？现在，我们一起学习本节课。

【活动意图1】① 学生通过观看视频并思考教师提出的问题，形成对本节课内容的初步了解。教师通过此环节调动学生的积极性，引导学生感悟我国是人民民主专政的社会主义国家。② 国家是如何产生的？国家的本质是什么？

（2）国家是怎么产生的？

【议学情境2】阅读《家庭、私有制和国家的起源》。材料1：国字原作"或"，由此分析归纳国家的构成要素有哪些。材料2：参与2022年北京冬奥会的91个国家或地区名单。

【议学思考2】① 查阅资料，回顾必修一所学知识，议一议国家是如何起源的。结合恩格斯的论述，谈谈你对国家本质的理解。结合材料和探究问题分小组讨论（回顾国家产生的历程，学生纠正、补充，形成较完整的答案）。② 当今世界主要有哪两类性质根本不同的国家？有何异同？小组代表总结发言。

【活动意图2】增强学生获取、解读、概括及利用信息的能力，通过情境创设的活动，引导学生回顾国家产生的历程，增强对马克思主义国家理论的认识，引导学生从多角度了解国家的性质。

（3）各国领导人的称谓为什么不同？

【议学情境3】北京冬奥会奖牌榜前五名国家领导人的称谓。

【议学思考3】领导人的称谓有何异同？探究原因。分组研讨，汇报交流。

【活动意图3】通过小组的交流研讨和成果汇报，学生能够明白国体和政体的含义与关系,从而认识到民主政体是在历史发展中逐渐成熟和完善的;从多个国家的纵横对比中体会政体具有相对独立性。

6. 作业与拓展学习设计

(1)构建本课单元知识结构,标明重点和难点;完成课后检测评价。

(2)观看视频《什么是国家》,感悟国家的发展历程。

(二)各国政权组织形式有什么不同

1. 内容分析

第二框"国家的政权组织形式",包括三目。第一目"人民代表大会制度",阐述我国实行人民代表大会制度的历史必然性及人民代表大会制度的重要地位。第二目"民主共和制和君主立宪制",从国家权力机关和国家元首的产生方式及其职权范围角度,阐述民主共和制和君主立宪制的特点。第三目"议会制和总统制",从立法机关与行政机关的关系角度,阐述议会制、总统制、半总统制的特点。

2. 学情分析

通过必修一、必修三的学习,学生初步了解了我国的人民代表大会制度,在此基础上学习本框,能够明确我国人民代表大会制度与西方民主共和制、君主立宪制的区别,感悟我国制度的优越性,从而坚定制度自信。

3. 学习目标

(1)理解我国人民代表大会制度是人民当家作主的重要途径和最高实现形式,能够在全球视野中观察不同国家的政治制度,坚信我国的人民代表大会制度是符合中国国情的好制度。

(2)能够辨识世界主要国家的政体,以马克思主义立场、观点和方法进行评析,坚定中国特色社会主义制度自信。

4. 学习评价

(1)纸笔测试:课堂达标测验、课后巩固练习。

(2)表现性任务:对比分析并展示英国和日本、美国和俄罗斯、德国和意大利六个国家的政权组织形式的异同,绘制对比图。

5. 学习活动设计

(1)导入新课。

【议学情境 1】播放《人民代表大会》,总结归纳视频内容,导入新课。

【议学思考 1】我国的政体是什么?

【活动意图 1】学生通过观看视频,对学过的知识进行复习回顾,引出新课。

(2)我国的政权组织形式是什么——人民代表大会制度。

【议学情境 2】创设情境。中华人民共和国第十四届全国人民代表大会第二次会议于 2024 年 3 月 5 日上午开幕,3 月 11 日下午闭幕,会期 7 天。会议的议程:审议政府工作报告;审查 2023 年国民经济和社会发展计划执行情况与 2024 年国民经济和社会发展计划草案的报告、2024 年国民经济和社会发展计划草案;审查 2023 年中央和地方预算执行情况与 2024 年中央和地方预算草案的报告、2024 年中央和地方预算草案;审议全国人民代表大会常务委员会关于提请审议《中华人民共和国国务院组织法(修订草案)》的议案;审议全国人民代表大会常务委员会工作报告;审议最高人民法院工作报告;审议最高人民检察院工作报告。

【议学思考 2】结合上述材料,谈谈对人民代表大会制度的理解。结合案例和探究问题分小组讨论。小组代表总结发言。

【活动意图 2】增强学生获取、解读、概括及利用信息的能力,通过分析讨论和总结,能够知道人民代表大会制度的历史必然性、地位、优越性。

(3)民主共和制和君主立宪制。

【议学情境 3】展示材料:英国和日本、美国和俄罗斯、德国和意大利六个国家的政权组织形式。

【议学思考 3】探究问题:结合上述材料和教材知识,思考民主共和制和君主立宪制有什么区别。

【活动意图 3】通过小组交流和成果汇报,学生能够明确划分标准,理解民主共和制和君主立宪制的不同。

(4)议会制和总统制。

【议学情境 4】展示材料:英国议会与美国白宫。

【议学思考 4】探究问题:结合上述材料和教材知识,思考议会制和总统制有什么区别、划分标准是什么。结合案例和探究问题分小组讨论。小组代表总结发言。

【活动意图 4】通过对表格的分析,小组交流研讨并进行成果汇报,从立法机关与行政机关(总理)的关系看,学生能够明确划分标准,理解议会制、总统制和半总统制的主要特征及典型国家。

6. 作业与拓展学习设计

(1)构建本课思维导图,标明重点和难点,完成课后检测。
(2)根据已学,分析整理法国半总统制的特点。

(三)为什么各国普遍存在政党

1. 内容分析

第三框"政党和利益集团"包括两目:第一目"政党",第二目"利益集团"。两目分别介绍了影响国家政治运行的两种主要力量。本框内容旨在使学生明白政党的含义、资本主义政党制度的类型、利益集团的分类、政党的主要目标及其作用、利益集团的作用、利益集团影响政府政策的途径等,并通过中外政党制度的比较,认识中国共产党领导的多党合作和政治协商制度是政党制度的伟大创造。

2. 学情分析

高二学生学过必修三《政治与法治》中中国特色社会主义政党制度相关内容,有一定的知识基础,具备一定的归纳、演绎、分析问题的能力,部分对时事热点感兴趣的学生有着丰富的网络知识和搜索筛选信息的技巧,能够利用信息技术辅助自己学习探索、进行成果展示等。

3. 学习目标

(1)明确政党的产生、地位、作用、主要目标、争取执政的主要手段,了解政党的基本特征。

(2)说出资本主义国家政党制度的类型,阐述其阶级本质;阐述中国的政党制度及其优越性。

(3)阐述利益集团的含义、地位、活动特点、影响政府决策的途径、类型等,全面阐释利益集团的作用。

4. 学习评价

(1)纸笔测试:课堂达标测验、课后巩固练习。

(2)表现性任务:分享课前搜集到的美国总统选举中的"典型故事",由此分析利益集团对美国政治的影响。

5. 学习活动设计

总议题:为什么各国普遍存在政党?

(1)导入新课。

【议学情境1】播放《盘点世界上最大的20个政党》。

【议学思考1】提出问题:谈谈你对政党的认识。

【活动意图1】通过观看视频内容及思考教师提出的问题,思考本节课要学习的知识,调动学生的积极性。

(2)政党。

【议学情境2】材料1:世界上产生最早的政党。材料2:各民主党派助力打赢疫情防控阻击战。材料3:美国政党制度。

【议学思考2】合作探究1:阅读材料,结合教材,讨论并回答问题:你如何理解政党?合作探究2:联系教材,议一议各民主党派与中国共产党勠力同心为疫情防控工作凝聚人心和力量体现的道理。合作探究3:如何看待美国的两党制?总统大选说明美国是真正的民主吗?

【活动意图2】增强学生获取、解读、概括及利用信息的能力,通过探究活动理解掌握马克思主义政党观、资本主义国家的政党制度和我国的政党制度,学会辩证地看待政党的作用。

（3）究竟是谁掌管美国——利益集团。

【议学情境3】播放《美国控枪为何如此艰难》。

【议学思考3】① 结合视频议一议：美国控枪为何如此艰难？根本原因是什么？② 分组研讨，汇报交流，阐述利益集团的作用。

【活动意图3】通过小组交流研讨和成果汇报，学生能够明白利益集团的含义、地位、目标、途径、类型和作用。通过"谁掌管美国"的课堂探究，引导学生思考美国民主的实质，了解利益集团在政治运行中发挥的作用。

6. 作业与拓展学习设计

（1）构建本课思维导图，标明重点和难点，完成课后检测。

（2）通过观看新闻或者查阅相关资料做一份调查研究：美国利益集团在拜登当选新一任美国总统中发挥了什么作用？

（四）如何看待我国在台湾问题上的反应

1. 内容分析

第一框"主权统一与政权分层"包括两目。第一目"国家主权"阐述了国家主权的含义及其特征，介绍了主权国家所拥有的独立权、管辖权、平等权、自卫权等基本权利，帮助学生理解主权对于一个国家的意义，增强自觉维护国家主权的意识。第二目"中央与地方"介绍了中央和地方的关系，以及我国处理中央和地方关系的方式和优越性，帮助学生增强对我国政治制度的理解与认同。

2. 学情分析

学生在学习必修三的过程中对主权国家有了一定的了解，但对于具体概念特别是其他国家的政治模式尚不清楚。

3. 学习目标

（1）通过阅读分析时政材料，了解国家主权的含义，理解国家主权的特征和内容，培养全球视野，关注国际政治，关心祖国在国际社会的地位，增强主权意识，树立自觉维护国家主权、安全和发展利益的观念。

（2）通过观看视频分析材料，对我国行政区划、中央和地方的关系进行探究，认识政权分层理论，理解合理划分中央和地方关系的必要性，增强制度自信。

4. 学习评价

（1）纸笔测试：课堂达标测验、课后巩固练习。

（2）表现性任务：针对当前美方频频干涉台湾问题现状，以"台湾问题绝不容外来干涉"为主题，写一篇外交发言稿。

5. 学习活动设计

（1）导入新课。

【议学情境1】观看漫画《台湾问题》。

【议学思考1】提出问题:中国外交部发言人的声明为什么能赢得国际社会的主持?
总议题:如何看待我国在台湾问题上的反应?思考、讨论,引出国家主权。

【活动意图1】通过观看视频内容及思考教师的问题,思考本节课要学习的内容,调动学生的积极性。

(2)台湾问题为何不容外来干涉?

【议学情境2】① 展示材料:中美对台发言。② 时政链接展示:中国,一点都不能少。
③ 自主学习:阅读课本15页的"名词点击"。问题:主权国家有哪些基本权利?完成练习题"连一连"。

【议学思考2】① 为什么"中方对美方此举强烈不满、坚决反对"?国家主权是什么?② 台湾当局为什么无法以观察员身份出席世界卫生大会?国家主权的表现是什么?③ 如何看待美国的两党制?总统大选说明美国是真正的民主吗?

【活动意图2】学生根据课件展示的时政材料,加强对主权国家的认识,这符合学生的认知规律,时政材料的选择也是学生感兴趣的,有利于调动学生探究问题的积极性。

(3)两岸统一后,该如何设置行政区划?

【议学情境3】① 阅读课本16页,观看拜登演讲视频。② 阅读《我国的行政区划》和《意大利共和国宪法》。③ 材料1:《中国共产党章程》有关民主集中制的规定。材料2:1956年毛泽东同志在《论十大关系》中对中央和地方的关系做出的论述。

【议学思考3】① 我国为什么可以理直气壮地反对美国对台军售?② 我国为什么要进行行政区域的划分?我国行政区域的类型包括哪些?行政区划的界限和分层,往往需要考虑哪些因素?③ 中央政府与地方政府的权力是如何划分的?④ 结合材料1和材料2谈谈民主集中制原则在我国是如何得以贯彻实施,从而正确处理中央和地方关系的?分组讨论、汇报交流、思维碰撞后深入理解探究问题。

【活动意图3】通过结合我国的实际情况,理解政权分层理论,理解处理好中央与地方关系的意义及方法原则,认识到中国特色社会主义制度适合我国国情,有利于实现广大人民的根本利益,增强制度自信、道路自信,实现政治认同。

6. 作业与拓展学习设计

(1)构建本课思维导图,标明重点和难点,完成课后检测。

(2)回顾必修三《政治与法治》内容,结合本课民主集中制内容,写一篇关于民主集中制对我国重要性的小论文。

(五)各国结构形式有何不同

1. 内容分析

第二框"单一制和复合制"包括两目。第一目"单一制"介绍了单一制国家的主要特征,帮助学生理解单一制国家是如何处理中央与地方关系的。第二目"复合制"介绍了复合制国家中联邦和邦联两种国家结构形式。这两目内容分别介绍了不同类别的国家结构形式,旨在帮助学生理解一个国家选择什么样的国家结构形式,需要综合考虑多方面因素,进而提高学生思考问题的能力,增强对我国政治制度的认同。

2.学情分析

对于本课知识,高二学生之前接触较少,学习时会略感吃力,教师可运用播放视频、创设情境等方式培养学生的学科核心素养,让学生在自主辨析中感悟真理的力量,让学生通过自己的观察分析得出正确的结论。教师应针对学生的疑难困惑讲解、提升,使课堂更贴近学生实际,走进学生心灵,激发情感共鸣,达成思想共识,增强教育效果。

3.学习目标

(1)通过观看视频,理解单一制国家的含义和特征,理解和尊重世界的多样性和发展模式的多样化,拓展国际视野。

(2)通过观看视频和阅读材料,了解复合制下的联邦制和邦联制,明确各自特点和区别,知道国家选择国家结构形式的影响因素是多样的,自觉维护国家统一,捍卫国家主权。

4.学习评价

(1)纸笔测试:课堂达标测验、课后巩固练习。

(2)表现性任务:针对课堂探究问题,积极发言,绘制区分不同国家结构形式的表格,分析国家结构形式的决定因素。

5.学习活动设计

(1)导入新课。

【议学情境1】世界各国的名称,有的叫"共和国",有的叫"王国",有的叫"联邦"。你知道下列国家的国家结构形式吗? 总议题:各国结构形式有何不同?

【议学思考1】学生讨论,各抒己见。

【活动意图1】学生了解不同国家的名称,调动学生探究国家结构形式的积极性。

(2)探寻国家结构形式的成因和分类。

【议学情境2】① 播放《单一制》。② 自主学习:阅读18页相关链接,向同桌说说单一制国家的特点。

【议学思考2】① 什么是单一制? ② 单一制国家的特点是什么?

【活动意图2】增强学生获取、解读、概括及利用信息的能力,通过分析讨论和总结,知道单一制的含义、特点和类型。

(3)分析美国联邦制,探究英联邦制。

【议学情境3】播放《联邦制国家》。① 阅读两则材料。② 观看视频《美国堕胎法案》。③ 观看视频《邦联制》。④ 小组合作:比较单一制和复合制,分析影响一个国家选择国家结构形式的因素。

【议学思考3】① 什么是复合制？联邦制国家的特征有哪些？② 此案被推翻意味着美国女性全部丧失堕胎权吗？从美国联邦宪法中能否找到堕胎权的合法依据？出现上述情况与美国的国家结构形式有何联系？③ 邦联制国家的含义和特点。④ 分组讨论，合作探究。汇报交流、深入理解探究问题。

【活动意图3】通过小组交流研讨和汇报成果，学生能够明确复合制的特点，同时掌握联邦制、邦联制以及国家选择结构形式的影响因素。

6. 作业与拓展学习设计

（1）构建本课思维导图，标明重点和难点；完成课后检测评价。

（2）结合所学，写一篇小论文说明我国国家结构形式的优越性。

（六）探寻国家安全

1. 内容分析

从本课地位来看，本课是统编教材选择性必修一《当代国际政治与经济》第一单元"各具特色的国家"的综合探究部分，是对前两课内容的知识总结与价值升华，发挥着重要的价值引领意义。综合探究提供了三组探究材料，探究一侧重引导学生通过制度比较和典型事例加深对中国特色社会主义制度优越性的理解，形成中国特色社会主义制度自信；探究二在学生初步形成制度自信的基础上，进一步引导学生理解政治制度不能照搬的道理，坚定中国特色社会主义道路自信；探究三引导学生明确国家安全与个人发展的关系，提升维护国家安全的意识和能力。

2. 学情分析

从已有知识来看，通过前两课的学习，学生基本掌握了相关内容，对本探究活动的前两个议题"坚定中国特色社会主义制度自信"和"政治制度不能照搬"有了一定的知识能力储备和情感价值认同，但尚未能综合运用之前所学，结合发展中国家引入西方民主模式却失败的教训，结合复杂的世界安全形势和中国面临的国家安全挑战，深刻理解"总体国家安全观"的内涵、核心和要求。

3. 学习目标

（1）坚持以马克思主义立场、观点和方法评析各国的政治制度，明确中国特色社会主义制度的优越性，坚定中国特色社会主义制度自信。

（2）运用唯物史观思考社会转型的复杂变化及其原因，辨析不能照搬西方民主模式与借鉴人类政治文明成果之间的关系，以辩证的思维思考中国政治体制改革问题，培育科学精神。

（3）理解总体国家安全观，强化国家安全意识，辨析漠视和损害国家安全的行为并提出解决问题的行动方案，提升对国家安全的公共参与意识和能力。

4. 学习评价

（1）纸笔测试：课堂达标测验、课后巩固练习。

（2）表现性任务：绘制《国家安全，人人有责》手抄报，并在课堂中进行展示，说明绘制内容与寓意。

5. 学习活动设计

（1）导入新课。

【议学情境1】展示《国家安全，人人有责》手抄报。分享自己的手抄报，并与同学分享自己搜集到的资料。

【议学思考1】分小组展示交流。

【活动意图1】学生利用自己搜集到的材料和同学分享，拉近理论和现实的距离，引发学生对国家安全和我国制度的思考。

（2）坚定中国特色社会主义制度自信。

【议学情境2】① 乌克兰——西方输出民主的牺牲品。② 观看视频《十问美国民主》。③ 自主学习：以小组合作的方式完成22页表格。

【议学思考2】① 设计探究问题：以小组为单位，搜集并分享发展中国家引入西方民主模式进行民主制度改革却失败的典型案例。叙利亚：改革前虽有一定社会冲突，但政局相对稳定；改革后政权频繁更迭、教派种群冲突、经济倒退、政权动荡；寄希望于西方，脱离群众。对中国的启示：不能照搬西方民主模式；在国际地缘政治博弈中维护自身国家安全。埃及：改革前民族认同和社会共识未完成，政党问题复杂；改革后工业发展停滞不前，失业率飙升，经济受损；对西方民主充满幻想，盲目追随西方国家。阿根廷：改革前经济上主要以农牧产品出口为主；政治上无产阶级力量较强，有组织、有斗争传统；改革后无力偿还1 500亿美元的外债，经济负增长超过20%，外资大银行准备撤出；发展模式脱离了本国的国情；阿根廷统治集团政治上的严重腐败。② 美国民主存在的问题及给我们的启示：美式民主深陷金钱政治、政党恶斗、精英统治、信任危机等内在困境。这充分说明美式民主不是万能的，美式民主不应是也不可能是现代民主政治的唯一、终极方案。民主是全人类的共同价值，世界上没有唯我独尊的民主模式。③ 比较我国人民代表大会制度和西方议会民主制度的本质区别，并指出社会主义民主政治制度的优越性：人民代表大会制度是符合中国国情，体现中国特色社会主义国家性质，能够保证中国人民当家作主的根本政治制度。中国共产党领导的多党合作和政治协商制度是具有中国特色的政党制度，能拓宽民主渠道，反映各阶层的利益，充分发扬社会主义民主。民族区域自治制度有利于保障少数民族人民当家作主。基层群众自治制度围绕人民群众最关心、最直接、最现实的问题，能够直接反映人民群众的利益。

【活动意图2】学生根据观看、整理、总结部分发展中国家引入西方模式失败的案例，比较中国民主政治和西方民主政治的不同，体会中国结合具体实际，发展中国特色社会主义民主的优越性。

（3）政治制度不能照搬。

【议学情境3】① 观看图片、文字材料。图片：太平天国运动、洋务运动、戊戌变法、义和团运动、清末新政。文字材料：乌克兰等多国照搬西方民主模式而陷入困境。② 物说中国民主历程。请学生展示自己搜集到的材料：当选证书、视频、图片、选民证等。

【议学思考3】① 分析近代以来各个阶级提出的主张及经验教训。近代中国尝试过君主立宪制、议会制、多党制、总统制等多种形式，但都以失败告终。这充分说明，要立足国情，探索适合本国具体实际的民主制度和民主模式。② 思考：中国的民主是什么样的民主？民主历程：中国近代历史表明，不触动旧的社会根基的自强运动、各种名目的改良主义、旧式农民战争、资产阶级革命派领导的民主主义革命、照搬西方政治制度模式的各种方案，都不能完成中华民族救亡图存和反帝反封建的历史任务，都不能为中国实现国家富强、人民幸福提供制度保障。

【活动意图3】通过结合我国实际情况，理解政权分层理论，理解处理好中央与地方关系的意义及方法原则，认识到中国特色社会主义制度适合我国国情，有利于实现广大人民根本利益，增强制度自信、道路自信，实现政治认同。

（4）国家安全，人人有责。

【议学情境4】展示图片材料：① 2023年11月4日，加拿大舰载直升机"渥太华"号护卫舰挑逼近我国西沙领空，挑衅危害中方主权安全。② 各地海关在进口快件中查获各种黑腹果蝇、活体巨人恐蚁、化学生物制品等危害我国生物安全的物品。③ 有外国政府背景的黑客组织对武汉市地震监测中心实施了网络攻击，导致地震监测数据泄露，通过地震烈度可判断建筑类型，甚至推测是否存在军事建筑，这一行为严重威胁我国国家安全。

【议学思考4】① 结合生活经验和时政新闻，从"领土安全""政权安全""意识形态安全"等方面任一角度举例说明我国国家安全受到的挑战，以及我们是如何应对挑战的？② 国家安全的含义是什么？如何维护坚持总体国家安全？

【活动意图4】通过观看视频和图片，认识国家安全、国家核心利益，并理解二者之间的关系，认识和理解政治安全及其重要性，鼓励学生从身边小事做起，为维护国家政治安全做出自己的贡献。

6. 作业与拓展学习设计

（1）构建本课思维导图，标明重点和难点；完成课后检测评价。

（2）阅读《中华人民共和国国家安全法》《中国的和平发展》白皮书，谈谈你对国家安全的认识。

（设计者：秦绍文、崔闽、孙田宏、宋佳宜、马卫卫、谢丽芳、张颖、姜曙林）

第二单元

世界多极化
大单元教学设计

一、单元主题：大变局下的中国特色大国外交

本单元围绕世界多极化的发展趋势及和平与发展的时代主题，探究世界多极化的形成与发展，阐释促进当今世界和平与发展的因素，剖析阻碍和平与发展的主要障碍，强调国际关系民主化已成为不可阻挡的时代潮流。在此基础上，本单元强调面对深刻变化的国际形势，我国继续奉行独立自主的和平外交政策。在习近平外交思想指导下开创性地推进中国特色大国外交，为人类应对共同挑战贡献中国智慧，为推动世界和平与发展提供中国方案。

二、单元教学设计依据

（一）育人价值

基于立德树人根本任务，以习近平外交思想和马克思主义国家观为指导，用大概念统领教学任务，采用教、学、评一致性思想进行活动型学科课程的单元设计。在议题的引领下，通过丰富多样的教学情境和进阶性、逻辑化的活动设计，学生不仅获得了知识和技能，而且逐步形成正确的情感、态度、价值观以及实践的能力。引导学生自主学习，激发学生不断探究的意识，使学生成为知识的主动探索者和建构者，以学生的发展为本，努力培养和提高学生的创新能力和实践能力，培育学生的学科核心素养。

（二）课程标准

（1）引用国家之间合作、竞争、冲突的实例，印证国家利益和国家实力是决定国际关系的主要因素。

（2）引述有关资料，全面阐述和平与发展是当今时代的主题，描述世界多极化趋势；解释我国独立自主的和平外交政策，阐述合作共赢的理念，认识构建人类命运共同体的意义。

（3）阐明霸权主义、强权政治的危害，了解共商共建共享的全球治理观，理解国际关系民主化的意义。

（三）单元内容

本单元三课之间相互结合、互为依托,以习近平外交思想为指导,在阐述世界多极化趋势、和平与发展的时代主题的同时,立足中国的角色与作用,积极探析世界与中国、中国与世界的互动和依存关系,强调中国的持续发展离不开有利的世界环境作为支撑,世界的有序多极化、和平与发展也离不开中国的智慧、参与和贡献。

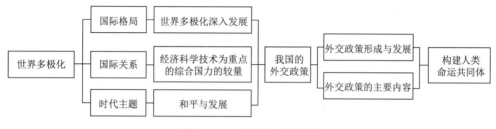

图 5.2.1　单元知识结构

（四）单元学情

学生在学习了必修一《中国特色社会主义》、必修三《政治与法治》和《习近平新时代中国特色社会主义思想》读本的基础上,收看新闻周刊、新闻联播等,为本单元知识的学习和能力素养形成奠定了认知和能力基础。此时,学生已经具备一定的自主学习能力,形成了辩证思维、逻辑思维和创新思维能力,为认知、理解和应用世界多极化的知识打下基础。

基于学生当前的认知能力和认知水平,为了让学生把习近平外交思想入脑入心,科学认识世界发展趋势、深度理解和平与发展的时代主题,真正认同我国特色大国外交与实践,需要有更生动、更鲜活、更典型的案例支撑,需要更有深度的思考。

三、单元目标

通过自主学习和课堂探究认识世界多极化的核心观点,构建基本的知识思维导图,能够认知分析世界多极化背景下影响国际关系的因素、时代主题和面临的挑战,理性地认知我国实行独立自主和平外交政策的必然性和科学性,深刻理解我国构建人类命运共同体的时代价值。

（1）通过从俄乌局势看世界格局演变之趋势,认识世界由两极格局向多极化格局发展的过程,理解世界多极化深入发展是当今国际形势的一个突出特点。阐述当今世界单极与多极的矛盾,坚定推进多极化发展的信念,增强辩证思维能力。

（2）通过从俄乌局势看国家关系的影响因素,增强对中国特色社会主义共同理想的理解与认同,增强强国有我的时代责任感。辨析中美关系出现的各种问题,理解我国坚定维护自己的国家利益,促进各国利益共同发展,构建人类命运共同体符合时代发展大势。

（3）通过大变局之机遇，理解和平问题与发展问题对于国际关系发展的重要意义，剖析促进世界和平与发展的因素，感受伟大祖国的日益强大，坚定中国特色社会主义制度自信。

（4）通过大变局之挑战与应对，阐述霸权主义和强权政治对世界和平与发展所造成的严重危害，理解国际关系民主化的核心内涵，阐释中国倡导国际关系民主化的重要意义，理解国际关系民主化是时代要求，需要世界各国共同努力。

（5）通过谋新局之中国外交政策，理解习近平外交思想，培养政治认同。通过化危局之中国在乌克兰问题上的立场诠释了外交政策的活动，认同独立自主的和平外交政策的内容，树立科学精神。

（6）通过谋新局之中国智慧篇，理解我国提出构建人类命运共同体的必要性和意义，明确其内涵，增强政治认同，理解新型国际关系，理解以共商共建共享为原则的全球治理观，携手共建"一带一路"的意义和价值，树立科学精神。正确认识人类命运共同体的成果，拓展国际视野，增强世界意识和参与意识。

四、单元达成评价

（一）纸笔测试

（1）绘制《世界多极化》思维导图。
（2）纸笔测验：设计 15 个选择题和 3 个主观题。

（二）表现性任务

（1）"以合作共赢是最大公约数"为题，写一篇主题文章。
（2）阅读习近平外交思想，理解构建人类命运共同体的科学性。
（3）从俄乌冲突谈中国外交政策的实践。

五、单元实施

（一）单元整体教学思路

依据习近平外交思想，围绕"大变局下的中国特色大国外交"的学科大概念，以"理解大变局下的中国特色大国外交的必要性和科学性"为总议题，以"构建人类命运共同体"为主线，开展大单元教学。

（二）单元整体框架

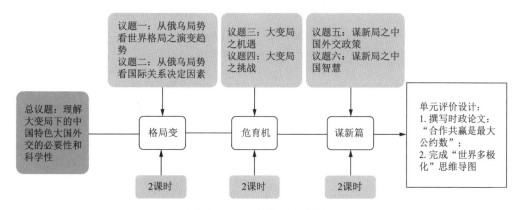

图 5.2.2　单元整体框架

六、课时教学设计

（一）从俄乌局势看世界格局之演变趋势

1. 内容分析

本课包括两目：第一目“世界多极化的形成与发展”，从宏观角度阐述世界多极化产生的历史背景与发展方向。第二目“世界主要力量”，介绍世界多极化中具体的力量中心，尤其强调中国与发展中国家的力量提升。第一目着眼于国际整体，第二目着眼于部分，即各力量中心。

本课的学习主要通过对“世界格局之变”的探究，认识当代国际政治发展中多极化的趋势，知道我国日益走近世界舞台的中央，国际影响力不断提升，增强对中国特色社会主义道路的认同。

2. 学情分析

学生对世界百年未有之大变局有一定认识，对当前美国干预俄乌局势有自己的国际视野，但是缺乏辩证认识能力。教学内容着重帮助学生具备辩证看待国际社会现象、透过现象看本质的能力。

3. 学习目标

（1）通过回顾历史，能简述世界由两极格局向多极化格局发展的过程。

（2）通过列举当前世界的主要力量，说明多极化趋势深入发展的表现，理解世界多极化深入发展是当今国际形势的一个突出特点。

（3）通过热点事件，讨论多极化格局深入发展对世界和平与发展以及国际关系民主化的积极作用，阐述当今世界单极与多极的矛盾，坚定推进多极化发展的信念，增强辩证思维能力。

（4）通过搜集我国改革开放成就，小组交流学习阐述出我国为推进世界多极化深入发展做出的贡献,理解并认同我国的外交方针政策。

（5）通过阅读时政材料结合发展中国家和新兴大国的发展现状,说明发展中国家与新兴大国在推进世界多极化深入发展中发挥的作用。

4. 学习评价

学生通过课堂教学的议题和作业进行小组互助合作学习,能结合历史事实,简述第二次世界大战后世界格局的演变过程;能列举出当今世界的主要力量,理解当今世界国际形势的突出特点;能阐述出世界单极与多极的矛盾。

5. 学习活动设计

（1）导入新课。

【议学情境1】"俄乌冲突"愈演愈烈,美国为何不断推波助澜?美国战略理论专家布热津斯基曾就此道出真相,之所以要挑起"俄乌冲突",就是避免俄罗斯掌控东欧,重新回到帝国时代,导致美国控制整个欧洲的美梦彻底落空。近几年欧洲各国与俄罗斯在能源上的合作越来越紧密,甚至有要脱离美国掌控的趋势。美国要控制欧洲,制裁俄罗斯,挑起欧洲与俄罗斯的敌对,促进资金回流美国,抽身遏制中国。

【议学思考1】从俄乌局势看,世界格局演变之趋势如何?

【活动意图1】通过创设俄乌局势的情境导入新课,激发学生的兴趣,使学生了解当前世界格局。引导学生初步了解世界多极化的表现,感知世界多极化趋势,认识世界多极化的进程是曲折的,需要爱好和平的国家共同努力推动世界多极化的进程。

（2）冷战后的世界格局是如何演变的?

【议学情境2】冷战时期,美苏两国并列为世界上两个超级大国,两国之间形成了尽管没有爆发全面战争却持续了近50年的对抗和压力的局面。然而,在冷战结束后,苏联解体,其对国际事务的影响力急剧下降,美国成为唯一的超级大国。美国依靠其军事、经济和文化实力,占领着国际事务的制高点,对其他大国的影响力更加深远。

与此同时,多极化趋势也逐渐显现。除美国外,欧洲各国、日本、中国、印度、俄罗斯等经济、政治、军事实力得到显著提高的大国相继崛起,世界格局从过去的双极化逐渐向多极化演变。在这种多极化格局下,各大国只能通过协作来共同应对全球性问题,而不能依赖单一国家来解决问题。

【议学思考2】① 阅读教材26页、28页相关链接,列举世界主要力量,分析当今国际形势的一个突出特点是什么。谈谈这一特点是如何形成的,会带来怎样的影响。② 分小组讨论和交流,小组代表发言。

【活动意图2】通过视频《冷战后的世界》创设情境,设置一系列问题:列举世界主要力量,分析当今国际形势的一个突出特点是什么。谈谈这一特点是如何形成的,会带来怎样的影响。让学生通过活动理解当今世界国际形势的突出特点,分析多极化格局深入发展对世界和平与发展以及国际关系民主化的积极作用。

（3）美国诱战俄乌、霸权守成,世界格局变了吗?

【议学情境3】"俄乌冲突"战局中,美国向乌克兰提供几百亿美元的军事援助。与此同时,美国及其欧洲盟友一年来所实施的制裁,造成多国经济受到冲击,全球石油和天然气供应紧张、价格居高不下,全球食品价格推至历史高位,较贫穷的国家数以亿计的人将经历(正在经历)贫穷和饥饿……

2022年11月11日,中国国际扶贫中心、国际农业发展基金、联合国粮食及农业组织、联合国世界粮食计划署和中国互联网新闻中心联合主办的2022全球减贫伙伴研讨会在北京会议中心举行。本次研讨会旨在分享减贫与发展领域的政策与实践,加强全球减贫与发展领域的南南合作及三方合作伙伴关系,推动落实全球发展倡议和联合国2030年可持续发展议程,为世界减贫事业贡献中国智慧和中国方案。

乌克兰危机爆发后,许多非洲国家展现出独立自主的一面,依托自身的资源储备和发展战略,使其整体国际话语权得到提升。

【议学思考3】① 美国诱战俄乌、霸权守成,世界格局是否已变? ② 小组代表用PPT展示课前查阅资料,展示当今世界主要力量中心的状况,分小组讨论和交流,小组代表发言。

【活动意图3】通过创设情境材料和辨析活动,让学生对当今世界力量中心情况有正确的认识,形成对多极化格局发展趋势的整体认识。同时,培养学生勇于准确地表达自己的观点并能提供例证的能力,引导学生善于倾听、尊重他人的观点。关注时政,并根据世界变局做出正确的价值判断。

（4）中国的和平崛起是怎样引领变局、开创新局的?

【议学情境4】品读中国贡献。2023年3月6日至10日,在中方支持下,沙特阿拉伯和伊朗在北京举行对话。10日晚,中国、沙特阿拉伯和伊朗三方发表联合声明,宣布沙伊双方同意恢复外交关系,强调三方将共同努力,维护国际关系基本准则,促进国际地区和平与安全。多个国际组织和国家发表声明,对沙伊同意恢复外交关系表示欢迎,对中国所发挥的积极作用表示赞赏。联合国秘书长古特雷斯表示,沙伊之间的睦邻关系对海湾地区的稳定至关重要,对中方促进沙伊之间对话的努力表示感谢。

【议学思考4】① 小组代表用PPT展示课前查阅资料,列举中国改革开放以来的重大成就。② 分析中国的和平崛起是怎样引领变局、开创新局的。合作交流,分析讨论,小组展示。

【活动意图4】学生课前查阅资料,列举中国改革开放以来的重大成就。分析中国做出的具体贡献,理解中国是推动多极化发展的坚定力量。坚信中国是世界多极化的坚定推动者,是世界和平与发展的重要贡献者。

6. 作业与拓展学习设计

搜集"俄乌冲突"的相关素材,通过事例说明对你对世界多极化趋势的认知。

（二）从俄乌局势看国际关系决定因素

1. 内容分析

从内容上看,本课主要介绍国际关系的含义、内容、基本形式、国家间交往的主要方式、国家间联系加深形成命运共同体、当今国际竞争的实质、影响国际关系的主要因素、中国坚定维护自己的国家利益、国家实力与维护国家利益的关系。

本课的学习主要通过对"大变局下中美关系去何处"议题的探究,分析其背后体现的相关国际关系理论问题。感悟中国提出的人类命运共同体思想的科学性,通过自己的实际行动增强我国的综合国力,坚定地维护国家利益。

2. 学情分析

学生对国际政治有一定兴趣,生活中积累了有关中美关系的新闻,但过于碎片化、缺乏理性认识,因此,教师设定的教学内容应着力提升学生理性分析问题的能力。

3. 学习目标

（1）通过活动,正确把握中美关系去向,增强对中国特色社会主义共同理想的理解与认同,厚植爱国情怀,增强强国有我的时代责任感。

（2）通过辨析活动,学会运用联系、发展、对立统一的观点分析中美关系出现的各种问题,理解我国坚定维护国家利益,促进各国利益共同发展,构建人类命运共同体符合时代发展大势。

（3）通过情境议学,养成关注国际国内社会问题的习惯,努力用所学知识分析解决社会现实问题,增强公共参与的意识和能力。

4. 学习评价

通过课堂教学的议题和作业进行小组互助合作学习,对时局进行分析和预测,注重对学生思维能力的训练。通过构建新型国际关系之我见——我是小小外交部发言人,关注学生透过现象看本质的能力和语言表达能力。

5. 学习活动设计

（1）导入新课。

【议学情境1】过去一年,中国外交积极主动塑造中美关系,坚定维护国家利益,维护于我有利的发展环境。同时,我们要认识到美国当前对华政策是被迫做出的策略性调整,其仍视中国为最大地缘政治挑战。我们要提防美国利用沟通机制进行战略竞争。

【名词点击1】修昔底德陷阱,是指一个新崛起的大国必然挑战现存大国,而现存大国也必然回应这种威胁,这样战争就变得不可避免。此说法源自古希腊著名历史学家修昔底德。他认为,当一个崛起的大国与既有的统治霸主竞争时,双方面临的危险多以战争告终。

【议学思考1】① 据此,有人认为中美之间必有一战。同学们,你们怎么看?请分析并做出判断。② 若出现战争,可能带来怎样的后果? ③ 联系现实,理解新名词。④ 思考问题小组交流,小组代表发言,展示成果。

【活动意图 1】通过视频和创设的情境材料,让学生通过中美关系分析和预测时局变化,继而总结出国际关系的相关知识,初步了解国际关系的决定因素,提高学生关注时政的意识和分析预测国际关系的能力。

（2）波谲云诡的国际关系。

【议学情境 2】"俄乌冲突"背后的大国博弈。在"俄乌冲突"中,众多西方国家扮演着重要角色,尤其是打着"民主、人权、自由"的幌子四处干涉他国内政的美国。毫不夸张地说,俄罗斯与乌克兰之间的局势发展到今天,美国和北约有很大责任。乌克兰成了大国博弈的棋子。北约国家打着"帮乌克兰维护正义"的幌子多次东扩,俄罗斯反击,才有了现在的局面。而为乌克兰政府的错误决定和行为买单的却是无辜百姓。

【议学思考 2】① "俄乌冲突"背后的大国较量为哪般? ② 观看视频,阅读教材,分小组讨论和交流,小组代表发言。

【活动意图 2】通过观看《"俄乌冲突"背后的大国博弈》的视频,进一步认识世界多极化背景下国际关系的影响因素,理解国家利益和国家实力是国际关系的决定性因素,探究俄国与乌克兰冲突背后的利益和力量,培养学生透过现象看本质的能力。

（3）世界大变局之中国态度。

【议学情境 3】当前,世界正经历百年未有之大变局,我国正处于实现中华民族伟大复兴的关键时期。2023 年 3 月 20 日,国家主席习近平应俄罗斯联邦总统普京邀请,对俄罗斯进行国事访问。双方就乌克兰问题深入交换意见。习近平主席强调,在乌克兰问题上,和平、理性的声音在不断积聚,大多数国家都支持缓和紧张局势,主张劝和促谈,反对火上浇油。从历史的角度来看,冲突最后都需要通过对话和谈判解决。不久前,中方专门发表了立场文件,呼吁政治解决乌克兰危机,反对冷战思维,反对单边制裁。我们认为,越是困难重重,越要为和平留下空间;越是矛盾尖锐,越不能放弃对话努力。中方愿继续为推动政治解决乌克兰问题发挥建设性作用。普京表示,俄方赞赏中方在重大国际问题上一贯秉持公正、客观、平衡立场,主持公平正义。俄方认真研究了中方关于政治解决乌克兰问题的立场文件,对和谈持开放态度,欢迎中方为此发挥建设性作用。

【议学思考 3】① 此次俄罗斯之行,对于中俄关系、"俄乌冲突"和世界和平有什么影响? ② 面对当前的国际环境,我国该如何维护自己国家的利益?请你提出几条建设性建议。

【活动意图 3】通过展示国际大变局中中国态度的情境材料,思考中国在解决俄乌冲突中所起的作用,对中国如何维护本国国家利益发表看法,感悟中国在国际问题中的责任和担当,明确中国在坚定不移维护自己国家利益的同时尊重其他国家合理关切的立场。

（4）构建新型国际关系之我见。

【议学情境 4】假如你是外交部发言人,请你就"俄乌冲突"召开新闻发布会,表明中方立场,百年未有之大变局下新型国际关系的未来走向在哪里?

【议学提示4】小组讨论,推选小组发言人,注意发言的逻辑,善于从我国利益出发阐明立场。

【活动意图4】通过创设开放性的活动,给予学生思考的空间,引导学生能基于现实问题学以致用,培养学生分析问题和解决问题的能力。开放性活动使学生对知识的理解更有深度;开放性活动更能激发学生学习思想政治课的热情;开放性活动更能增强学生的责任意识和国家情怀。

6. 作业与拓展学习设计

2023 年 3 月 21 日下午,国家主席习近平在莫斯科克里姆林宫同俄罗斯总统普京共同签署并发表《中华人民共和国和俄罗斯联邦关于深化新时代全面战略协作伙伴关系的联合声明》。通过搜集相关材料,论证中俄携手努力深化合作的驱动因素。

(三)大变局之机遇

1. 内容分析

本课包括两目:第一目"和平与发展是当今时代的主题",阐明当今世界形势下和平问题和发展问题的丰富内涵,以及和平与发展的辩证关系;第二目"促进和平与发展的因素",介绍了促进和平与发展的国际政治经济因素。两目从历史和现实两个维度,对和平与发展的时代主题进行了介绍。

2. 学情分析

学生已经有相关学科知识基础和一定的国际视野,对于时代主题有自己独立的思考,但是认识不够全面、深刻。学习本课内容有助于学生系统地理解时代主题,培养学生的辩证思维能力。

3. 学习目标

(1)通过学习了解和平问题和发展问题提出的时代背景,理解和平问题与发展问题对国际关系发展的重要意义。

(2)结合近年来国际时事政治热点和重大事件开展合作探究,感悟当今时代的主题,剖析促进世界和平与发展的因素。

(3)通过学习了解中国对维护世界和平、促进共同发展所做出的贡献,感受伟大祖国的日益强大,坚定中国特色社会主义制度自信。

4. 学习评价

通过课堂教学的议题和作业进行小组互助合作学习后,阐述和平问题与发展问题对于国际关系发展的意义。通过感悟当今时代的主题,剖析促进世界和平与发展的因素和面临的挑战与障碍。学生在小组合作中要积极参与资料的搜集、整理,在辩论中要勇于表达自己的观点,善于倾听、尊重他人的观点,积极提供例证,确保对知识的认识深刻、独到。

5. 学习活动设计

（1）导入新课。

【议学情境1】据不完全统计，第一次世界大战持续了4年3个月，参战国家33个，卷入战争的人口达15亿以上。战争双方动员军队6 540万人，军民伤亡3 000多万人，直接战争费用1 863亿美元，财产损失3 300亿美元。第二次世界大战历时6年之久，先后有60多个国家和地区参战，波及20亿人口。战争双方动员军队1.1亿人，军民死亡7 000多万人，财产损失高达4万亿美元，直接战争费用13 520亿美元。

【议学思考1】两次世界大战给人类带来了巨大的灾难，人类会不会重蹈覆辙？人类未来将走向何处？

【活动意图1】通过鲜活的数字对比、震撼的史料呈现，激发学生探究的兴趣，进而引导学生对来之不易的和平和发展环境的珍惜，通过提出一系列的问题导入新课，激活学生的思维，引导学生真正理解和平问题和发展问题的复杂性。

（2）从"俄乌冲突"思考当今时代的主题。

【议学情境2】"俄乌冲突"对世界的危害。"俄乌冲突"对世界格局和全球经济的影响超过近几十年的任何一场战争。短期来看，冲突背后的俄乌之战、俄美之战、俄欧之争会影响世界秩序的稳定。冲突背后的能源、货币、市场、规则之争以及大规模制裁与反制裁，对全球产业链、供应链造成严重破坏，会强力冲击世界经济。俄罗斯和乌克兰这两个农业大国之间的战争使本已摇摇欲坠的全球粮食系统陷入全面灾难，数百万人面临饥饿。

这场冲突中，乌克兰是最大的输家，它充当美国的炮灰和棋子，战争造成平民伤亡、家庭离散，经济损失无法估量，想加入北约和欧盟亦困难重重。其次的输家是欧盟：随着冲突进展和跟随美国发起制裁，欧盟经济、欧元将遭受重创，能源、粮食价格暴涨，出现供应危机，引起社会恐慌，加强了欧盟对美国的依赖，欧洲战略自主遭到严重打击。俄罗斯也消耗了大量的人力、物力、财力，遭受了史无前例的制裁，后续的对俄谴责与攻击还会持续发酵。

【议学思考2】①"俄乌冲突"的危害反映出当今世界存在什么问题？这些问题之间有何关系？② 阐述当今世界反对战争、珍爱和平的必要性。③ 阅读材料并思考，小组讨论并交流成果。

【活动意图2】通过阅读"俄乌冲突"对世界危害的情境材料，激发学生对和平和发展是时代主题的认同，力求做到珍爱和平，反对战争。同时，更要认识到世界并不太平，世界和平问题和发展问题的解决任重道远。

（3）从俄乌局势预测，人类社会未来是和平的还是战火频仍的，是发展的还是衰退的。

【议学情境3】开展辩论赛。近年来，局部战争频发，如海湾战争、科索沃战争、伊拉克战争、阿富汗战争、俄乌冲突。有两种观点：

正方：未来会爆发第三次世界大战。

反方：爆发全面战争的可能性很小。

【议学思考3】根据辩论赛规则进行辩论。

【活动意图3】通过开展辩论赛，阅读情境材料，从俄乌局势预测，人类社会未来是和平的还是战火频仍的，是发展的还是衰退的。分析当今世界促进和平与发展的因素。通过辩论进一步培养学生的辩证思维能力和逻辑思维能力，认识到解决和平问题和发展问题对人类的贡献。

6. 作业与拓展学习设计

请以"时代主题与中国和平发展"为题写一篇小论文。要求：① 围绕主题，观点明确。② 论证充分，逻辑清晰。③ 学科术语使用规范。④ 300 字左右。

（四）大变局之挑战

1. 内容分析

本课阐述和平与发展面临的主要障碍，介绍中国倡导的国际关系民主化理念。与前一框是递进关系，机遇与挑战并存，提出了应对挑战的中国方案。本课的学习主要通过热点事件，思考当今时代所面临的严峻挑战，明确建立公正合理的国际政治经济新秩序，推动国际关系民主化对国际政治经济的意义。

2. 学情分析

学生对俄乌局势有一定了解，对于国际形势面临的危机有自己的认知，但是缺乏理性认识、辩证思维能力。教学内容着重帮助学生增强运用矛盾的观点看问题的能力，面对复杂多变的形势要善于在危机中育先机。

3. 学习目标

（1）通过搜集并讨论霸权主义和强权政治在国际社会诸多领域中的不同表现，阐述霸权主义和强权政治对世界和平与发展所造成的严重危害。

（2）通过关注国际新闻报道，了解贫困差距、地区冲突、粮食安全、能源资源安全、网络安全、贸易摩擦、恐怖主义等全球性问题给世界和平与发展带来的挑战。

（3）通过学习理解国际关系民主化的核心内涵，阐释中国倡导国际关系民主化的重要意义，明确国际关系民主化对促进世界和平、推动共同发展的重要意义。

（4）通过学习了解中国在推动国际关系民主化进程中做出的积极努力和重要贡献，理解国际关系民主化是时代要求，需要世界各国共同努力。

4. 学习评价

通过课堂教学的议题和作业进行小组互助合作学习后，阐述国际关系民主化的核心内涵、中国提出这一目标的意义及如何推进。学生在小组合作中要积极参与资料的搜集、整理,在辩论中要勇于表达自己的观点,善于倾听、尊重他人的观点,积极提供例证,确保对知识的认识深刻、独到。

5. 学习活动设计

(1)导入新课。

【议学情境 1】美国以一切手段维护其全球霸权利益,奉行新干涉主义、单边主义。2022 年,美国挑起"俄乌冲突"。"俄乌冲突"加剧了全球多重安全危机,加重了传统和非传统安全问题,严重冲击了全球安全体系,形成了新的安全困境。霸权主义和强权政治是全球安全、发展和治理的最大威胁。

【议学思考 1】大变局下面临哪些挑战?如何确保人类的安全和发展?中国如何为世界在危机中育先机?

【活动意图 1】教师引领学生阅读感兴趣的时政材料,提出"大变局下面临哪些挑战""如何确保人类的安全和发展""中国如何为世界在危机中育先机"等问题,导入新课,引导学生关注时政,培养学生思考和解决问题的能力,引导学生学会透过现象看本质,更加理性地看待当前的世界状态。

(2)世界和平与发展面临哪些挑战与障碍?如何维护?

【议学情境 2】国家主席习近平谈世界和平与发展的挑战与障碍。纵观人类历史,世界发展从来都是各种矛盾相互交织、相互作用的综合结果。当前,百年变局向纵深演进,世界进入新的动荡变革期,不确定、不稳定、难预料因素增多。近年来,个别大国打着多边主义旗号搞新的阵营对抗,多边主义和单边主义之争更加尖锐。新兴市场国家和发展中国家面临的困难增多。经济全球化遭遇逆风,保护主义明显上升。乌克兰危机延宕,巴以冲突战火又起,地区安全热点问题此起彼伏。恐怖主义、网络攻击、跨国犯罪、生物安全等非传统安全挑战持续上升。当今世界,个别国家固守"非此即彼""非黑即白"思维,鼓吹"文明冲突论""文明优越论"等论调,搞意识形态对抗。

【议学思考 2】总结和平与发展的主要障碍。小组代表用 PPT 展示课前查阅资料,列举人类面临的挑战。

【活动意图 2】通过学习国家主席习近平概述世界和平与发展的挑战与障碍的视频,列举人类面临的困难和挑战,真正理解人类和平与发展的主要障碍。使学生既能从宏观上把握当今世界的不安定因素,又能从微观角度分析具体的不稳定因素,树立危机意识。

(3)读懂中国怎样推动世界和平与发展,在危机中育先机。

【议学情境 3】中国主张国际关系民主化,主张国家平等、尊重主权和互不干涉内政、尊重文明的多样性、在平等互利的基础上加强合作。10 年来,中国在全球治理、金融贸易、区域安全等诸多领域提出新机制和新倡议,如人类命运共同体、共建"一带一路"倡议、全球发展倡议、全球安全倡议、全球文明倡议。这些新机制、新倡议赢得国际社会的广泛认同,成为支持全球共同发展的国际公共产品,为弥补世界和平赤字、发展赤字、安全赤字、治理赤字贡献了中国智慧和中国力量。在复杂的地区热点问题上,中国倡导以对话弥合分歧、以合作化解争端,将发展问题与安全问题相结合,提出以发展促进稳定、以稳定保障发展。

【议学思考3】① 阅读材料,对比中国与美国等部分西方国家在国际事务中的不同主张,讨论对中国主张国际关系民主化的认识。② 小组讨论:国际社会如何加快推进国际关系民主化进程。

【活动意图3】通过对比中国与美国等部分西方国家在国际事务中的不同主张,讨论对中国主张国际关系民主化的认识,揭露霸权主义和强权政治不符合时代发展潮流,在世界上是不得人心的,中国主张符合时代主题和时代潮流,中国主张国际关系民主化的愿景一定能实现。

6. 作业与拓展学习设计

面对世界和平与发展的挑战与障碍,青少年如何应对?

(五)谋新局之中国外交政策

1. 内容分析

本框内容分别从一般和特殊两个角度阐释了中国外交政策的形成与发展。第一目从"是什么"和"为什么"两个方面谈我国始终奉行独立自主的和平外交政策;第二目重点阐述习近平外交思想为新时代中国外交提供了根本遵循和行动指南。

2. 学情分析

学生对中国外交政策的形成与发展有一定认识,对中国在国际社会中的地位和作用有一定的了解,但是缺乏系统、辩证地看待问题的能力。教学内容着重帮助学生正确地看待中国的大国外交。

3. 学习目标

(1)通过了解新时代中国外交实例,理解习近平外交思想,培养学生的政治认同。

(2)通过化危局之中国在乌克兰问题上的立场,诠释了外交政策的活动,有助于学生了解我国外交政策的发展历程,理解独立自主的和平外交政策的内容,树立科学精神。

(3)通过情境议题活动,明确我国在积极推进国际社会合作共赢、维护世界和平、促进共同发展中发挥建设性作用,正确看待中国特色大国外交。

4. 学习评价

通过课堂教学的议题和作业进行小组互助合作学习后,学生能准确地说出我国的国家性质和国家利益决定了我国奉行独立自主的和平外交政策及我国外交政策的内容;明确知道习近平外交思想的地位、作用及内涵,认同中国特色大国外交政策,坚定道路自信、理论自信、制度自信、文化自信。

5. 学习活动设计

(1)谋新局之大国崛起:中国奉行怎样的外交政策?

【议学情境1】新中国的外交史是一部"大国崛起史"。（播放《新中国外交大事记》）忆往昔，风云外交。1949年，中华人民共和国成立，中国人民从此站起来了，中华民族任人宰割、饱受欺凌的时代一去不复返，与此同时，中国的外交拉开了新的序幕。新中国成立以后，冲破了层层封锁，完成了破冰之旅，登上了世界舞台，这也为我们以后的发展奠定了基础。

【议学思考1】根据视频内容和所学知识思考：新中国成立以后，我国外交经历了哪四个阶段？我们奉行怎样的外交政策？为什么？① 观看视频。② 小组讨论小组交流，小组代表发言，展示成果。

【活动意图1】通过观看视频《新中国外交大事记》，回顾中国的重大外交事件，思考我国奉行的外交政策及原因。提高学生对党的十八大以来中国外交取得历史性成就的认识，使学生从整体上把握我国外交政策的形成与发展历程。理解我国独立自主的和平外交政策是基于对国内国际形势的理性判断做出的科学抉择。

（2）化危局之中国在乌克兰问题上的立场诠释了外交政策的哪些内容？

【议学情境2】王毅谈在乌克兰问题上的立场。王毅表示：中方在乌克兰问题上的立场是一贯的、明确的。中方始终主张各国主权、领土完整都应得到尊重，《联合国宪章》的宗旨和原则都应得到遵守，各国合理安全关切都应得到重视，一切有利于和平解决危机的努力都应得到支持。针对当前局势，中方有四点主张：必须坚持对话谈判方向；必须共同推动局势；必须切实缓解人道局势；必须全力遏制外溢影响。

【议学思考2】结合材料和视频，说明在乌克兰问题上中方主张的正确性。① 观看视频。② 分小组讨论，小组代表发言，展示成果。

【活动意图2】通过阅读中国在乌克兰问题上的立场，生动诠释中国独立自主的和平外交政策，用事实和行动证明中国是和平与发展的践行者，是国家利益的坚定维护者，是霸权主义强权政治的坚决反对者，是人类命运共同体的倡导者。通过探究，进一步培养学生分析和解决问题的能力。

（3）开新篇之思想引领下的中国特色大国外交。

【议学情境3】播放《全面推进中国特色大国外交》并展示视频提炼的文字材料。一年来，习近平主席等党和国家领导人出访多国，出席金砖国家领导人会晤、亚太经合组织领导人非正式会议、东亚合作领导人系列会议等重大多双边活动，成功举办中国-中亚峰会、第三届"一带一路"国际合作高峰论坛等重大主场外交活动，推动构建人类命运共同体，落实全球发展倡议、全球安全倡议、全球文明倡议，深化拓展全球伙伴关系，在解决国际和地区热点问题中发挥积极的建设性作用。中国为促进世界和平与发展做出了重要贡献。

【议学思考3】结合视频和材料，说明中国在国际舞台上所起的作用。① 观看视频和文字材料，思考，小组探究交流。② 观看视频和自学任务，分小组讨论与交流展示成果。

【活动意图3】通过展示中国特色大国外交的一系列最新时政材料，激发学生思考在习近平外交思想的引导下中国在国际舞台上所起的作用,注重培养学生的思维品质,引导学生树立正确的历史观、大局观和角色观。

6. 作业与拓展学习设计

辨析:有的学生认为中国特色大国外交就是为了维护我国的国家利益。请运用中国外交的相关知识评价这一观点。

(六)谋新局之中国智慧

1. 内容分析

本框包含两目,分别从理论和实践的角度阐释"构建人类命运共同体"。第一目"人类命运共同体的内涵"阐释了我国主张建设人类命运共同体的原因以及如何构建人类命运共同体。第二目"中国智慧的生活实践"从实践角度讲述了中国如何为解决人类面对的共同问题贡献中国智慧和中国方案。

2. 学情分析

面对当前的国际形势和已学的必修知识,学生对构建人类命运共同体有一定的了解,但认识相对浅显。通过本框学习,进一步给予学生正确价值观的指引,拓展学生的国际视野,不断增强学生对构建人类命运共同体理念和中国负责任大国形象的认同。

3. 学习目标

(1)通过"感悟——构建人类命运共同体路在何方?"的活动,理解我国提出构建人类命运共同体的必要性和意义,明确其内涵,增强政治认同。

(2)通过"践行——构建人类命运共同体虚无缥缈吗?"的活动,结合新时代中国外交实践,理解新型国际关系,理解以共商共建共享为原则的全球治理观,携手共建"一带一路"的意义和价值,树立科学精神。

(3)通过"收获——构建人类命运共同体收获了什么?"的活动和"预测——构建人类命运共同体未来走向?"活动正确认识人类命运共同体的成果,关注国家视野,增强世界意识和参与意识。

4. 学习评价

通过议题式探究和小组互助合作学习,明确构建人类命运共同体的原因和内涵。通过预测构建人类命运共同体的未来走向,提高学生的参与意识。学生在小组合作中要积极参与知识的讨论,在辩论中要勇于表达自己的观点,善于倾听、尊重他人的观点,积极提供例证,确保对知识的认识深刻、独到。

5. 学习活动设计

(1)导入新课。

【议学情境1】面对这些共同的挑战,"人类何去何从"将成为一个国际焦点话题。我们不仅要问"世界怎么了,我们怎么办",还要问"世界各国应如何应对人类社会的共同挑战"。

【议学思考1】中国为世界和平与发展贡献了哪些智慧与方案？又进行了哪些实践探索？

【活动意图1】通过思考"世界怎么了,我们怎么办""世界各国如何应对人类社会的共同挑战",引导学生温故知新,抛出历史之问,激发学生的兴趣,初步了解我国提出构建人类命运共同体的必要性和意义,知道其内涵,增强政治认同。

（2）感悟——构建人类命运共同体路在何方？

【议学情境2】2023年3月15日,在中国共产党与世界政党高层对话会上,继全球发展倡议、全球安全倡议之后,国家主席习近平首次提出第三个中国重大全球倡议——全球文明倡议。

全球文明倡议提出的一个大背景是,近年来随着地缘政治冲突日益加剧,"文明冲突论""文明优越论"在西方一些政客的煽动、炒作之下重回大众视线,加剧了不同文明之间的仇恨和隔阂,严重阻碍了国际交流合作。与此同时,国际社会"黑天鹅""灰犀牛"事件频发,多重挑战与危机交织叠加,不同国家、不同文明亟须携手应对关乎整个人类前途命运的全球性挑战。全球文明倡议,可以说是顺应时代要求而生,具有强烈的现实意义和实践价值。

【议学思考2】请学生展示查阅不同时间段关于人类命运共同体的表述。结合材料,从不同角度谈谈对构建人类命运共同体理念的理解。① 提前查阅人类命运共同体、中国共产党与世界政党高层对话会的相关资料,做成资料包。② 小组合作:交流对构建人类命运共同体的理解。

【活动意图2】通过创设人类命运共同体情境,学生搜集知识和提炼观点,加深对人类命运共同体的理解和认同。引导学生理解习近平主席在全球文明倡议中提出的四个"共同倡导",丰富对人类命运共同体的认知。

（3）践行——构建人类命运共同体虚无缥缈吗？

【议学情境3】推动构建人类命运共同体,中国既是"思想家",更是"行动派"。全球发展倡议提出一年多来,支持倡议的国家和国际组织已增至100多个,在联合国平台成立的"全球发展倡议之友小组"发展到60多个成员,全球发展和南南合作基金、全球发展促进中心、全球发展知识网络等平台也相继搭建起来。沙特阿拉伯与伊朗在北京举行对话并达成一致,成为全球安全倡议的一次成功实践,这距离其首次被提出不到一年。

【议学思考3】① 结合材料和所学知识,说明人类命运共同体理念在哪些领域为全球贡献了中国智慧与中国方案。② 有人认为:人类命运共同体是虚无缥缈的,是永远无法实现的。请结合中国推动构建人类命运共同体的具体实践来批驳该观点。

【活动意图3】通过"构建人类命运共同体虚无缥缈吗?"的活动,结合新时代中国外交实践,理解新型国际关系,理解以共商共建共享为原则的全球治理观、携手共建"一带一路"的意义和价值,树立科学精神。学生通过小组讨论,加深对我国始终是世界和平的建设者、全球发展的贡献者、国际秩序的维护者的理解。

（4）收获——构建人类命运共同体中国收获了什么？

【议学情境4】"中国智慧"使我们的朋友圈越来越大。中国智慧不仅推动了我国自身发展，更使得其他国家从中受益，因而受到了其他国家的认同与接受。① 展示学生搜集的关于全球治理方案的实例。② 展示学生搜集的关于"一带一路"的故事。

【议学思考4】① "以中国智慧逐渐转为国际共识"为主题，搜集新闻素材并思考：中国提出的全球治理方案为什么能转化为国际共识？② 分小组从不同角度讲述"一带一路"的故事，并思考如何更好地实现互联互通，造福沿线国家和人民。

【活动意图4】通过"收获——构建人类命运共同体收获了什么？"的活动和"预测——构建人类命运共同体未来走向？"活动正确认识人类命运共同体的成果，学生搜集关于全球治理方案的实例，教师从全球生态文明建设的重要参与者、贡献者、引领者角度帮助学生对中国的角色变化进行梳理，引导学生感受中国在其中发挥的重要作用。同时培养学生的国际视野，增强他们的世界意识和参与意识。

（5）预测——"俄乌冲突"的未来走向？

【议学情境5】通过学习世界多极化的相关知识，对俄乌局势进行合理预测。

【议学思考5】① 运用所学知识，结合当前的俄乌局势，合理预测未来发展趋势。② 小组合作并交流展示。

【活动意图5】这是一个学生感兴趣的问题，也是一个充满挑战的问题，学生通过影响国际关系的因素、时代主题、世界多极化趋势、全球大部分国家对国际关系民主化的广泛认同等知识，对俄乌冲突的未来走向做出相对理性的判断。国际关系纷繁复杂、变化多端，也可能出现违背历史潮流的事件，需要学生辩证、理性地分析。

6. 作业与拓展学习设计

综合运用《当代国际政治与经济》知识，以"一带繁华一路歌，十年征程再出发"为主题，写一篇短评。

（设计者：张芳瑞、燕东君、郭素芳、孙冬芳）

第三单元

经济全球化
大单元教学设计

一、单元主题：中国是全球发展的贡献者、推动者

"中国是全球发展的贡献者、推动者"既是本单元的主题，也是本单元的学科大概念，具有统摄全局、引领教学的作用。本单元教学围绕"中国是全球发展的贡献者、推动

者"选择情境、设计活动任务及评价任务,帮助学生实现大单元整体教学设计下的深度学习。

二、单元教学设计依据

(一)育人价值

基于立德树人根本任务和思想政治学科核心素养,用大概念统领教学任务,采用教、学、评一致性思想进行活动型学科课程的单元设计。在议题的引领下,通过教学情境和进阶性逻辑化的活动设计,使学生经历必要的思维活动和社会实践活动,达到价值认同,实现课程的育人价值。

(二)课程标准

辨识国际经济中的比较优势,描述当代国际经济发展的基本特点和趋势。分析经济全球化的机遇和挑战,坚持正确义利观,阐释推动建设开放型世界经济的意义。引用实例,说明中国如何推动经济全球化朝着更加开放、包容、普惠、平衡、共赢的方向发展。

(三)单元内容

本单元围绕"经济全球化",讲述经济全球化的内涵与主要表现,分析经济全球化的主要成因和载体,剖析经济全球化的利与弊,探究如何让经济全球化朝着更加开放、包容、普惠、平衡、共赢的方向发展;分析新时代如何建立全面开放的新格局,辨析在经济全球化中如何处理好对外开放与自力更生的关系;剖析中国与经济全球化的关系,思考中国应该如何推进经济全球化的发展;探究中国如何发展更高层次开放型经济,如何完善全球治理。

(四)单元学情

通过课前检测,学生基本掌握必备知识,但对经济全球化的成因、中国如何发展更高层次开放型经济、如何完善全球治理等方面存在漏洞和疑惑,需要通过单元整体设计、议题式教学和项目化学习完成学习任务。本单元内容较为抽象,学生理解有难度。教师可通过设计课外实践活动,让学生在社会实践中辩证地认识经济全球化及驱动力量,客观分析经济全球化的利弊以及如何使经济全球化更有活力,科学地把握中国应对经济全球化的正确态度、经济全球化对中国的影响以及中国在经济全球化中应该发挥的作用。

三、单元目标

(1)通过"中华有为,实现全球经济共赢"议题探讨,理解经济全球化的基本特征与主要表现,深入把握经济全球化的动因与载体,提升学生运用国际视野分析问题、解决问题的能力,增强其推进经济全球化的政治认同。

(2)通过"走'芯',解密经济全球化"议题探讨,准确辨析经济全球化的利与弊,结合具体问题情境,提出如何使经济全球化更加有活力的对策建议,培养学生的合作共赢意识,养成正确的义利观。

(3)通过"广交天下,如何让开放的大门越开越宽广"议题探讨,理解新时代我国推动建设全面开放型经济体系的举措,正确辨析对外开放与自力更生的关系,提高学生维护国家利益与经济安全的能力。

(4)通过"以消博之约汇全球、惠世界"议题探讨,了解我国是世界经济发展的重要推动者,理解推动经济全球化深入发展的措施,增强中国特色社会主义制度自信。

四、单元达成评价

坚持过程性评价与终结性评价相结合,采取自我评价、组内评价、组间评价和教师评价等多元评价方式,注重教、学、评一体化。

(1)为经济全球化支招:根据"华为"发展的具体情境案例,能够列举经济全球化的基本特征与主要表现,阐述经济全球化的动因与载体,为华为在经济全球化浪潮中实现更高质量的发展支出关键一招。

(2)开展时事述评:以经济全球化中"芯"为主题进行时事述评,能够辨析经济全球化的利与弊,阐明使经济全球化更加有活力的见解,并提出可行的建议。

(3)广交会是中国对外开放的一个缩影,综合运用所学,向全世界推介"中国第一展"广交会,并为其写两句广告语。

(4)以"消博之约,如何做经济全球化的推动者"为主题,写一份社会实践调查报告。

(5)本单元涉及的经济学原理及概念较多,需要依据课程标准,采用多种方式对知识、能力及学习过程做出相应的评价。设计选择题和主观题进行测评,做纸笔测验。

五、单元实施

(一)单元整体教学思路

以教材"如何推动经济全球化发展"为主题进行任务设计,挖掘学生成长和实践过程中遇到的关于经济全球化的典型案例和学习情境,引导学生关注经济全球化发展过程中存在的问题,设计教学任务,进行情境和案例分析,让学生在活动探究中明确经济全球化的内涵、成因。在辨析和冲突中理解我国作为负责任的大国在推动经济全球化深入发展过程中的贡献。

（二）单元整体框架

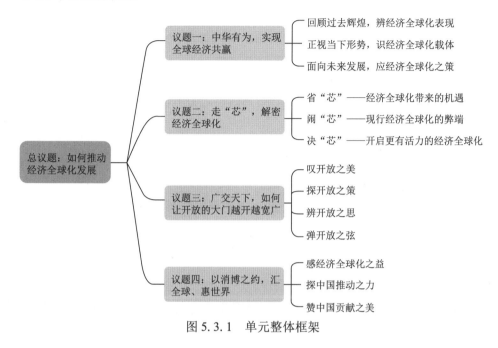

图 5.3.1 单元整体框架

六、课时教学设计

（一）中华有为,实现全球经济共赢

1. 内容分析

本课时分别从经济全球化的主要表现、影响经济全球化的主要因素、经济全球化的重要载体三个方面介绍经济全球化。概括当今世界是开放的世界,经济全球化是不可逆转的历史大势。本课时介绍了我国深度参与国际竞争与合作、参与全球治理的时代大背景,并且为接下来理解经济全球化的机遇与挑战、我国如何面对经济全球化等内容做了铺垫。

2. 学情分析

高二学生能够直观地体验到生活中的经济全球化现象,并且历史、地理学科的教学也会涉及相关内容,但学生很难将这些现象上升到政治理论的认知水平。因此,教师在教学过程中要通过翔实、富有说服力的材料和案例,让学生理解经济全球化的表现、影响因素、重要载体,从而自觉争做推动和参与经济全球化的使者,促进经济社会的繁荣进步。

3. 学习目标

（1）通过交流与分享,在对经济全球化的感悟与体验中增强对经济全球化趋势的认同。

（2）通过观点辨析,在质疑中深化对比较优势的理解,在释疑中培养学生的科学精神。

（3）通过合作探究活动,全面认识跨国公司的影响,在辩证分析中提高学生的辩证思维能力。

（4）通过开展课堂辩论,在议题活动的亲历中整合知识,基于不同经验,运用不同视角,表达不同见解,提出不同的解决方案,在交流与分享中培养学生的公共参与意识和创新思维。

4. 学习评价

（1）纸笔测试:课堂达标测验、课后巩固练习。

（2）表现性任务:结合所学知识,完成本课的思维导图;基于"华为"成功的经验,搜集资料,绘制展板,交流、评比。

5. 学习活动设计

（1）回顾过去辉煌,辨经济全球化表现。

【议学情境 1】华为手机的生产是由不同国家共同完成的。华为 P40 的主板和硬盘是由中、美两方技术人员在美国分公司研发的,光驱是由中、日两方技术人员在日本分公司研发的,组装工作在中国完成。

华为在全球 170 多个国家有分公司或代表处;同时,依据不同国家或地区的能力优势,在美国、欧洲、日本、印度、新加坡等国构建了 16 个研究所,综合全球的创新能力为华为所用。华为有俄罗斯的员工做算法、法国的员工研究美学和色彩、日本的员工研究材料应用等。

【议学任务 1】① 结合情境,你认为华为公司的生产经营有什么特点? ② 华为的生产经营作为当今世界经济发展的一个缩影,反映了当今世界经济发展呈现出什么趋势? 请结合华为的生产经营加以分析。③ 华为的跨国经营会不会增加成本? ④ 请结合生活见闻,分享经济全球化的实例。⑤ 学生小组讨论,思考后交流分享并展示。

【活动意图 1】通过议学任务①和②,理解经济全球化的含义、表现、当代国际经济发展的基本特点和趋势,提高学生分析问题的能力,培养学生的科学精神;通过议学任务③,引导学生理解重点和难点"比较优势",提高学生辩证看待问题的能力,培养学生的辩证思维;通过议学任务④,进一步巩固对经济全球化主要表现的理解,并对学生所学"经济全球化的表现"进行过程性评价。

（2）正视当下形势,识经济全球化载体。

【议学情境 2】近年来,阿里巴巴、华为、腾讯、百度、字节跳动等大型数字公司纷纷将数据业务作为企业的核心业务之一,在世界范围内崭露头角。但是,一些国内企业仍要借助美国的技术开展业务,数据安全与企业发展受到极大限制。播放《华为公司的挑战与风险》。

【议学任务 2】① 结合情境,探究总结,华为是什么类型的公司? ② 结合视频,分析华为公司跨国经营有什么好处、会面临哪些风险和挑战。

【活动意图2】让学生自主探究跨国公司的含义、原因、地位、实质、目的,了解跨国公司的积极影响和消极影响。通过对跨国公司影响的分析,提高辩证思维能力,同时感受跨国公司也需要遵守规则,承担义务,坚持正确的义利观,增强学生对总体国家安全观的认同。

（3）面向未来发展,应经济全球化之策。

【议学情境3】5G技术全面领先使华为成了美国打压的敌人,从2018年开始,美国通过对第三方芯片制造商的控制,完全阻断了华为获取第三方先进芯片和5G相关产品的途径。没有先进的芯片和技术支持,华为5G受到严重冲击。

华为发布了2023年第一季度经营业绩,实现1 321亿元人民币的销售收入,同比增长0.8%,净利润率2.3%,华为创造了中国乃至世界的奇迹。

面向未来,华为持续加大研发投入,2022年研发投入达1 615亿元,占全年收入的25.1%。华为手机国产零部件占比大幅提升,由P40的25%到P50的42%。最新消息显示,华为在芯片研发方面取得了重大突破,自主5G芯片发布指日可待。

【议学任务3】华为的发展面对重重阻挠,却实现了逆势成长,与此同时,华为技术的本土化程度越来越高。你认为,华为公司应继续坚持多元化全球化战略还是应把纯国产作为目标?请就此展开辩论:

正方:华为公司应继续坚持多元化全球化战略。

反方:华为应把纯国产作为目标。

【活动意图3】通过辩论,使学生理解经济全球化的影响因素,进一步加深对经济全球化是不可逆转的历史大势的认可。同时,增强学生积极参与经济全球化的主动性和自觉性,增强学生为中国经济发展乃至世界经济发展贡献力量的使命担当,增强对构建人类命运共同体的政治认同。

6. 作业与拓展学习设计

近年来,以美国为首的个别国家单边主义、孤立主义、保护主义沉渣泛起,经济全球化遭遇逆风和回头浪。请以“合作共赢是最大公约数”为题,写一篇时政短评。要求:① 围绕主题、论点明确、论据充分、逻辑清晰。② 180字左右。

（二）走“芯”,解密经济全球化

1. 内容分析

（1）核心知识:经济全球化对世界经济的影响和如何推动经济全球化的发展,是整体上正确认识经济全球化和世界经济的重要抓手。

（2）逻辑联系及核心素养功能:在对经济全球化有了初步了解的基础上,深入把握经济全球化对世界经济的影响;探究推动经济全球化深入发展的措施,让经济全球化更有活力;同时,为第七课“中国在全球化中的态度和做法”提供理论支持,让学生在对经济全球化有科学认识的基础上,形成对中国对外政策的科学认识和政治认同。

2. 学情分析

学生在生活中对于经济全球化有初步的认识,但现实生活中经济全球化和逆全球化现象并存会扰乱学生的思维,让学生对于如何正确对待经济全球化存在困惑。

经济全球化与逆全球化并存的现象,是学生学习的困惑点、难点,也是学生学习本框的兴趣点、学科能力提升点。处理好了本疑难点,可以帮助学生树立对经济全球化的认同感,也会在思辨中提升学生的学科素养。

3. 学习目标

(1)通过感悟与分享生产全球化的影响,开拓国际视野,明确经济全球化对世界经济的积极影响,从而形成对经济全球化是大势所趋的认同。

(2)通过剖析经济全球化和逆全球化并存的原因,明确现有经济全球化的弊端和本质,深化要推动经济全球化向着开放、包容、普惠、平衡、共赢方向发展的意识。

(3)通过分析现阶段经济全球化存在的问题,探究让经济全球化更有活力的措施。

4. 学习评价

(1)纸笔测试:课堂达标测验、课后巩固练习。

(2)表现性任务:观摩或上网搜集你感兴趣的企业,选取一个令你印象最深刻的故事或人物,写下参观感受,带到学校与同学们分享。

5. 学习活动设计

(1)省"芯"——经济全球化带来的机遇。

【议学情境1】全球芯片产业的产业分工结构在过去几十年中不断发展壮大。在设计环节上,美国、日本、韩国等发达国家拥有主导地位;在制造环节上,韩国处于全球领先地位;封装环节则主要集中在中国、菲律宾和马来西亚等;测试环节的企业主要分布在韩国、中国、英国、美国等。

芯片供应链国际化程度在不断提升,一个芯片从硅片、晶圆制造到最终用于整机产品,通常要经历3~4次甚至更多的跨国贸易,涉及30多个国家和地区。在国际化分工协作的格局下,芯片技术得到了快速发展,进一步推动了全球制造业的发展,为世界经济发展提供强劲动力。

【议学任务1】① 结合芯片生产全球化的案例,阐述经济全球化给世界经济带来的机遇。② 学习任务类型:开放式、探究式。

【学生活动1】学生感知芯片生产全球化的事实→分享生产全球化的其他案例,加深对经济全球化的认知→站在世界经济的角度分析芯片生产全球化的影响→总结阐述经济全球化给世界经济带来的机遇→树立经济全球化是大势所趋的意识。

【活动意图1】通过对芯片生产全球化的具体感知,理解经济全球化在生产环节的具体体现;进一步分享案例,深化经济全球化是当今世界经济的普遍现象的认识;通过探究分析芯片生产国际化的影响,进一步明确经济全球化对世界经济的积极影响,从而树立经济全球化是大势所趋的科学认识和认同。

（2）闹"芯"——现行经济全球化的弊端。

【议学情境 2】材料 1:芯片生产四个环节的附加价值是不同的。图 5.3.2 是芯片生产过程的"微笑曲线"。

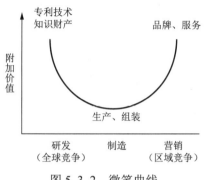

图 5.3.2　微笑曲线

材料 2:2023 年 3 月,荷兰阿斯麦在美国的胁迫下,宣布芯片生产设备光刻机的出口对中国采取进一步的限制。

2023 年 4 月,美国《芯片与科学法案》补贴细则公布,申请补贴的芯片企业需遵守其中的细则规定。例如,需要提交和公开与生产相关的详细核心数据,交出商业机密,还不得在华扩厂。

材料 3:中国芯片行业经历了由美国挑起的以芯片技术为核心的科技战,进入 2021年后又面临着由疫情、地震、火灾等引发的全球芯片产能紧张局面。许多芯片供货周期不断拉长,造成了汽车企业、安防产品和智能设备等企业无芯片可用而被迫停产的局面。

【议学任务 2】① 有人宣称"世界进入大解构时代,经济全球化要退出历史舞台",对此你怎么看?② 学习任务类型:思辨式,基于所学,在冲突中形成自己的观点。

【学生活动 2】① 分析探究,芯片生产全球化过程中存在的问题,明确当今经济全球化的实质。② 辩证思考,大国博弈导致的"大解构""逆全球化"是否会阻止经济全球化的发展,是否意味着全球化时代的结束。③ 组织表达,综合上述情境,形成自己对经济全球化的认识,阐述观点并论证。

【活动意图 2】本环节设计了三层学生活动,分别为分析探究、辩证思考、组织表达。
① 分析探究芯片生产国际化过程中存在的问题,明确当今经济全球化的实质,同时经济全球化还有不平衡和不稳定、不确定等问题。重点引导学生把握必备知识,明确经济全球化的弊端。② 辩证思考,大国博弈导致的"大解构""逆全球化"是否会阻止经济全球化的发展,是否意味着全球化时代的结束。重点培养关键能力,培养学生的辩证思维和学科思维能力,在辨析中形成对经济全球化的正确认识。③ 在表达观点的过程中规范学科术语表达,培养学生的逻辑思维能力。

（3）决"芯"——开启更有活力的经济全球化。

【议学情境3】开展"路在何方"主题演讲活动,探索开启更有活力的经济全球化的路径。以下是部分学生搜集到的材料。材料1:在国际化分工协作中,"理想"企业的参与者都拥有键核心技术,因而不会被其他参与者"卡脖子"。我们需要自力更生,更需要加强国际合作。材料2:中国坚持经济全球化,以人类命运共同体为引领,推动全球化朝着开放、包容、普惠、平衡、共赢的方向发展。经济全球化是全世界的,应造福全世界的每个国家和地区,而不是服务部分国家和地区。我们应该本着平等、开放、合作、共享的原则,让经济全球化更有活力。

【学生活动3】① 分析任务要求(如何让经济全球化更有活力)。② 分析情境,针对问题提出对应性方案。③ 整理论点和论据,撰写发言提纲。④ 进行演讲,分享展示经济全球化更有活力的措施和路径。

【活动意图3】学生在第二环节明确要抓住机遇、迎接挑战的基础上,深入探究如何让经济全球化更有活力。① 通过分析情境1,提取出要发展创新型、开放型、联动型、包容型的世界经济。② 通过分析情境2,把握未来经济全球化应朝着开放、包容、普惠、平衡、共赢的方向发展,完善全球治理,让经济全球化更有活力。③ 通过探究"理想"企业的运行模式,引导学生树立发展创新经济、实现关键核心技术自主可控的责任感。

6. 作业与拓展学习设计

播放《开放之诺》,浅谈中国企业如何走向世界。

（三）广交天下,如何让开放的大门越开越宽广

1. 内容分析

核心内容及逻辑联系:中国的对外开放政策及对外开放过程中应坚持的原则。

在对经济全球化有了初步了解的基础上,深入探究中国与经济全球化的关系,把握中国是如何参与经济全球化以及推动经济全球化的。明确中国不仅是经济全球化的参与者,更是经济全球化的贡献者和推动者。

2. 学情分析

学生对对外开放并不陌生,看得多、听得多,尤其是当今信息化背景下,学生搜集资料很便捷,获取信息的渠道多样化;而且学生对经济全球化的相关内容具有较多的兴趣点。

但是对于中国的对外开放政策和开放以来所取得的成就,学生的了解只停留在表象,尚未上升到学科理论层面,对于开放的策略和前景的研判相对稚嫩。所以,教师需要设计适合的议题和进阶的学习任务来引导学生学习。

3. 学习目标

（1）通过搜集我国在对外开放中取得的成就,结合自身生活体验,感受对外开放对

我国经济社会发展的积极意义,理解和认同对外开放是中国发展的关键一招,明确开放是当代中国的鲜明标识。

(2)客观直面"中国制造"的优势和挑战,增强自信心和责任感;理解国家竞争优势理论,为我国对外开放提出合理建议,理性思维。

(3)通过"对外开放还是自力更生"的课堂辩论,提升学生辩证分析问题的能力,增强学生的社会责任感,使其坚定理想信念,自觉承担国家强盛、民族振兴、人民幸福的责任。

4. 学习评价

(1)纸笔测试:课堂达标测验、课后巩固练习。

(2)表现性任务:课堂展示搜集到的对外开放的相关资料,开展采访老一辈、口述对外开放史的活动。

5. 学习活动设计

(1)叹开放之美。

【议学情境1】中国开放之路剪影:开放带来进步,封闭必然落后。1957年4月25日,第一届广交会在广州拉开帷幕。1978年,党的十一届三中全会做出对外开放的重大决策,逐步建立了中国特色开放型经济体系。进入新时代,我国坚持实施更大范围、更宽领域、更深层次的对外开放。

【议学任务1】结合搜集的资料,展示我国对外开放取得的经济社会成就;或结合调查访谈,描述家庭几十年的变化。

【学生活动1】① 学习任务类型:开放式。② 对应学生活动:课前搜集资料,开展调查,与父辈交流家庭发展史。③ 课上展示交流,分享感悟。

【活动意图1】学生通过展示搜集到的对外开放的图片、文字信息,或者通过调查问卷,描述自身生活实际变化,体会对外开放对我国经济社会发展取得的巨大成就,感悟对外开放的积极意义,理解和认同对外开放是中国发展的关键一招,明确开放是当代中国的鲜明标识,坚定对外开放的信念和信心。

(2)探开放之策。

【议学情境2】材料1:提供视频《我国商务部的广告》和拓展材料《国家竞争优势理论》。材料2:广交会缩影。播放《广交会'新'意满满》。有人感叹,中国"智造"正在"种草"国际市场。材料3:本届广交会进一步扩大了进口展规模,来自40个国家和地区的508家企业在12个专业展区参展,其中"一带一路"国家和地区的参展企业占73%。广交会不仅是中国制造的窗口,更是世界制造的平台。

除了参加第133届广交会,广东嘉腾机器人自动化有限公司还在美国筹建了新工厂,在欧洲、北美、东南亚等地区建立了售后维护网点和业务办事处,同时积极参加德国汉诺威工业展和美国芝加哥物流展,与世界机器人"赛跑"。

【议学任务2】思考:"中国制造"在国际竞争中的优势和面临的挑战。结合材料,请你为中国"智造"更好地"种草"国际市场出谋划策。

【学生活动2】① 通过观看视频,自主思考"中国制造"在国际竞争中的优势和面临的挑战。② 能主动回答问题→相互补充→教师追问。③ 结合情境和课本知识充分自主思考→小组合作讨论→选出发言人展示→其他小组补充(评价)→教师总结点拨(评价)。④ 学习任务类型:探究式。⑤ 对应学生活动:合作学习→小组相互补充评价。

【议学任务3】结合材料和拓展材料《市场准入负面清单(2022年版)》,为更好地开放提出两条政策性建议。

【学生活动3】学生结合拓展材料《市场准入负面清单(2022年版)》,为更好地开放提出两条政策性建议。本问题有限制性条件"政策性建议"。① 学习任务类型:探究式。② 对应学生活动:自主学习→相互补充、评价。③ 学生思考和展示过程,教师关注学生思维的严谨性,语言表述的科学性。

【活动意图2】以广交会真实情境为载体设计学习任务,引发学生深度思考,培养学生的合作意识和能力。直面"中国制造"在国际竞争中的优势和挑战,探索提升我国国际竞争优势的合理建议,培养学生的创新思维和科学精神,感受中国特色社会主义制度的显著优势,增强学生的自信心和责任感。

(3)辩开放之思。

【议学情境3】广交会参展的广东嘉腾机器人自动化有限公司,是一家全球领先的AGV(搬运)机器人与智能物流系统提供商,已有超过60家世界500强企业使用过嘉腾的产品。嘉腾秉承"彼此忠诚,相互成就"的经营理念,用坚持不懈、精益求精的工匠精神,解决了很多关键核心技术的"卡脖子"问题,经过自身的不懈努力打造了海外之旅的强大航船。

【议学任务4】辩论:中国"智造"经历过"借船"出海,到如今的"造船"出海,综合所学知识,你认为中国的对外开放应"借船"还是"造船"呢?

借船		造船
	辩论	

① 学习任务类型:辨析式。② 对应学生活动:辩论活动→相互表达论点和论据,学生思考和辩论过程,教师关注学生思维的开放性、创新性,语言表述的逻辑性,学科术语使用的规范性。

【活动意图3】本活动的设计是学生学习理解相关知识的迁移运用,通过辨析明确对外开放和独立自主的关系,明确关键核心技术必须实现自主可控,才能从根本上保障国家安全。使学生在比较鉴别中提高认识和辩证思维能力,增强责任感和使命感,为中华民族伟大复兴做出青年应有的贡献。

（4）弹开放之弦。

【议学情境4】在参与经济全球化过程中,中国开放的大门只会越开越大,我们既不能妄自菲薄,也不能妄自尊大,要勇于攻坚克难,积极抢占科技竞争和未来发展的制高点。

【议学任务5】广交会是中国对外开放的一个缩影,请结合本课所学,编写两句广告语,向全世界推介"中国第一展"广交会。

广告语	

【活动意图4】用于本课升华,也是与课中环节相呼应,更是对学生的综合性评价,以此来提升锻炼学生的创新性和发散性思维。

6. 作业与拓展学习设计

以小组为单位,搜集某一大型企业的发展历程,尤其是走出国门参与国际经济竞争与合作的典型做法。为该企业未来发展提出具体的意见建议(至少两条,要求包括前景研判,建议要结合该企业的专业领域和国家相关的开放政策)。

（四）以消博之约,汇全球、惠世界

1. 内容分析

本课时是选择性必修一第七课第二框的内容。本课时的内容是"推动经济全球化发展",阐述了我国对经济全球化的支持,体现中国主张、中国态度、中国行动、中国原则等。

学习本框内容,有助于学生理解我国扩大对外开放和积极融入经济全球化的做法,从而增强学生对党和国家政策的认同。

2. 学情分析

初中与高中知识的学习以及生活阅历的增长,让高二学生的视野更加开阔,让他们的思维更加敏捷,其逻辑思维能力及对周围事物的洞察能力、认识能力都有了提高,学习国际经济政治知识的兴趣和积极性也更高。

但是,国家政策层面的经济全球化对于学生而言距离较远,他们对于如何在生活中融入全球化仍停留在感性认识层面。

3. 学习目标

（1）通过观看视频《中国答卷》及分析文字材料，理解中国是经济全球化的受益者。

（2）通过观看视频《10年来中国为世界经济贡献了什么》及分析文字材料，阐释中国是经济全球化的贡献者，增强对我国对外开放政策的政治认同，掌握并认同中国推动经济全球化的中国态度、中国主张、中国行动、中国原则。

（3）通过搜集案例并绘制中国成就展，增强对中国积极推动经济全球化这一政策的科学性的理解，坚定国家自豪感。

4. 学习评价

（1）纸笔测试：课堂达标测验、课后巩固练习。

（2）表现性任务：结合最新时政热点，阐释中国是世界经济发展的推动者，论证推动经济全球化的中国态度、中国主张、中国行动、中国原则。

5. 学习活动设计

（1）感经济全球化之益。

【议学情境1】播放《中国答卷》。

【议学任务1】结合视频，从国家、企业和居民个人的角度思考：中国积极参与经济全球化对中国经济发展的意义？

【学生活动1】带着问题观看视频，提取和摘录视频中的有效信息，自主探究，整理关键材料信息，组织问题的解答思路并展示。

【活动意图1】通过视频中呈现的直观数字，结合文字材料的阅读与分析，感受中国拥抱世界带来的可喜变化，从国家、企业、个人三个角度总结中国入世的意义，让学生切实感受到自身肩负的社会责任，培养学生热爱国家、行动报国的坚定决心，增强学生对国家对外开放政策的强烈认同。但是，在处理这个问题时因为材料有难度，所以需要学生经过筛选与提取，从而总结出中国参与经济全球化的积极意义。

（2）探中国推动之力。

【议学情境2】我们同住地球村，世界好，中国才能好；中国好，世界才能更好。面对严峻复杂的世界经济形势，世界各国唯有"抱团取暖"，方能营造自由、开放、公平的贸易投资环境。消博会集精品、聚信心，释放"中国市场"超大规模的潜力，让中国市场成为世界的市场，借助消博会平台，践行正和博弈，坚持搭建"一带一路"国家企业与国内企业的沟通桥梁。

【议学任务2】结合课本知识和上述材料，小组合作：探究中国是怎样推动经济全球化的发展的（从中国态度、中国主张、中国行动和中国原则角度分析）。

【学生活动2】带着问题观看视频，提取和摘录视频有效信息，小组积极讨论并确定小组代表，踊跃发言。① 学习任务类型：探究式。② 对应学生活动：合作学习→小组相互补充评价。

【活动意图 2】通过对材料的分析,总结出中国是经济全球化的推动者。引导学生细化材料分析,充分自主探究,提高学生对关键信息的获取与加工、逻辑与论证能力。再经过小组讨论,确定发言人,展示交流,其他组补充建议,通过思考问题、思维碰撞、展示交流,增强对我经济全球化的态度、主张、行动和原则的认同,理解中国的大国担当,践行同世界分享发展机遇的承诺。

（3）赞中国贡献之美。

【议学情境 3】播放《10 年来中国为世界经济贡献了什么》。

【议学任务 3】课前搜集、整理近十年中国为世界发展做出的贡献,分组讨论确定主题内容,绘制中国成就展并展示交流印证:为什么说中国是经济全球化的贡献者?

【学生活动 3】认真分析材料,提取有效信息,整理问题的解答思路,注意积极发言。① 学习任务类型:开放式＋探究式。② 对应学生活动:课前搜集资料,观看视频,分析材料,分组展示,共同绘制中国成就展。

【活动意图 3】通过视频中的中国数据,结合消博会材料,感悟中国发展带动许多国家联动发展和为全球经济复苏贡献力量,帮助学生树立正确的全球观,拓展全球视野。这里要突出强调减贫事业对中国本身和减贫经验而言,是对世界发展的巨大贡献。绘制成就展,从事实和情感上增强学生的接受、支持和认同。教师通过布置任务,让学生参与搜集和整理近十年来中国对世界所做的贡献,能够增强学生对我国政策的理解,从而进一步增强学生对我国是经济全球化贡献者的认同。

6. 作业与拓展学习设计

观看视频,以"中国制造,享誉世界"为主题写一篇时政短评。要求:① 围绕主题,论点明确,论据充分,逻辑清晰。② 180 字左右。

（设计者:赵守强、王静、隋建福、张玉霞、王世翠、马池霞、张德霞）

第四单元

国际组织
大单元教学设计

一、单元主题:中国通过国际组织开展外交活动,为全球治理贡献了中国智慧和中国方案

本单元旨在以习近平外交思想为指导,引导学生在了解世界多极化、经济全球化的时代背景以及我国积极推动构建新型国际关系、推动构建人类命运共同体生动实践的基础上,感受中国在国际组织中发挥的积极作用,理解中国通过国际组织开展外交活动为全球治理贡献的诸多中国智慧和方案。

二、单元教学设计依据

(一)育人价值

基于立德树人根本任务和思想政治学科核心素养,本单元通过"逆向设计"实现"教、学、评一体化",以大概念为锚点开展单元整体教学,并依托不同层次的真实情境和任务设计引导学生进行"理解—迁移—应用"的进阶学习,从而使学生实现由获得"惰性知识"到运用"专家思维"解决生活问题的转变。通过了解主要国际组织在国际事务中的作用以及中国与国际组织的关系,认识国际舞台上的中国,进而认同我国合作共赢的外交发展道路与共商共建共享的全球治理观;通过认识中国主场外交增强民族自尊自信,开阔国际视野,努力成为有理想、有担当的国际人才。

(二)课程标准

(1)阐释联合国宪章倡导的国际关系基本准则,评析联合国在国际事务中发挥的作用,分析世界贸易组织、世界银行、国际货币基金组织在国际经济事务中发挥的作用。

(2)识别主要的区域性国际组织,评价区域性国际组织在国际事务中发挥的作用。

(三)单元内容

在国际政治与经济中,国际组织是一个重要的行为体。本单元是最后一个单元,在行为体层面上,是对第一单元的扩展。随着世界多极化和经济全球化的深入发展,国际组织在处理国际事务和促进国际合作的过程中扮演着越来越重要的角色,成为"全球治理"不可或缺的参与者。本部分内容集中阐述国际组织,尤其是联合国、新兴国际组织及其与中国的关系。

(四)单元学情

高二学生在九年级的学习中初步接触了国际组织,对联合国、欧盟等重要的国际组织具备一定的常识。通过学习,他们掌握了自主学习和合作探究法、项目式学习法等学习方法。高中学生处于身体和心理成长的关键期,对世界充满了好奇,他们求知欲强,容易接受新事物。但是他们涉世不深,对国际组织在全球治理中作用的认识容易出现偏差,他们难以从中国与国际组织的关系中理解我国大国特色外交。因此,教师应通过一系列真实情境创设探究问题,对学生的国际视野加以正确引导。

三、单元目标

(1)对"中国与区域性国际组织的关系反映了中国怎样的外交理念"议题进行探讨,感知多样的国际组织,理解区域性国际组织的地位、产生、发展过程、宗旨、作用等,引用我国与相关国际组织深化合作的实例,探究中国逐步走近世界舞台中央的表现和原因,识别国际组织的类型,辩证认识国际组织的作用,能够以全面、发展的眼光看待国际组织。

（2）对"为什么说中国与联合国携手同行世界才会更美好"议题进行探讨,理解联合国的宗旨原则,辩证看待联合国的作用并就联合国改革提出对策建议,培养改革意识;结合实例,认识中国在联合国中的地位作用,增强政治认同,全面认识中国与联合国的关系,培养学生合作共赢的意识和能力。

（3）对"中国的主场外交活动展现了怎样的大国担当"议题进行探讨,了解中国与新兴国际组织的关系,感受中国的外交魅力,理解各新兴国际组织各具特点,关注中国与各新兴国际组织关系的发展状况,拓展国际视野,提升为构建人类命运共同体贡献力量的意识和能力,坚定对中国特色社会主义发展道路的信心,坚定维护我国的国家利益。

四、单元达成评价

（一）纸笔测试

（1）课时训练:设计 20 个选择题和 3 个主观题进行测评。

（2）达标测验:绘制第四单元思维导图。

（3）单元测试:提前选择一个自己感兴趣的国际组织,拟定一份个人发展规划书,分析自己如何才能更好地融入这个国际组织。

（二）表现性任务

（1）撰写小论文:结合本单元所学及相关资料,以"中国通过国际组织开展外交活动为全球治理贡献了中国智慧和中国方案"为题,写一篇小论文。

（2）故事分享会:搜集关于国际组织中的中国使者的资料,选择一位作为主人公,以"我最钦佩的中国使者"为主题,写其励志故事,并在班级故事会中交流分享。

五、单元实施

（一）单元整体教学思路

依据习近平外交思想,围绕"中国通过国际组织开展外交活动,为全球治理贡献了中国智慧和中国方案"总议题进行单元设计。以大概念为锚点,将单元的课时内容放在单元视域中整体理解,对教材内容进行整合,形成"中国与区域性国际组织的良性互动树立了区域国际合作的典范""中国离不开联合国,联合国也离不开中国""中国的主场外交具有传播中国声音、贡献中国智慧、彰显中国魅力的重要价值"三个角度,根据这三个角度分别设置三个子议题,选择真实情境设计任务,开展大单元教学。

（二）单元整体框架

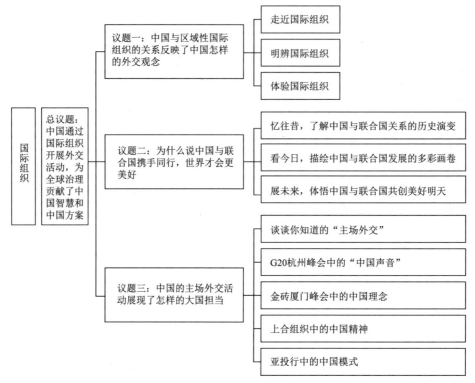

图 5.4.1　单元整体框架

六、课时教学设计

（一）中国与区域性国际组织的关系反映了中国怎样的外交观念

1. 内容分析

第八课第一框从一般层面讲述国际组织的概念、分类与机构、国际组织的发展历史以及国际组织的作用与局限性；第三框每目介绍一个区域性国际组织，引导学生认识当今国际社会具有典型代表性与重要影响力的区域性国际组织。两框之间的逻辑关系：从一般到个别。在第一框基础知识学习的基础上，分析四个重要的区域性国际组织，从而评价区域性国际组织在国际事务中发挥的作用，落脚点在中国与这些重要国际组织的关系上，从而落实"中国与区域性国际组织的关系反映了中国怎样的外交理念"。基于两个框题之间这种逻辑上的联系，本课将两框合二为一，设计为1课时。

2. 学情分析

通过第二、三单元的学习，学生已经了解到当今世界多极化、经济全球化的历史大势，人类社会面临许多共同的挑战，需要构建人类命运共同体，具备了一定的国际视野，培养了一定的合作、包容、共赢意识。要构建人类命运共同体、推动各国共同发展离不开国际社会上的主体:主权国家和国际组织。通过第一单元的学习学生掌握了主权国家的相关内容,但对国际组织的了解还停留在感性层面,缺乏对国际组织的理性整体认识,对中国和重要国际组织的关系了解较少。

3. 学习目标

(1)通过搜集有关资料,感受日益重要的国际组织,理解欧盟、亚太经合组织、东盟、非盟的地位、产生、发展过程、宗旨、作用。

(2)通过观看视频及分组演绎,运用归纳、演绎、辩证等理性思维方法,从历史发展角度理解国际组织的产生与发展、辩证认识国际组织的作用。

(3)通过"模拟、扮演中国与重要区域性国际组织的交往",阐释我国与区域性国际组织的关系,理解中国与区域性国际组织的良性互动树立了区域国际合作的典范,认同我国合作共赢的外交发展道路。

4. 学习评价

(1)展示课前搜集的关于区域性国际组织的成果,绘制区域性国际组织的简介图。

(2)从形形色色的国际组织中尝试概括出国际组织的分类标准及类型、机构、宗旨原则等一般知识。

(3)根据实例及对所学内容的理解,说明中国与重要区域性国际组织的关系所反映的中国外交观。

5. 学习活动设计

(1)导入新课。

【议学情境1】多媒体展示欧盟、亚太经合组织、东盟、非盟四个区域性国际组织的标志,让学生在图文提示的基础上说出其名称,并列举其他国际组织的名称。

根据学生的展示,总结国际组织的名称类型:"组织"类、"委员"类、"联合会"类、"联盟"类、"银行"类、"集团"类。引导学生按照性质、地理范围、职能三个不同的标准,划分不同类型。

【议学思考1】展示课前搜集的关于国际组织的名称、图片,积极分享;根据所学知识,按照三个标准划分欧盟、亚太经合组织、东盟、非盟所属的类型。

【活动意图1】从国际组织名称中的关键词入手,让学生了解国际组织的称谓;图文结合,选取四个重要区域性国际组织的标志,引导学生结合生活经验和知识积累,列举更多的国际组织;引导学生意识到国际组织并非离自己的生活很遥远,从而拉近学生与教材内容的距离;引导学生归纳国际组织的名称类型,培养归纳思维;根据不同标准划分不同类型,培养学生明确概念外延的逻辑思维。

(2)走近国际组织。

【议学情境2】教师先呈现国际组织的含义、地位、一般性的机构、产生;引导学生分组展示四个国际组织的相关知识(地位、产生、机构等)。

【议学思考2】学生课前分四组分别搜集有关资料,分组展示。第一组:欧盟的地位、成立和发展、主要机构。第二组:亚太经合组织的地位、成立背景、组织结构。第三组:东盟的地位、成立和发展、组织机构。第四组:非盟的成立、发展、地位、组织机构。

【活动意图2】有关国际组织的含义、地位、机构,在教材中都有明确的理论性阐述,先让学生对其有一定的了解,形成相关理论体系,然后在此基础上演绎分析欧盟、亚太经合组织、东盟、非盟等具体的区域性国际组织,培养学生演绎分析的逻辑思维。

（3）明辨国际组织。

【议学情境3】① 展示两则视频。第一则:市场准入、融资及数字鸿沟成为后疫情时代三大挑战,视频展示了世界贸易组织在促进合作、拥抱数字化,走向安全、包容和可持续的未来方面所发挥的作用。第二则:美国宣扬"基于规则的国际秩序",而其却在破坏秩序,体现美国违背世贸组织的规定和精神。探究:结合视频,谈谈怎样看待国际组织的作用。② 引导学生分组展示四个重要区域性国际组织的作用。

【议学思考3】① 观看视频,结合第一则视频思考总结联合国在世界各领域发挥的积极作用。结合第二则视频总结美国倚仗其实力,破坏世贸组织的规则,国际组织有其局限性。② 分四组分别展示欧盟、亚太经合组织、东盟、非盟的作用或宗旨。

【活动意图3】通过视频展现的情境,获得对国际组织作用的感性认识;通过分组展示、演绎分析四个重要区域性国际组织的作用,进一步加深学生对国际组织作用的理解,形成理性认识。同时引导学生既认识到国际组织的积极作用,又认识到国际组织也有局限性,培养学生的辩证思维。

（4）体验国际组织。

【议学情境4】角色扮演,体会中国与重要区域性国际组织的关系所反映的中国外交观。组织学生分组分角色模拟中国与欧盟、亚太经合组织、东盟、非盟的交往活动。引导学生思考:中国与欧盟、亚太经合组织、东盟、非盟的关系体现了中国怎样的外交观? 引导学生总结:中国在国际舞台上坚持高举和平、发展、合作、共赢的旗帜,积极推动构建人类命运共同体,积极参与全球治理。

【议学思考4】展示课前的模拟、扮演排练成果,介绍中国与欧盟、亚太经合组织、东盟、非盟的交往活动。第一组:中国与欧盟;第二组:中国与亚太经合组织;第三组:中国与东盟;第四组:中国与非盟。

【活动意图4】为了让学生明白中国与国际组织的关系,教师通过模拟活动、角色扮演引发学生的兴趣,让他们在搜集资料、扮演的过程中能感受到中国与它们的关系,感受中国外交观,在活动中增强学生政治认同的核心素养。

（5）升华总结。

通过四个议题的探究,我们全面认识了国际组织的相关知识,可以辩证看待国际组织的作用,认识到中国与欧盟、亚太经合组织、东盟、非盟的关系,深刻感受中国和平、发展、合作、共赢的外交理念,我们要用欣赏、互鉴、共享的观点看待世界,推动不同文明交流互鉴、和谐共生,积极为构建人类命运共同体添砖加瓦。

【活动意图5】加深学生对知识的整体理解,培养学生的概括能力;让学生感受中国外交观,从而回扣本课总议题,落实政治认同的核心素养。

6. 作业与拓展学习设计

(1)资源推荐:《国际组织志》。

(2)选择一个自己感兴趣的国际组织,查询其岗位招聘信息。结合自己实际情况,就如何开阔自己的国际视野,成为能够参与国际事务和国际竞争的人才,拟定一份发展规划书。

(二)为什么说中国与联合国携手同行,世界才会更美好

1. 内容分析

联合国在维护世界和平与安全、促进经济社会发展等方面发挥了积极作用,但联合国改革任重道远,要指导学生全面分析联合国的作用,使其学会用辩证的思维认识问题。基于对第八课第二框联合国的地位和作用的学习,可以得出中国离不开联合国的结论。中国作为联合国的常任理事国之一,发挥着不可替代的作用,联合国也离不开中国。基于两个框题之间这种逻辑上的联系,本课将两框合二为一,设计为1课时,从而落实"为什么说中国与联合国携手同行,世界才会更美好"。

2. 学情分析

学生通过前面的学习,已经从宏观上了解了国际组织,但学生对国际政治与经济的认识大多停留在单一层面上,缺乏对国际社会处理政治、经济等国际问题方式、平台的认识,难以辩证、全面地认识到联合国的作用以及联合国改革的必要性。对中国与联合国的关系演变历史了解较少,且对中国在联合国中发挥的作用缺乏完整全面的认识。

3. 学习目标

(1)通过分享"我所知道的联合国"及"联合国会徽解读",感受联合国的重要性,阐述联合国的性质、宗旨、原则、重要机构,培养国际视野和改革意识,认同联合国在国际社会中发挥的积极作用,能够按照联合国宪章和宗旨处理国际问题。

(2)通过观看《中国恢复在联合国合法席位50周年》的纪念视频,感受中国的外交智慧和革命先驱的儒雅与担当,理解中国与联合国关系的历史演变,树立中国自信,能够向革命先驱学习,为民族振兴而奋斗。

(3)通过绘制《今日多彩》画卷,感受中国在联合国中的地位和作用,正确认识我国参与联合国各项维护世界和平与发展的活动,增强对我国外交政策和全球治理观的认同,坚定走中国特色社会主义道路。

4. 学习评价

(1)展示课前搜集的关于联合国的信息,结合相关材料,为联合国制作"身份证"。

(2)结合视频和史实,绘制中国与联合国关系的演变大事记,为每一篇章构思一个

标题。

（3）对所绘制的"和平之蓝""发展之绿""粉红力量""金色愿景"的画卷做出阐释，从中归纳出中国在联合国不同领域的重要地位和作用，并以"中国离不开联合国，联合国也离不开中国"为主题，撰写一篇小论文。

5. 学习活动设计

（1）联合国初印象。

【议学情境1】展示联合国的会徽并解释其元素。

【议学思考1】根据课前搜集的资料，刻画你眼中的联合国形象。

【活动意图1】建构理论认为，要从学生的已知中建构出未知，故本课采取经验化导入，让学生先分享对联合国的已知认识，通过多位学生的分享和补充，发挥互补作用，让联合国的一般知识完整地呈现出来。

（2）忆往昔，了解中国与联合国关系的历史演变。

【议学情境2】播放《新中国恢复联合国合法席位50年·中国与联合国的合作站在新的历史起点上》。

【议学思考2】结合视频，回顾中国与联合国关系的历史演变，谈谈为什么新中国是"恢复"而不是"加入"联合国的合法席位。

【活动意图2】结合中国与联合国关系的历史演变，感受中国外交智慧，树立中国自信。感受中国共产党先驱的儒雅与智慧，向革命先驱学习，为国家富强而奋斗。

（3）看今日，描绘中国与联合国发展的多彩画卷。

【议学情境3】中国恢复联合国合法席位50年来，与联合国携手同行，共同绘出一幅多彩画卷。在这幅画卷中，有一顶顶中国蓝盔绘制而成的"和平之蓝"，有以可持续为核心的"发展之绿"，有支撑另外半天的"粉红力量"，有承托减贫致富的"金色愿景"。教师应组织学生展示课前搜集的材料，展示本组成果，引导学生思考中国在联合国发挥的作用。

【议学思考3】展示课前搜集的资料，介绍中国在联合国中的地位和作用。

学生 1：展示和平之蓝。

学生 2：展示金色愿景。

…………

【活动意图3】让学生明白中国在联合国中的重要作用，以不同的颜色代表中国不同的作用，激起学生的兴趣，使学生在搜集资料的过程中就能真切感受到中国在某个方面发挥的作用，通过课堂集中展示，让学生从各个方面认识到中国的大国担当，在活动中培养学生政治认同的核心素养。

（4）展未来，体悟中国与联合国共创美好明天。

【议学情境4】从以习近平同志为核心的党中央吹响脱贫攻坚战的冲锋号以来，中国的贫困发生率迅速下降，全国农村贫困人口从 2012 年年底的 9 899 万降至 2019 年年底的 551 万。中国由此成为支持联合国千年发展目标的典范。中国消除贫困的努力得到了联合国的认可,收到了来自联合国的支持和合作邀请,包括联合国粮农组织和联合国经济及社会理事会等的指导、世界银行提供的优惠贷款等。事实表明,在当今世界,中国需要联合国,联合国也需要中国。

【议学思考 4】结合情境和所学知识,谈谈你对中国需要联合国,联合国也需要中国的理解。小组交流,分享认识。

【活动意图 4】本课时将两框内容进行整合,最终让学生形成"中国需要联合国,联合国也需要中国"的辩证认识,在前几个环节分别讲述联合国和中国的作用之后,选择一个综合性的情景,引导学生形成"中国和联合国互相离不开"的认识,从而解决"为什么中国与联合国携手同行,世界才会更美好"的问题。

6. 作业与拓展学习设计

以"中国与联合国携手同行"为主题开展微演讲。要求:观点明确,有理有据,真情实感,紧扣主题。

(三)中国的主场外交活动展现了怎样的大国担当

1. 内容分析

本框旨在学习二十国集团(简称"G20")、金砖国家、上海合作组织(简称"上合组织")、亚洲基础设施投资开发银行(简称"亚投行")的有关知识,同时让学生感受到中国在与新兴国际组织的交往中展现了大国担当,贡献了中国智慧和中国方案。

2. 学情分析

学生在知识方面掌握了国际组织的一些基础知识,具备了一定的政治敏锐性,在生活和经验方面,他们乐于接受新事物,有较高的求知欲和热情,可以完成合作探究活动。

3. 学习目标

(1)通过搜集资料和交流展示"中国的主场外交",感受中国的外交魅力,了解中国与新兴国际组织的关系,认识到各新兴国际组织各具特点和作用。

(2)通过"二十国集团中的中国身影"及历次 G20 峰会中的"中国声音",感受中国在 G20 中的重要地位,正确认识中国与二十国集团的关系,理解中国对全球经济的突出贡献,从而增强民族自尊心、自信心和自豪感。

(3)通过"金砖国家成长记"角色扮演,体会中国在国际事务中的责任与担当,阐释金砖国家的理念与作用,理解中国在金砖国家中的重要地位和作用,认同中国合作共赢的外交理念。

(4)通过为上海合作组织和亚投行制作"身份证",感受中国模式的力量,阐明中国朋友圈越扩越大的原因,理解和认同中国话语体系,树立全球思维和世界眼光,肩负起推动世界和平和发展的责任。

4. 学习评价

（1）以主场外交为内容，查找资料，提取关键信息，小组合作制作"中国名片"。

（2）从习近平主席在 G20 的历次讲话题目中概括出"中国声音"的关键词，并从中总结中国在全球经济领域的重要贡献。

（3）通过角色扮演和所查资料，完成"金砖国家第二个'金色十年'"前景推演，并针对各种可能，创造性地提出应对方案。

（4）独立绘制上合组织和亚投行的"身份证"，以"中国模式贡献中国方案"为主题，写一篇小论文。

5. 学习活动设计

（1）谈谈你知道的"主场外交"。

【议学情境1】播放《主场外交——展现"大国气象"的新窗口》。

【议学思考1】请以小组为单位交流展示中国的"主场外交"。

【活动意图1】通过交流中国的"主场外交"进行导入，学生既能够互通有无、补充知识，又能够感受到中国的担当，为接下来的议题论证打好基础。

（2）G20 杭州峰会中的"中国声音"。

【议学情境2】第二次世界大战结束后的相当长的一段时间内，世界经济的主角是西方发达国家，全球经济治理的主角也是由西方发达国家主导的国际组织（如"七国集团"简称"G7"。）

随着新兴大国的崛起及世界经济事务的日益复杂，这些机构已难以适应新的形势。促成 G20 成为全球治理重要平台的机缘是冲击全球的金融危机。2008 年，金融危机使 G7 的主要国家沦为金融危机的发源地与重灾区，无力在经济全球化时代保持金融稳定；一些新兴国际组织开始在国际社会崭露头角，成为全球治理的新的推动力量。G20 正是其中的佼佼者，其成员除包含原有的 G7 成员外，还增加了中国、阿根廷、澳大利亚、巴西、印度、印度尼西亚、韩国、墨西哥、俄罗斯、沙特阿拉伯、南非、土耳其和欧盟。2008 年之后，G20 升格为领导人峰会，每次峰会前，不定期地举行各种类型的会议，商讨解决重大经济金融问题。

2016 年 9 月 3 日，G20 杭州峰会开幕的前一天，中美共同参加《巴黎协定》法律文书，展示了共同应对全球性问题、加强全球气候治理的雄心和决心。2020 年 11 月，G20 领导人连续两天以视频方式召开第十五次峰会。习近平主席发表《勠力战疫 共创未来》重要讲话，就推动各国团结合作抗疫、守护地球以及后疫情时代全球治理提出中国倡议和主张。

【议学思考2】① 为什么 G20 成为全球治理的重要平台？② G20 主要讨论什么问题？其运行流程是怎样的？③ 你能从习近平主席历次讲话题目中概括出哪些"中国声音"的关键词？

【活动意图2】设计遵循从具体到抽象的认知规律，选择针对性的问题情境作为桥梁,层层递进设置问题,使学生能够由浅入深地建构起学科概念,培养学生的科学精神;通过呈现 G20 杭州峰会的盛况和成果,让学生感受到中国在 G20 中的重要地位;通过呈现历次 G20 峰会中的"中国声音",让学生感受到中国对全球经济的突出贡献,从而增强民族自尊心、自信心和自豪感。

（3）金砖厦门峰会中的中国理念。

【议学情境3】创设趣味性故事情境:金砖国家成长记。角色分配:提供"小金""小砖""小国""小家"四个角色,各小组课前通过抽签的方式确定角色。扮演形式:教师提供"金砖国家成长记"的四段故事,学生以第一人称的形式讲述故事并负责相关部分的提问和解释,教师只负责转场旁白和过渡。

【议学思考3】① 金砖国家的理念及作用是什么? ② 中国在金砖国家中的作用是什么?

【活动意图3】为让学生明白中国在金砖国家中的作用,用第一人称的语气,展现金砖国家的成长故事。让学生通过角色扮演不失真实地把"高大上"的国际政治用"接地气"的故事讲出来,让学生于潜移默化中牢记金砖国家的相关知识,培养学生的科学精神。

（4）上合组织中的中国精神。

【议学情境4】课堂游戏:为上合组织制作"身份证"。

图 5.4.2　上合组织"身份证"

【议学思考4】制作上合组织"身份证",观看视频,商讨问题:① 上合组织在安全、经济合作领域取得了哪些成绩。② 上合组织开创了当今区域合作新模式。结合视频,请谈谈这种模式新在何处。

【活动意图4】通过引导学生为上合组织制作"身份证",调动学生的兴趣和积极性,同时将知识化零为整,增强整体性。为突出重点问题——"上海精神"的作用,通过呈现视频,为学生思考提供充分的土壤;通过具体问题,使学生借此在符号世界和生活世界的关联处理解上海精神的作用,从中感受中国模式的力量,从而培养学生的科学精神和政治认同。

（5）亚投行中的中国模式。

【议学情境5】课堂游戏:为亚投行制作"身份证"。

姓名：亚洲基础设施投资银行（AIIB）
成员国：截止到2020年7月已有103个国家
类型：政府间、区域性、专门性国际组织
出生年份：2016年1月
出生地点：中国北京　工作语言：英语
机构设置：理事会（最高决策机构）、董事会、管理层
投资方向：亚投行致力于亚洲地区的基础设施投资
运作原则：公开、透明、独立、问责
工作目标：精简、廉洁、绿色
与其他多边银行关系：相互补充而非相互替代

图 5.4.3　亚投行"身份证"

2010—2020 年,亚洲各国基础设施投资平均每年约需 8 000 亿美元,这是一个巨大的市场,而现有的多边银行无法提供如此巨额的资金。中国提出了筹建亚投行的倡议并得到广泛支持。亚投行自 2016 年正式运行以来,从最初 57 个创始成员发展到来自六大洲的 103 个成员,朋友圈越来越大、好伙伴越来越多、合作质量越来越高。

习近平主席十分重视解决经济全球化进程中出现的矛盾,多次倡导各国应携手共建更加包容的全球治理体系、更加有效的多边机制,从而实现更加积极的区域合作。中国将继续支持和践行多边主义,推动区域经济一体化和经济全球化朝着更加开放、包容、普惠、平衡、共赢的方向发展,构建人类命运共同体。

【议学思考 5】请你结合教材补充亚投行"身份证",并结合材料探讨问题:中国为什么要倡议筹建亚投行? 此倡议为何能够得到多个国家的热烈响应?

【活动意图 5】亚投行的知识比较零散,教师可以"身份证"的形式,增强知识的整体性和趣味性。为使学生进一步认识中国倡导成立亚投行及其朋友圈越扩越大的原因,教师应紧扣教材组织材料,引导学生在探究中总结亚投行的优势,增强学生的政治认同感。

6. 作业与拓展学习设计

以"主场外交彰显大国担当"为主题开展微演讲。要求:观点明确,有理有据,真情实感,紧扣主题。

（设计者:于静、李海涛、张永虎、陈楠、王盈盈）

第六章　选择性必修二　《法律与生活》

第一单元
民事权利与义务
大单元教学设计

一、单元主题:《民法典》是新时代人民权利的宣言书

作为新时代民事法律的集大成者,《民法典》贯穿以人民为中心的发展思想,对公民的人身权、财产权、人格权等做出明确的规定,体现了对人民权利的充分保障,有利于满足新时代人民日益增长的美好生活需要,被誉为"新时代人民权利的宣言书"。基于此,本单元确定的主题为"《民法典》是新时代人民权利的宣言书"。

二、单元教学设计依据

(一)育人价值

基于落实立德树人根本任务和学科素养的培育,本单元通过创设普法小课堂,解读发生在中学生李明(化名)身边的民法小故事,引导学生全面认识公民的民事权利与义务,理性看待生活中的民事纠纷,学会在生活中运用民法知识维护自身合法权益,理解《民法典》对于保障人民合法权益和推进全面依法治国的重大意义,自觉做习近平法治思想的坚定信仰者、积极传播者和模范践行者。

(二)课程标准

(1)了解我国民法的基本原则,识别我国公民的民事权利和民事责任。

(2)列举物权法的基本原则和物权的主要类型,懂得维护物权的途径。

(3)简述合同的含义和价值,理解合同的主要内容和违约责任,了解合同订立的程

序,熟悉解决合同纠纷的途径。

(4)理解侵权责任的内容,树立依法承担责任的观念。

(三)单元内容

本单元是《法律与生活》模块的起点,围绕民事权利与义务,探讨日常生活中与人们关系最为密切的民事法律制度。同时,本单元还与第二单元"家庭与婚姻"等内容构成相对完整的《民法典》制度框架。

在本单元教学设计过程中,基于突出教学主线、贴近学生实际、保持思维一致性的考虑,笔者对教材逻辑进行了适当的调整、重组和整合。从整合之后的单元教学逻辑来看,本单元围绕"《民法典》是新时代人民权利的宣言书"这一主题,设计了4个议题8个课时,分别从民事权利的一般性规范、民事权利的主要内容、民事权利的维护与界限、民事权利的社会意义四个方面进行阐述。其中,民事权利的主要内容是本单元的重点,用4个课时的篇幅分析了人格权、物权、知识产权、合同债权等民事权利。

本单元的知识结构如图6.1.1所示。

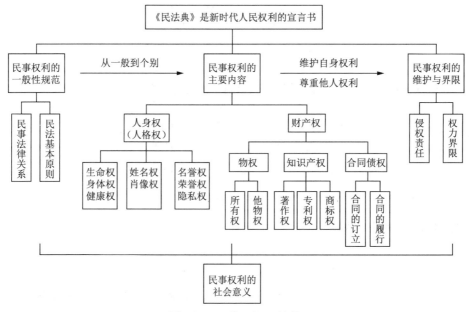

图 6.1.1 单元知识结构

(四)单元学情

学生在初中阶段学习了"走进法治天地""遵守社会规则""坚持宪法至上""理解权利义务"等相关知识。进入高中阶段,通过对必修三模块的学习,学生进一步明确了全面依法治国的必要性、总目标和基本要求。但是,学生对具体的民事法律制度和法律规范的认知还处于碎片化、表象化的阶段,他们的法治意识和法律素养有待提高。同时,高中政治必修四《哲学与文化》模块的学习,为学生提供了辩证分析法律案例的哲学视野和方法论指导。

通过课前评估预测,学生对这个单元的内容表现出浓厚的学习兴趣,期望能够学到更多、更专业、更实用的民事法律规范,澄清生活中的法律困惑,解决现实中的法律问题。因此,本单元的教学设计选取和改编了学生身边的法律小故事,创设普法小课堂,突出学生的主体地位,涵养学生的法治意识。

三、单元目标

(1)了解《民法典》的基本结构、主要的民事权利、民法的基本原则等基本内容,识别案例中的民事权利、法定义务和民事责任,认同《民法典》的颁布实施对人民生活、全面依法治国的重大意义。

(2)探究李明身边的民法小故事,掌握物权、知识产权、合同债权等民事权利的主要内容,理解民事权利的法律保障,感悟民事权利的行使界限,能够理性辩证地看待生活中的民事纠纷,学会在生活中守法用法,增强法治意识,提高法律素养。

(3)搜集资料,参与小组合作探究,开展社会调研,撰写模拟政协提案,参加全国青少年模拟政协集中展示活动,提高自主学习、合作探究、公共参与的意识和能力。

四、单元达成评价

(一)纸笔测试

课时训练、达标测验、单元测试等。

(二)表现性任务

(1)根据本单元所学内容,围绕"民事权利与义务"这一主题,绘制思维导图。

(2)选取一个法律案例,运用所学知识,以"《民法典》是新时代人民权利的宣言书"为主题,写一篇短评。

(3)以"《民法典》宣传活动月"为契机,结合社区生活实际,制作一份宣传海报。

(4)以"社区邻里节"为契机,调研所在社区居民的邻里关系现状,形成"××社区居民邻里关系现状及改进措施"的调研报告,并进一步形成"共建和谐美好社区"的提案,为社区发展建言献策。

五、单元实施

(一)单元整体教学思路

依据习近平法治思想,围绕"民事权利与义务"学科大概念,以"《民法典》是新时代人民权利的宣言书"为总议题,以"解读李明身边的法律小故事"为主线,设置四个分议题,"典"佑生活、"典"护成长、"典"晰物权、"典"助知识产权、"典"护合同债权、"典"限权责、"典"明界限、"典"亮价值等八部分内容。每一部分内容都采用议题式教学方式,分别围绕 8 个子议题展开教学:从"压岁钱的惊险之旅"感悟民事权利的一般性规范、从"李明成长的烦恼"探究人身权利的维护、从"李明爷爷的晚年生活"明晰物权的法律保障、从"李明的产权困惑"探究知识产权的法律保护、从"李明父亲租房记"感悟合同债权、从"李明的维权之路"感受民事权利的法律保障、从"李明的生活困惑"把握民事权利的行使界限、从"李明的模拟政协之旅"探究财产制度的价值。

(二)单元整体框架

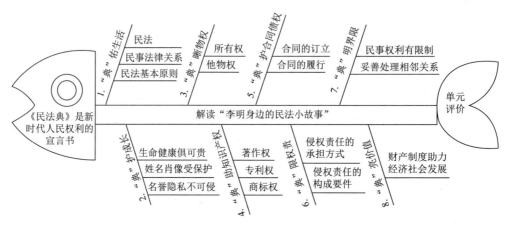

图 6.1.2　单元整体框架

六、课时教学设计

(一)"典"佑生活——从"压岁钱的惊险之旅",感悟民事权利的一般性规范

1. 内容分析

本课时是整本教材的基础,包括两目。第一目阐明了民法、《民法典》、民事法律关系等内容。第二目阐述了民法的基本原则。两目都属于民法的原则性与一般性规范。

2. 学情分析

学生已具备一定的分析和归纳能力,能够通过自主学习、小组合作等方式分析简单的案例,但缺乏思维的广度和深度,需要教师通过情境材料的选取、知识的建构、问题的启发等环节引导学生深度学习。

3. 学习目标

(1)理解并感悟《民法典》实施的重大意义。

(2)掌握民事法律关系的构成要素和民事法律体系的基本内容,体会民法与社会生活的关系。

(3)理解社会主义核心价值观与民事法律规范的关系,强化规则意识和契约精神。

(4)理解民法基本原则,学会在生活中运用民法维护自身合法权益,提升法律素养。

4. 学习评价

（1）学生能搜集资料并制作 PPT，感悟颁布实施《民法典》的重大意义。

（2）学生能结合"压岁钱争夺战"，区分未成年人的民事权利能力和民事行为能力。

（3）学生能结合"压岁钱流浪记"，理解社会主义核心价值观与民事法律规范的关系。

（4）学生能结合"压岁钱打赏案"，根据"平等""公平"等关键词，理解民法的基本原则。

5. 学习活动设计

（1）"压岁钱争夺战"，感悟民法与民事法律关系。

【议学情境 1】"压岁钱争夺战"。李明现就读于某学校高二某班级。今年春节期间，李明收到压岁钱共计 16 800 元，其母赵某以代为保管的名义将压岁钱全部拿走。此后，李明多次要求母亲赵某返还自己的压岁钱，赵某以各种理由拒绝返还。

【议学思考 1】① "压岁钱争夺战"体现了什么样的民事法律关系？② 你认为赵某是否应该返还李明的压岁钱？请说明理由。③ 说一说你身边体现人身关系和财产关系的具体事例。④ 用思维导图的方式，绘制出民事权利体系。

【活动意图 1】通过让学生自主搜集、课堂展示相关资料，更好地发挥学生的积极性和主动性。通过设置议学情境"压岁钱争夺战"，引导学生体会民法与社会生活的密切关系，理解法治对于生活的意义。

（2）"压岁钱流浪记"，探究法治与德治的关系。

【议学情境 2】"压岁钱流浪记"。经过多方调解，李明的母亲同意把压岁钱返还给李明，并给李明单独办理一个银行账户，用来存压岁钱。这天，李明的母亲来到银行办理存款业务时发现压岁钱不翼而飞了。于是，李明的母亲在某电视台发布了一则寻物启事，承诺若有人捡到并归还其丢失的钱款，愿以 500 元酬谢。电视台播出寻物启事的当天，李明的母亲就接到了林某打来的电话，林某称自己捡到了一笔钱款。经核实，此钱款确系李明母亲丢失，林某遂将此钱款归还给李明的母亲。李明的母亲为表谢意，拿出 500 元钱给林某。林某认为自己不应该收取这 500 元钱，否则就不是拾金不昧了。

【议学思考 2】请你从法律和道德两个层面，评析事例中林某的观点。

【活动意图 2】通过拾金不昧的案例，帮助学生理解民法与社会主义核心价值观是相互契合的。同时，有利于学生加深对必修三模块"全面依法治国必须坚持法治与德治相结合"这一基本原则的理解。

（3）"压岁钱打赏案"，践行民法基本原则。

【议学情境 3】"压岁钱打赏案"。

近期，李明迷上了网络直播，多次使用银行卡里的压岁钱，甚至盗刷父母的银行卡，向某科技公司账户转账，用于打赏直播平台主播，打赏金额高达近 160 万元。李明父母得知后，希望某科技公司能退还全部打赏金额，遭到该公司拒绝，双方对簿公堂。

【议学思考3】① 本案中,某科技公司的行为有没有违反民法的公平原则?说明理由。② 李明的父母是否要承担责任?说明理由。③ 如果你是法院的审判人员,你准备怎样裁决这一纠纷?

【活动意图3】创设"压岁钱打赏案"情境,帮助学生理解民法的基本原则,引导学生认识"《民法典》不仅根据年龄对未成年人实施特殊保护,也根据年龄逐渐培养其承担责任的意识"。认为自己是未成年人,大额打赏也不需要承担任何责任的想法是错误的,也是有害的。

6. 作业与拓展学习设计

(1)绘制思维导图,对基础知识进行归纳整理,当堂完成。

(2)5道选择题和2道非选择题,预计完成时间为20分钟。

(3)"学民法、用民法,传递法治温度。"为了让《民法典》在宣传中不失温度,请你为《民法典》的宣传设计2条15字左右的宣传标语。

(二)"典"护成长——从"李明成长的烦恼",探究人身权利的维护

1. 内容分析

本框包括三目,围绕《民法典》所维护的多项人身权利展开。第一目重点分析生命权、身体权、健康权;第二目阐述姓名权和肖像权;第三目阐述名誉权和隐私权。

2. 学情分析

现实生活中,未成年人的人身权利受侵犯的案例时有发生,但学生对人身权特别是人格权了解不深,不能对某些违法行为做出是非辨别,不能有效地维护自己的合法权益。

3. 学习目标

(1)了解《民法典》对民事主体各类人格权的保护,认同《民法典》是新时代人民权利的宣言书。

(2)准确判断、科学认识现实生活中的各类侵犯人格权的行为,强化学法、守法、用法的法治意识。

(3)懂得在生活中既要依法维护自己的人身权利,也要尊重他人的人身权利。

4. 学习评价

(1)学生能结合生活实例,阐述《民法典》保护人身自由与人格尊严的重要意义。

(2)学生能结合"校园欺凌案"等典型案例,理解相关人格权的含义与保护人格权的重要意义。

(3)学生能自主查阅、选取最高人民法院发布的人格权司法保护典型民事案例,提高法律素养。

5. 学习活动设计

(1)敢于向校园暴力说"不"。

【议学情境1】校园欺凌案。李明在参加高一新学期开学典礼时,突然腹部剧痛晕倒在地,学校紧急将李明送至医院。医生诊断李明的脾脏严重出血,于当晚进行了脾脏切除手术。手术后,李明才向父母道出一个秘密。自入读该校起,他就经常被某些同学无故殴打。前两天,李明又一次遭到同班同学夏某、林某、张某的围殴,他忍痛两日终致这危险的一幕。

【议学思考1】① 夏某、林某和张某应当承担哪些法律责任?请说明理由。② 杨某所在学校应当承担责任吗?请说明理由。③ 结合《中华人民共和国未成年人保护法》,谈谈未成年人应当如何在生活中自我保护,全社会应当采取哪些措施来解决校园欺凌问题。

【活动意图1】通过分析校园欺凌案件,引导学生关注校园暴力问题,探究人身伤害行为的性质及法律后果,思考未成年人应当如何在生活中保护自己、全社会应当采取哪些措施来解决校园欺凌问题。

(2)姓名肖像受保护。

【议学情境2】姓名肖像侵权案。李明从小非常喜欢唱歌,在全国青少年艺术展演中荣获"声乐类独唱"项目中学组山东省赛金奖的好成绩,获奖照片还被刊登在当地报纸上。某天,李明发现一家音乐类培训机构的灯箱广告上印有那张获奖照片和自己的名字。

【议学思考2】① 辨析。观点1:该培训机构的做法侵犯了李明的权利。观点2:该培训机构的做法虽有不妥,但客观上扩大了李明的知名度,谈不上侵权。② 当地报纸刊登李明的姓名和获奖照片的行为是否恰当?为什么?

【活动意图2】通过分析李明在新闻报道中的姓名及图片形象被用作商业广告的案例,引导学生关注姓名和肖像的使用问题,增强学生维护姓名权和肖像权的意识。

(3)名誉隐私不可侵。

【议学情境3】可视门铃纠纷案。李明与吴某是住在同一楼层的邻居,分别位于电梯间的南北两侧。吴某安装了可视门铃,但李明一家认为,其进出房屋的规律、状态等信息均可被可视门铃记录,若家门打开,还能拍摄到自家屋内的情况,严重侵犯了个人隐私。

吴某在个人微博上发帖公布了自己与李明父母交涉全过程的录音,"曝光"了李明父母所在单位网站上公布的其姓名、照片和联系电话,并在照片中李明父母的额头上加了贬损性文字。为此,李明父母一纸诉状将吴某诉至法院。

【议学思考3】① 结合情境,运用所学知识,评析本案中吴某的行为。② 如果你是法院的审判人员,你准备怎样裁决这一纠纷?还有没有其他的解决方式?③ 结合本案情境,以"创建和谐邻里关系"为主题,写一篇短评。

【活动意图3】选取保护隐私权的"可视门铃的安装"情境,引导学生观察日常生活现象,增强维护自身合法权益的法治意识。

6. 作业与拓展学习设计

(1)绘制思维导图,对基础知识进行归纳整理,当堂完成。

（2）5道选择题和2道非选择题，预计完成时间为15分钟。

（3）查阅最高人民法院发布的人格权司法保护典型民事案例，选取其中1个案例，以"积极维护人身权利"为主题，写一篇短评。

（三）"典"晰物权——从"李明爷爷的晚年生活"，明晰物权的法律保障

1. 内容分析

本框从物权角度论述权利的维护，是第一课的深化拓展。本框包括两个部分：一是介绍财产制度、财产权的内容，说明法律保护财产权的意义和措施，这部分可以和综合探究之中的财产制度助力经济社会发展的内容进行知识融合。二是物权包括所有权和他物权。可对比分析所有权、他物权的含义、类型、取得方式。

2. 学情分析

学生在必修二《经济与社会》对农村集体经济、土地生产承包经营制度有一定的了解，对用益物权类型的区分有所帮助。学生对家庭中的动产、不动产、抵押、宅基地等方面案例感兴趣，也为本节课议题的开展提供了良好的条件。

3. 学习目标

（1）通过课前查阅资料、案例分析和理论知识的学习，学生能初步了解财产权的种类和我国保护财产权的法律体系，理解社会主义市场经济本质上是法治经济，增强对我国财产制度的认同，提升制度自信。

（2）针对李明爷爷家的一系列风波和问题，学生能运用《民法典》的有关知识，厘清物权的不同形式，掌握所有权取得及变更方式，知道担保物权的分类及区别，提升财产权意识和法治意识。

（3）学生能用法律思维观察和分析现实生活中与物权相关的民事纠纷，自觉投身法治实践，保护自身合法财产权益，提高社会责任感。

4. 学习评价

（1）学生能结合生活中的事例，阐述财产权保护对经济社会生活的作用与影响，深入理解完善财产制度的重要意义，理解物权法律制度的基本原则。

（2）学生能通过探究"小区公共区域纷争""遗产纠纷""居住权养老问题"等典型情境，阐述财产权的种类、物权的类型、所有权的取得方式、土地承包经营制度与土地承包经营权、宅基地使用权等知识。

5. 学习活动设计

（1）从小区公共区域纷争，理解财产权。

【议学情境1】李明爷爷家位于一高层小区，小区内仅有两栋27层两梯四户的高层住宅。小明每次去爷爷家，都需要腾挪跳跃，因为不少业主在楼道的公共空间里摆放了很多物品，甚至饲养着宠物。物业整顿过多次，但收效甚微。

【议学思考1】① 什么是财产制度和财产权？法律为什么要保护财产权？② 宪法和法律是如何保护财产权的？③ 为什么会出现"公地悲剧"？如何避免和解决？

【活动意图1】通过设置与学生生活实际密切联系的议学情境，调动学生能动性思考的兴趣，引导学生了解我国财产权的内容和财产法律制度的意义，探究避免和解决"公地悲剧"的有效措施，提高学生解决实际问题的能力，增强其社会参与意识。

（2）从遗产纠纷，明确所有权。

【议学情境2】李明爷爷有两个儿子和一个女儿，李明奶奶在李明小的时候因病去世了，后来李明爷爷和孤寡老人张奶奶再婚，二人一直住在李明爷爷的房子里。年前爷爷因病去世了，去世前曾留下自书遗嘱，明确表示其名下房产由自己的三个子女共同继承，30万存款留给老伴张奶奶。但在房产分割上，李明的爸爸和弟弟、妹妹发生了争执，李明爸爸希望保留爷爷的房子，李明的叔叔和姑姑则希望将房子卖掉分钱。李明爸爸一时拿不出那么多钱买下叔叔和姑姑的份额，李明姑姑为了早拿到钱，瞒着两个哥哥将房子卖给了不知情的贾某。李明爸爸为了防止他们卖房子，藏了房产证，三兄妹为此对簿公堂。

【议学思考2】① 如何解决遗产纠纷问题？② 案例中哪些是动产，哪些是不动产？这些财产所有权的一般取得方式、特殊情形取得方式有哪些？③ 如何正确辨识遗产继承中的所有权？

【活动意图2】学生通过沉浸情境，独立思考、合作探究，通过一系列研究性学习，对所有权的定义、种类、对象及取得方式有所理解。基于情境，联系相关法律知识，引导学生深化对物权的认识。

（3）从居住权养老问题，认识他物权。

【议学情境3】李明爷爷的房产为其婚前个人财产，二婚老伴张奶奶没有自己的房子，因此张奶奶要求法院在李明爷爷的遗嘱上为其设定居住权。

李明爸爸为了筹措出购买爷爷房子的钱，将自己家的房子抵押贷款，终于保住了爷爷的房子，其实他是想留住对父母的记忆。

【议学思考3】① 房子的居住权和所有权有何不同？② 抵押是一种什么样的物权？

【活动意图3】结合创设的情境，学生利用头脑风暴，提炼观点，填补学生思维"空白"，明确所用权和他物权的区别，进一步明确他物权的类型，理解区分抵押权和质押权，进而帮助学生树立现代财产制度自信。

（4）法律如何做到让"恒产者有恒心"？

【议学情境4】图6.1.3是某城市在财产权保护方面的解决方案。

老胡同修缮	公共空间更新	存量资产盘活
首次提出"申请式"腾退与改善,将选择权交给居民;成立联合党委和群众工作组,设置居民议事协商、调解邻里矛盾的"议商暖阁",实现老城文化保护和人居环境"双提升"	街区尊重居民已有的生活方式,打破街道单一的通行功能,把广场、活动场所、艺术展示等多元功能与街道完美融合,同时推动城市管理"日常化精治",闲置空间蝶变为"城市客厅"	某生物医药产业园通过房地产抵押、运营收益质押,与金融机构合作创新融资方式,撬动近50亿元的新增有效投资,成功盘活房地产等存量资产

图 6.1.3　解决方案

【议学思考 4】请学生根据本课时所学,运用《政治与法治》和《法律与生活》知识,探究法律如何做到让"恒产者有恒心"。

【活动意图 4】引导学生通过对融合性试题的解答,培养知识迁移与运用能力,让学生学以致用、知行合一,引导学生体悟和践行保护财产权对城市发展的意义,升华学生的政治认同。

6. 作业与拓展学习设计

(1)预计完成时间为 15 分钟。

(2)请以"公民的财产权受法律平等保护"为主题,设计法律进社区的宣传活动。

(四)"典"助知识产权——从"李明的产权困惑",探究知识产权的法律保护

1. 内容分析

本框从知识产权角度进一步论述了物权的具体内容,是物权知识的深化拓展。本框围绕知识产权的含义、类型展开,讲述了保护知识产权的意义和尊重知识产权的重要性。本框可结合第四课第一框民事权利有界限中的内容、综合探究财产制度改革意义的知识进行教学融合。

2. 学情分析

学生经过一定法律知识的学习,能够通过自主学习、小组合作等方式解读分析简单的案例,了解生活中的主要民事法律规范,能够结合具体案例鉴别侵权行为、维护知识产权并提出对策。学生没有前置经验,教师需要通过知识学习、合作探究、知识讲解完成教学。

3. 学习目标

(1)通过"诗歌维权""创新发明""店名注册"等案例情境的探究,了解著作权、专利权、商标权等知识产权的相关法律规定,增强学生的权利和义务意识。

(2)探究"诗歌维权"情境,结合相关法律规定,理解著作权的权利限制是对自由和法律的尊重。

4. 学习评价

（1）学生能根据教材内容涉及的知识产权法律制度,阐述知识产权的主要类型。

（2）学生能通过探究"诗歌维权"情境,阐述著作权的主要内容、保护期限,观察生活中的作品,自觉运用法律维护自身的合法权益。

（3）学生能通过"创新发明"情境,观察生活中的发明创造现象,了解专利保护与商业秘密保护的区别,阐述三种专利类型及其授权条件、保护期限。

（4）学生能通过"店名注册"情境,观察生活中的商品包装与商标使用情况,阐述注商标的取得条件与法律保护注册商标的意义。

5. 学习活动设计

（1）保护创作——从诗歌维权说起。

【议学情境1】李明最近遇到了很多烦心事,想让同学们帮忙解惑。

困惑1：李明创作的诗《走来》在学校的诗歌比赛中获得一等奖。后来,李明无意中发现语文老师在其出版的一本诗集中将李明的这首诗收录其中。这件事李明并不知情,因此,李明觉得自己的权利受到了侵害。

【议学思考1】① 李明的什么权利受到了侵害？② 什么是著作权？著作权的内容有哪些？它们有哪些区别？法律是如何规定著作权保护期限的？③ 如果你遇到这种问题,可以采取哪些方式维护自身合法权益？

【活动意图1】通过创设学生自身实例情境,激发学生的学习兴趣,引导学生查阅教材内容和相关法律条文,通过小组合作探究,归纳整理著作权人的权利与义务,明确自身责任,为后续问题的探讨奠定基础。

（2）激励创新——从创新发明谈起。

【议学情境2】困惑2：李明家开了一个拉面馆,他通过日常观察实践,以漏斗为原型设计出"集油勺",这项小发明在全国青少年科技创新大赛中获得二等奖。近期,李明发现这种"集油勺"在市面上大量出售,可李明未得到任何通知和报酬。李明认为生产厂家侵犯了他的专利权,想听听大家的看法。

【议学思考2】① 怎样判断是否拥有专利权？② 什么是专利权？为什么要保护专利权？专利权有哪些种类？如何取得专利权？专利权人有哪些权利？③ 有哪些方式可以保护自己的发明创造？各有什么特点？

【活动意图2】通过情境延续不仅能够保证课堂的连续性,更易延续学生的兴趣,引导学生认识专利权,区分专利权和著作权,从而更全面地理解和把握知识产权。

（3）守护商标——从店名注册聊起。

【议学情境3】李明家的拉面馆因为新冠感染一度萧条,疫情防控过后,拉面馆的生意开始有了起色。李明父母让李明给自家的拉面馆起个响亮的、与众不同的名字,李明用美国作家杰罗姆·大卫·塞林格创作的长篇小说《麦田里的守望者》作为自家拉面馆的店名,并劝父母申请注册商标。可注册商标申请被驳回,理由是书名不可以用作注册商标。李明觉得商标局的驳回理由不成立,大家觉得呢?李明接下来该怎么办?

【议学思考3】① 什么是注册商标?注册商标有哪些条件?② 商标、商标权和注册商标有什么不同?商标权如何取得和保护?什么是行政复议?行政复议和行政诉讼有何不同?③ 结合本节课提供的三个案例,谈一谈你对国家保护知识产权的认识。

【活动意图3】围绕"守护商标权"这一情境,引导学生从实际出发,感受《民法典》与公民个人的密切关系。通过对三个案例的梳理分析,进一步深化学生对国家保护知识产权的理解。

6. 作业与拓展学习设计

(1)预计完成时间为15分钟。

(2)走访身边专家或查找相关资料,为保护非遗相关知识产权提出行动方案。

(五)"典"护合同债权——从"李明父亲租房记",感悟合同债权

1. 内容分析

本课内容承接前两课,概括性介绍了民事法律关系、权利和义务,具体介绍了合同编制度,重点介绍了合同的含义、价值、订立合同、合同的履行等知识。通过两框的学习,学生对合同的主要内容和解决合同纠纷的途径有了系统性认识。本课可与必修二"市场经营主体诚信经营""履约增信行为"等内容进行知识联结。本课既是对前两课知识的延续,也是对后一课的铺垫,起着承上启下的作用。

2. 学情分析

通过前两课的学习,学生对法律有了更为直观的认识,更容易开展案例分析等活动,但关于具体如何订立合同以及确定合同价值、主要内容、订立程序、违约责任等,学生还存在不少认知上的误区,处于"知其然而不知其所以然"的状态。违约责任是生活中常遇到的问题,学生对此情境并不陌生,这有利于教师随时关注学生的思维过程,记录学生提炼的观点,填补学生思维的空白。

3. 学习目标

(1)通过阅读学习《民法典》合同编的发展历程,理解合同的基本概念及社会价值,理解合同对社会生活,对建设社会主义市场经济、信用经济的重要影响。

(2)通过情境剧场模拟签订租房合同过程,通过调动生活化场景,了解订立合同的过程,知道有效合同的要求,学习订立合同的技巧,理解格式条款的法律效力与合同的法律效力关系、合同的成立与效力的关系,理解不同合同的形式和特点,依法诚信参与社会生活。通过宣传方案设计,引导学生为落实良法善治、建成法治社会贡献力量,增强学生的公共参与能力,做法治的自觉践行者。

(3)通过案例探究及相关法律条文的学习,学生能够认识"言而有信,违约有责",了解合同履行过程中双方应遵循的原则及应承担的违约责任,做出正确的价值判断和选

择,树立合同意识与契约精神。

4.学习评价

（1）学生能搜集相关资料,感悟社会主义市场经济重合同、守信用的特点重大意义。

（2）学生能结合"租房合同的签订之路",理解订立合同的过程,理解有效合同的条件及合同的订立形式。

（3）学生能结合"租房合同的履约之路",明确实现合同的关键在于履行,履行的重点为履行义务、遵循原则。

（4）学生能结合"言而有信 违约有责",明确一方因违反合同约定,应承担相应的违约责任,理解不同违约责任的区别。

5.学习活动设计

（1）读合同编的发展历程,走信用经济建设之路。

【议学情境1】课前搜集资料。组织学生课前分小组搜集改革开放以来先后制定和完善的合同法,到现在的《民法典》合同编,经历了怎样的不断深化完善之路？体现了哪些创新之处和中国特色？

【议学思考1】分享生活中的合同形式,体会合同与生活的紧密联系,总结合同的概念和对社会生活的作用。

【活动意图1】通过确定主题,让学生查阅、筛选信息,引导学生从合同法律制度发展历程到合同对社会主义市场经济中的作用,提升学生概括、归纳、分析等能力,用归纳方式指导学生理解合同概念及其作用。

（2）租房合同的签订之路。

【议学情境2】李明就读的学校离家比较远,因此,李明的父亲想在学校附近租赁一套住房。经过多方比较,李明父亲终于找到了一套理想的房子,并与房主在价格、租期、附带家电等方面进行了商讨。

【议学思考2】组织学生分角色扮演租赁双方,模拟签订租房合同的过程,提出议学任务要求:① 根据情景模拟过程并结合预习及相关法律规定,共同讨论设计一份租房合同。② 结合订立过程,思考:过程中如何体现要约与承诺？合同订立是否完成及是否有效？③ 辨析:只要双方意思表示一致,订立合同的形式无关紧要。

【活动意图2】通过学生模拟签订合同讨价还价的情境,增强学生的体验感,从而对订立合同过程有更为清晰的认识。依据循序渐进的原则,优化问题设计,引领学生深入挖掘合同的签订过程,鼓励学生大胆评价、推理,从而培养学生的批判性思维能力。通过情境探究,设置辨析问题,鼓励学生借此呈现不同观点,区分合同的不同形式的特点及适用范围,并能根据实际情况选择合适的合同形式。

（3）租房合同的履约之路。

【议学情境3】在李明父亲与房主签完合同半年之后,市场房价涨幅很大,房东想将房租上涨800元,李明父亲以合同条款为由拒绝,于是房东开始寻觅新的租客并引领其来看房,同样遭到了李明父亲的拒绝。与此同时,李明父亲发现原本水电正常的房屋不定时地出现断水断电的情况。

【议学思考3】① 房子签完租赁合同后房价上涨,房东反悔怎么办?租户是否有配合寻觅新租客的义务?② 针对房东存在的违约事实,房东应承担哪些违约责任?

【活动意图3】本框内容需要与上一框内容承接讲,一案到底可以让学生迅速地从典型案例中找到需要的信息,深度挖掘并思考两框题之间的关联,体现出知识的一致性和单元教学需要。教师应设置复杂情境,培养学生的高阶能力,提高学生的知识迁移能力,让学生能够根据所学解决复杂情境下的问题。教师还应通过课堂拓展活动,凝聚学生重合同、守信用重要性的共识,引导学生在生活中树立合同意识,发扬法治精神。

6. 作业与拓展学习设计

(1)预计完成时间为15分钟。

(2)运用所学知识为生活中常出现的合同纠纷制作"避坑"小贴士,帮助身边的人树立合同意识,维护自己的合法权益。制作"诚信为本"的宣传海报,深化诚信意识,明确人无信不立,业无信不兴,国无信则衰。

(六)"典"限权责——从"李明的维权之路",感受民事权利的法律保障

1. 内容分析

民事权利和义务的落地要依赖民事责任的明确。本框题从责任角度讲侵权责任承担方式的类型,侵权责任的一般构成要件及过错推定和无过错侵权责任特殊情形。

2. 学情分析

学生对侵权案例感兴趣,为本节课议题探究的开展提供了良好条件。但学生对侵权行为的责任承担方式认识模糊,对侵权行为的责任认定认识不清,因此,教师应通过这节课深化和加强学生对于这部分内容的掌握。

3. 学习目标

(1)结合《民法典》的相关规定,理解民事权利、民事义务和民事责任三者之间的关系。

(2)掌握典型案例中侵权责任的一般构成要件,区分侵权责任的承担方式。

(3)感受《民法典》关于过错责任特殊情形等规定在解决纠纷、实现公平正义与社会和谐方面的作用。

4. 学习评价

(1)学生能结合"邻里噪声维权纠纷",区分典例中侵权行为及侵权责任承担方式。

(2)学生能结合"李明受伤维权纠纷",辨析侵权责任的一般情形和特殊情形,明确民事权利的界限,体会案件判决中的情理法。

(3)学生能搜集、整理"侵权责任编"等相关资料,感悟法定侵权责任的重大意义。

5. 学习活动设计

（1）违法应担责,责任应分清。

【议学情境1】邻里噪声维权纠纷。李明的邻居张某,常常无视其居住小区的管理规定,在小区楼间空地上组织活动、播放音乐,导致李明和周围许多住户无法正常作息。李明在个人微博上公布了自己与张某交涉全过程的录音,"曝光"了张某所在单位网站上公布的其姓名、照片和联系电话,并在照片中张某的额头上加了贬损性文字。帖子发出后,大量网友拨打张某的电话对其进行指斥。张某遂起诉李明,称:李明公布录音,侵害了自己的名誉权;丑化并公布自己的照片,侵害了自己的肖像权;公布自己的姓名和联系电话,侵害了自己的隐私权。李明回应称,张某无视小区规约,制造噪声干扰邻居的生活行为才构成侵权。

【议学思考1】① 小组合作:对李明、邻居张某互称对方构成侵权的各项说法逐一进行评析。该小区居民解决噪声纠纷的做法给我们哪些启示? ② 学生制作表格:区分侵权行为中责任承担方式及适用范围。

【活动意图1】生活中因噪声而引起的矛盾纠纷时有发生,结合生活实际,让学生了解侵权行为的法律责任,承担侵权责任的方式判定,帮助学生了解《民法典》为权利保驾护航,丰富法律知识,增强法律意识,懂得认真维护权利、履行法定义务的必要性。

（2）案说情理法,正义促和谐。

【议学情境2】李明受伤维权纠纷。李明放学回家的路上,被刘某的大黄狗追赶并扑倒在地。虽然邻居帮忙把大黄狗赶走,但李明的脸上和腿部多处被抓伤,前后花了5 000多元的治疗费用。李明父亲多次打电话联系刘某,要求其承担责任。刘某则认为自己没有责任,大黄狗的狗绳一直握在手中,是因为李明逗弄,大黄狗才会追赶;李明父母没有尽好监护职责,邻居没有第一时间制止大黄狗,应该承担责任。因协商无果,李明父亲准备以原告身份向当地法院起诉,要求刘某赔偿医疗费、护理费等全部费用3万余元。

【议学思考2】① 法院是否会受理李明父亲诉求? ② 学生参与法官断案庭审模拟活动。着重辨析刘某和李明父亲的行为及主张存在的问题。

【活动意图2】通过让学生模拟法官断案分析,感悟侵权责任的基本原则。引导学生感受法院审判以法律为准绳,以事实为依据,判断是非、划分责任、彰显司法公正。此外,面对复杂矛盾纠纷,既要考虑到法律规定、法律理念,又要考虑到人道精神、社会承受能力,真正做到情理法结合。

（3）与法同行——感悟法定侵权责任的意义。

【议学情境3】拓展诉讼请求权、诉讼时效。总结李明维权路中的成功心得及经验启示,思考法定侵权责任意义。

【议学思考3】结合典例、查找侵权责任法律规定,以《民法典》基本原则和法律彰显公平正义等为出发点,从个人角度、社会角度、社会主义核心价值观、社会和谐发展等角度感悟法定侵权责任意义。

【活动意图3】通过让学生自主搜集、合作整合"侵权责任编"相关背景资料,总结学生的感性体验和理性认知;通过对李明应对侵权事件中维权经验的归纳总结,体会法律规定侵权责任的意义。教师应引导学生思当下、展未来,明侵权责任、畅法治道路,将学到的法律知识内化于心、外化于行。

6. 作业与拓展学习设计

(1)完成本节课内容思维导图、课时训练,约10分钟。

(2)调查身边的同学是否存在民事权利被侵犯的情况,做成一份调查报告,并就如何提高维权意识发表你的观点。

(七)"典"明界限——从"李明的生活困惑",把握民事权利的行使界限

1. 内容分析

本框从民事权利的界限与防止权利滥用的角度,阐述了法律对人身权、知识产权的限制,以及相邻关系规则对于不动产所有人的限制。

2. 学情分析

学生对生活中滥用权利和超越权利界限的例子、对邻里关系及可能产生的问题有了一定的感受,这为本节课议题探究的开展提供了良好条件。

3. 学习目标

(1)理解法律对名誉权、著作权设定合理界限的规定,学会合理行使权利。

(2)理解法律关于不动产相邻关系处理的原则和要求,正确处理相邻关系,彰显友善的价值观念。

(3)懂得权利与义务相统一原则,积极尊法守法、用法护法,为促进社会和谐发展贡献力量。

4. 学习评价

(1)学生能结合"李明的网购困惑",明确行使名誉权的限制及意义。

(2)学生能结合"李明的追星困惑",明晰行使著作权的限制,着重区分作品的合理使用和法定许可使用要求。

(3)学生能结合"李明的居家困惑",探索行使物权(相邻关系领域)的限制,辨析相邻关系处理原则、处理依据及承担责任。

5. 学习活动设计

(1)李明的网购困惑——明确行使名誉权的限制。

【议学情境1】李明在网红直播间购买某品牌化妆品后,发现价格高于官网价格,于是在直播间留言吐槽,被该网红及其粉丝当场怒怼,粉丝认为李明的恶性留言损害了网红的名誉。

【议学思考 1】观看视频案例素材,小组合作:① 网购差评能否"任性"? ② 李明网购吐槽、央视网点名批评是否侵害了卖家的名誉权? ③ 结合上述案例及生活实际,谈谈民法对民事主体名誉权的限制有哪些意义。

【活动意图 1】结合视频案例,多角度启发学生由浅入深地探讨民法对名誉权的侵权保护与限制。教师应采取研究性学习方式,鼓励学生独立思考、合作探究,研读相关法律条文,加深对名誉权边界认定条件的理解。

(2)李明的追星困惑——明晰行使著作权的限制。

【议学情境 2】李明在作文中引用某歌手歌曲中的歌词。李明与同桌非常喜欢该歌手,经常把该歌手的相关视频下载到手机中并互相转发。李明学校开设新媒体主播课程,课程中收录了该歌手的视频用于教学。

【议学思考 2】① 上述行为是否侵犯了权利人的著作权? 这些行为与民法中著作权的保护是否矛盾,为什么? 结合案例,梳理区分著作权法定许可使用和合理使用。② 李明的追星困惑:引用他人作品如何有度? 探究《民法典》对著作权的保护与限制。③"网络时代著作权保护的难与易"的短评演讲。

【活动意图 2】以问题探究的形式,由浅入深地探讨民法著作权的侵权限制。引导学生辨清不同民事权利(著作权)的法定界限,明确作品的合理使用和法定许可使用条件。通过主题演讲,引导学生进一步感悟法律对知识产权保护(著作权)的必要性。

(3)李明的居家困惑——探索行使物权(相邻关系领域)的限制。

【议学情境 3】李明住在 S 市老旧小区,近期该市启动老旧小区改造工程,鼓励和支持老楼加装电梯,现只有住二楼的张奶奶拒绝安装,她害怕电梯运行时的噪声会干扰正常的生活,会影响她家的采光和通风。为此,楼上人家和张奶奶的矛盾更大了。

【议学思考 3】① 结合所学民法知识,社区请你帮忙协调两家的纠纷,你打算如何调解? ② 结合邻里噪声案、加装电梯纠纷案,辨析相邻关系侵权的边界。③ 分享典型故事或名人名言,思考邻里关系相处原则对化解邻里矛盾、构建和谐社区、社会有何启示。

【活动意图 3】面对较为复杂、模糊的相邻关系纠纷,结合日常生活经验,引入具体的法律规定与具体案例,将重点知识生活化,由浅入深,更好地理解和运用知识,鼓励学生挖掘相邻关系典型案例,让学生充分利用理性知识,培育学生的法律意识和法律行为。

6. 作业与拓展学习设计

(1)完成思维导图、课时作业,预计 20 分钟。

(2)结合本课处理邻里关系纠纷"十六字"原则,开展一次社区和睦邻里普法宣传活动,请你为该活动设计一份方案。

(八)"典"亮价值——从"李明的模拟政协之旅",探究财产制度的价值

1. 内容分析

综合探究是对本单元的总结和拓展。本综合探究设计了两个探究活动和一个拓展思考。探究活动1:梳理改革开放以来,我国财产制度改革的发展脉络,分析财产制度改革的重要价值,明确财产制度改革的方向。探究活动2:针对目前老旧小区加装电梯的现实需求及所面临的困境,探讨解决问题的方案。拓展思考:明确了公有制经济财产权不可侵犯,非公有制经济财产权同样不可侵犯。

2. 学情分析

通过本单元的学习,学生了解了民事法律制度的重要意义,但对改革开放以来我国财产权法律制度的发展完善过程还不了解,难以真正认同我国的财产制度在经济社会发展中的重要作用。

3. 学习目标

(1)理解"改革开放是决定当代中国命运的关键抉择,是当代中国发展进步的活力之源"。

(2)结合社会生活情境,运用法治思维评价相邻关系的合理性与合法性。

(3)明确财产权神圣不可侵犯,健全产权保护制度,促进产权制度改革。

4. 学习评价

(1)学生能搜集并制作"改革开放以来我国财产制度改革进程"大事年表,交流分享大事年表中呈现的政策变化规律或趋势。

(2)学生能有序开展社会调研、编制访谈提纲或调查问卷、调研相关利益方的不同诉求、制作成果交流展板、认真撰写调研报告。

(3)学生能浏览相关网站,了解我国的产权保护制度,增强对我国产权制度改革方向的认同。

5. 学习活动设计

(1)财产制度改革的发展脉络与重要价值。
【议学情境1】"我国财产制度的变迁史"。
图6.1.4展示了我国财产制度的变迁史。

图6.1.4 我国财产制度的变迁史

【议学思考1】① 结合情境,运用所学知识分析我国财产制度改革的背景。② 你认为我国财产制度保护的对象是什么? 如何保护? ③ 结合我国的财产保护现状,谈谈你对我国财产制度价值的认识。

【活动意图1】通过布置议学任务,引导学生了解我国财产制度改革的背景,理解我国财产制度保护的对象及主要措施,运用历史唯物主义的基本观点阐释财产制度改革对法治中国建设的意义。

（2）财产制度改革的实践难题。

【议学情境2】李明参加了学校的模拟政协社团活动,他们围绕"老旧小区加装电梯的难与易"进行了社会调研活动。① 根据调研情况,分析老旧小区加装电梯成功或者失败的原因。② 有人提出,可以通过降低小区业主的同意门槛,解决加装电梯难度大的困境。你认为这个建议可行吗?如果照此实施,可能产生哪些新的问题? ③ 运用处理相邻关系的原则,提出老旧小区加装电梯的解决方案。

【议学思考2】开展社会调研。① 解析调研主题,编制访谈提纲或调查问卷,了解相关法律政策依据、实际困境。② 确定调研方法和调研对象,调研小区加装电梯的相关利益方的不同诉求,如小区居民、物业、电梯公司,开展线上或线下的访谈活动。③ 制订调研计划。科学划分不同活动任务的小组,并制订本小组活动的调研计划。④ 总结交流,分析加装电梯相关利益方的诉求并制作成果展板,撰写调研报告和模拟政协提案。

【活动意图2】通过开展社会调研活动,引导学生了解目前老旧小区加装电梯的现实需求及所面临的困境,探讨解决问题的方案,增强学生的公共参与意识,提高学生的公共参与能力。

（3）财产制度改革的基本原则。

【议学情境3】财产权的平等保护。产权制度是社会主义市场经济的基石,保护产权是坚持社会主义基本经济制度的必然要求。改革开放以来,通过大力推进产权制度改革,全社会产权保护意识不断增强,保护力度不断加大。但是,我国产权保护仍然存在一些薄弱环节和问题:国有产权所有者和代理人关系不清晰,导致国有资产流失严重;利用公权力侵害私有产权、违法查封冻结民营企业财产等现象时有发生;知识产权保护不力,侵权易发多发。

【议学思考3】① 你认为,我国的产权制度保护的对象有什么变化? ② 如何实现对公有制经济财产权与非公有制经济财产权的平等保护?

【活动意图3】帮助学生理解我国的产权法律保护制度必须对公有产权和私有产权一并进行保护,探究在私有财产与公有财产的法律保护制度中建立一种平衡的法律机制的有效措施。

6. 作业与拓展学习设计

（1）进一步修改完善调研报告和模拟政协提案,制作3分钟左右的调研视频和集中展示活动的PPT,积极建言献策。

（2）结合本单元内容,围绕"如何实现对公有制经济财产权与非公有制经济财产权的平等保护"主题,写一篇短评。

（设计者:刘延芹、郑振华、魏宇鹏、邢婷婷、任芹、王兰义）

第二单元

家庭与婚姻
大单元教学设计

一、单元主题：幸福和谐家庭与婚姻的法治保障

本单元以"幸福和谐家庭与婚姻的法治保障"为主题，结合《民法典》的规定，阐述亲子之间、夫妻之间的权利与义务，明确道德规范和法律要求，为和谐家庭与美满婚姻提供法治保障。

二、单元教学设计理念

（一）育人价值

本单元以习近平法治思想为指导，以"家庭和婚姻"为主题，聚焦公民依法维护合法权益的法律行为，选择学生熟悉的视角，引导学生学法、懂法、守法、用法。通过本单元学习，学生能够了解婚姻家庭中的法律关系和法律责任，熟知监护、抚养、扶养、赡养、继承等民事关系，培育家庭责任意识，理解婚姻法律关系，阐释正确的婚姻家庭观念，深刻理解法律对建设和谐幸福家庭与婚姻的意义、对建设社会主义法治国家的意义，提高思想政治核心素养，自觉做习近平法治思想的坚定信仰者、积极传播者、模范践行者。

（二）课程标准

熟知监护、抚养、赡养、继承等民事关系，培育家庭责任意识；理解婚姻法律关系，阐释正确的婚姻家庭观念。通过本单元的学习，引导学生了解婚姻和家庭生活中的民事法律关系，明确家庭成员之间的权利和义务，认识我国的继承制度，加深对亲情与爱情的理解，孝敬父母，弘扬家庭美德，树立正确的婚姻家庭观，学会运用法律维护自身合法权益，与破坏家庭婚姻和睦的行为做斗争，做好家庭中的一员，使自己的家庭更加和睦美好。

（三）单元内容

本单元结合《民法典》的规定，依据《普通高中思想政治课程标准》，围绕"家庭与婚姻"两个方面展开论述。本单元的核心内容是了解婚姻家庭中的法律关系和法律责任。本单元两课之间的内在联系："在和睦家庭中成长"侧重讲述家庭成员之间的一般法律

关系,"珍惜婚姻关系"主要讲述夫妻之间的特殊法律关系。

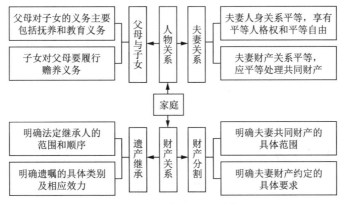

图 6.2.1　单元知识结构

(四)单元学情

1.知识基础

高二学生在初中通过对"走进法治天地""遵守社会规则""坚持宪法至上""理解权利义务""民主与法治"和本册第一单元有关"人身权利"等模块的学习,已经了解了有关家庭与婚姻的法律知识,必修三《政治与法治》为民法的学习提供了"法"的认识基础,明确了依法治国的必要性;必修四《哲学与文化》提供了法律案例分析的世界观和方法论指导。

2.能力基础

高中生在生活中初步学会了运用法律知识分析、判断案例的能力,这为本单元的学习奠定了基础。但这些能力大都来自生活,且停留在感性认识的阶段,没有形成系统化的法律知识体系,他们对一些复杂案例缺乏深度思考的能力和方法。

3.学习兴趣

法治意识是高中思想政治核心素养的重要组成部分,本单元内容比较贴近学生实际生活,与现实的关联度较高,能够激发学生学习的兴趣。同时,有关案例的故事性较强,能够激发学生学习的主动性和求知欲,并运用法律知识解决实际案例。

总之,学生对于本单元的知识认知是碎片化的、表象化的、感性的,缺乏用法律知识分析事件的意识和行动力。但是学生对这些知识具有浓厚的兴趣,急切想要获得更强的分析和解决问题的能力。针对学生的困惑和兴趣,单元教学要突出学生的参与感,教师可通过议题式教学、小组合作交流等方式让学生积极参与到案例探究之中,提升学生的分析能力,涵养学生的法治精神。

三、单元目标

（1）通过探究抚养、赡养、离婚、继承纠纷等典例，让学生了解父母对未成年子女的权利与义务，理解教育和保护未成年子女既是父母的权利又是父母的义务；了解子女的赡养义务；理解成年意定监护制度和家庭和睦的重要性；明确遗产、遗嘱、继承权的含义，明确法律对非婚生子女、合法收养关系的保护；了解《民法典》婚姻家庭编相关法律规定，明确结婚的含义、基本原则、条件和程序，懂得婚姻要珍惜；明确夫妻关系的内容、核心，夫妻平等人身关系的体现；夫妻平等财产关系，等等。

（2）通过对虐待、遗弃、家庭暴力等案例的分析，让学生学会运用规范家庭关系的法律条款，提高运用法律保障家庭成员合法权益的能力。培养学生依法维权的意识和自觉孝敬父母的意识，自觉传承良好家风与中华传统美德，坚定法治理念，阐明法治社会中道德与法律的关系，弘扬社会主义核心价值观和家庭美德。

（3）通过组织模拟法庭、课前调查、情景剧、法治思想宣讲等方式，让学生学习《民法典》相关法律条例，使学生能够运用相关条例阐释案例充分表达并阐述自己的观点，能够自觉树立学法、懂法、守法、用法的观念，自觉做社会主义法治社会的自觉遵守者、坚定捍卫者。

四、单元达成评价

（一）纸笔测试

（1）画思维导图。

（2）设计 15 个选择题和 3 个主观题进行单元测验。

（二）表现性任务

（1）观看《人世间》等视频材料，结合本单元教学内容，为全校师生写一篇有关家庭与婚姻的宣传稿，为观看者普及有关法律常识。

（2）结合本单元教学内容，以"建设和睦家庭"为主题，写一份倡议书。要求：250 字左右。

（3）结合本单元教学内容及真实案例，模拟一次法庭活动。要求：将班级同学按照审判组、原告组、被告组、代理人组、证人组等进行分工，每人必须加入一组并承担一个角色。每人按照角色分工准备相关材料，发言时要注意语言表达的规范性、严谨性和准确性。

（4）通过聊城市民政局等单位完成对聊城市婚姻离异情况的调研，形成 2 000 字左右的调查报告，与同学分享交流，深度理解法律对幸福和谐婚姻家庭的保障意义。

五、单元实施

（一）单元整体教学思路

以立德树人为根本目标，以落实思想政治学科核心素养为导向，用"幸福和谐家庭与婚姻的法律保障"为总议题统领教学，以"李明身边的民法小故事"为主线，开展大单元教学。本单元分为四个子议题，四个子议题层层推进，服务于单元整体目标。

（二）单元整体框架

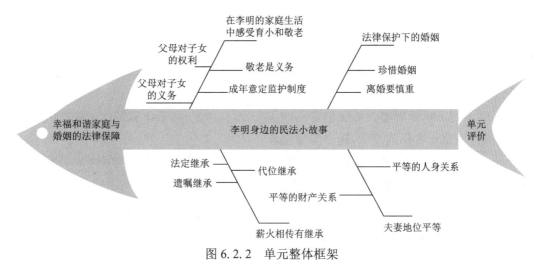

图 6.2.2　单元整体框架

六、课时教学设计

本单元围绕总议题"幸福和谐家庭与婚姻的法治保障"下设四个分议题（4 课时）：在李明的家庭生活中感受育小和敬老（第 1 课时）；在李明的疑惑中看继承问题（第 2 课时）；在法律规定中认识婚姻的实质（第 3 课时）；夫妻地位平等——如何依法守护婚姻（第 4 课时）。

（一）在李明的家庭生活中感受育小和敬老

1. 内容分析

家庭是在婚姻关系、血缘关系或收养关系基础上产生的，是亲属之间所构成的社会生活单位。家庭是幸福生活的一种存在。温馨幸福的婚姻家庭既需要亲情和爱情的精心维护，也离不开法律的保障。《家和万事兴》是第五课第一框的内容，下设两目：第一目为"育小职责大"；第二目为"敬老是义务"，主要从父母对子女、子女对父母的义务两方面分析构建和睦家庭的条件。通过穿插案例，直观地让学生感受到家庭生活中的民事法律关系，明确家庭成员间的权利与义务，学会运用法律维护自己的合法权益。同时，引导学生树立正确的家庭观，正确处理父母子女关系，传播社会主义核心价值观和家庭美德，培养学生的法治意识。

2. 学情分析

本课教学活动面对的是高二下学期的学生,该学段学生思维灵活、学习能力较强,善于思考,学习自觉性强,而且通过日常学习和生活对"家庭与婚姻"的法律知识有初步的了解。但是该年龄层的学生的知识理解能力还停留在浅层次上,对知识点的理解仅停留在字面意思上,不能从学科意义上把握知识,因此,对于一些带有学科性质的名词,教师需要向学生详细地解释。并且学生的思想价值观还处于形成时期,缺乏坚定的、正确的世界观、人生观与价值观,故教师在教学过程中应注重对学生进行价值引导。

3. 学习目标

(1)通过分析李明家庭成员的关系,准确阐述亲属关系、父母对子女的义务和权利,全面认识家长对孩子进行教育既是权利又是义务,明确孩子健康成长离不开正常的批评教育和合理惩戒。

(2)通过分析赡养老人的案例等活动,说出赡养的义务、成年意定监护制度、侵害行为,提高理论联系实际的能力,树立赡养观念。

(3)通过朗读《家和万事兴》,进一步明确用法律规范家庭关系与家庭成员的行为,追求家庭幸福,在此基础上实现社会和谐。

4. 学习评价

(1)以"你们养我长大——育小职责大"为主题,合作交流"父母对子女的权利和义务",评价学生对父母权利义务的理解,明确子女的成长离不开父母正常的批评教育和合理惩戒,培养学生的家庭观念和责任意识。

(2)组织模拟法庭,审理遗弃、虐待、家庭暴力等涉及家庭婚姻方面的案件,考查学生对《民法典》法律条文的理解和解决实际问题的能力。活动后,学生能够充分表达阐述自己的观点,自觉树立学法、懂法、守法、用法的观念,自觉做社会主义法治社会的自觉遵守者、坚定捍卫者。

(3)调查周边小区的养老方式,撰写《××小区养老方式调查报告》,和班级同学分享并向《聊城日报》公众号投稿。

5. 学习活动设计

(1)导入新课。

【议学情境1】展示李明家的生活照片。

【议学思考1】同学们,从这些照片里,你能看出李明家庭成员的哪些关系?

【活动意图1】采用导入照片的方式,更能激发学生的兴趣,让学生在问题驱动下进行探究思考,如此,教学目标更易落实。引出本节课总议题"在李明的家庭生活中感受育小和敬老",介绍三个分议题:"亲情对话法律——生活中的亲属关系""你们养我长大——育小职责大""我陪你们变老——敬老是义务"。

(2)亲情对话法律——生活中的亲属关系。

【议学情境2】播放李明爷爷、李明父母悉心照顾李明、李涛(化名)、李华(化名)的场景。

【议学思考2】视频中有哪些亲属关系?父母长辈对于孩子的悉心照顾,除了因为血脉亲情,还有哪些法律依据?

【活动意图2】通过视频呈现,学生可以直接体会到长辈父母对子女的关心疼爱,同时进一步引导学生分析在情背后还有法,为后续知识点的展开奠定基础。

(3)你们养我长大——育小职责大。

【议学情境3】两年后李明叔叔、婶婶因感情不和离婚,儿子李华跟随母亲生活。父亲一直希望探望李华,但李华母亲以其父探望不利于自己管教孩子为由予以拒绝。李华母亲要求李华父亲支付孩子的抚养费,李华父亲则以李华母亲长期阻止他探望孩子为由拒绝支付。

【议学思考3】讨论两位家长的理由是否成立?为什么?

【议学情境4】李华比较叛逆,屡屡在学校旷课、抽烟、打架。上周,李华在学校把同学张某打伤,需要赔偿5 000元的医疗费。李华的父母以事情发生在学校为由拒绝赔偿。

【议学思考4】请你为张某的父母和李华的教育出谋划策。

【活动意图3】将生活中的真实案例引入课堂,在增强学生体验感的同时,能够将教材知识和生活实际相结合,更易理解《民法典》的相关法律条文,真正解决我们日常生活中的法律困惑,从而突破本课教学的难点。

(4)我陪你们变老——敬老是义务。

【议学情境5】李明邻居周老师的老伴去世,几年前他儿子在外地工作成家了,他成了空巢老人。儿子总是寄钱给他,却很少回来探望他。周老师感到孤独难过,为此,他把儿子告上法庭,要求儿子常回家看看。

【议学思考5】组织模拟法庭,审理周老师案件。

【议学情境6】李明看到一则视频《妻儿离世、亲戚冷漠!上海88岁老人将300万房产送给水果摊主》。

【议学思考6】你认为老人可做哪些养老选择?周老师的做法可行吗?

【议学情境7】李明看到《三湘都市报》报道:一对年龄21岁左右的夫妇,为了筹钱玩网络游戏,狠心卖掉了自己的三个孩子。该男子的母亲发现他们的所作所为后,果断报警。而他们居然说:"我们不想抚养这些孩子,我们只想把他们卖些钱而已。"最终他们受到了法律的惩罚。

【议学思考7】材料中年轻的夫妇侵害了孩子们的什么权利?他们的行为属于侵害家庭成员的什么行为?现实生活中还存在哪些侵犯家庭成员权利、破坏家庭和睦的行为?

【活动意图4】随着中国进入人口老龄化社会,我们需要引导学生关注老年人意愿和需求的表达。通过模拟法庭活动能增进学生对成年子女赡养老人义务的理解,感悟付出的幸福,鼓励学生在生活中表达爱,树立正确的家庭观、幸福观。通过对意定监护和法定监护的对比分析,提升比较分析和综合归纳能力。特别是结合现实需要,关注法治进步,为如何更好地维护老年人的合法权益出谋划策,提升学生的公共参与本领。

(5)家和万事兴。

【议学情境8】学生一起诵读《家和万事兴》。

人生多风雨,家庭是暖窝。

楼高需基础,业兴仗家和。

父母怜儿女,儿媳孝公婆。

夫妻相互敬,兄弟帮助多。

论事凭法理,待人讲道德。

钱财身外物,幸福是感觉。

有国才有家,家和好爱国。

和谐生祥气,亲情结硕果。

【活动意图5】通过《家和万事兴》的朗诵,使学生情感得以升华。

6. 作业与拓展学习设计

① 课时作业预计完成时间为15分钟。② 拓展作业用时15分钟:请大家结合本节课所学的知识,在课后给未来的自己写一封信。你希望未来的你如何处理亲情关系?如何育小?如何敬老?借此展开一场跨越时空的对话。

(二)在李明的疑惑中看继承问题

1. 内容分析

本节课内容是必修二《法律与生活》第二单元第五课的第二框。本框主要讲述了遗产部分法律知识,目的是引导学生了解继承制度,明确继承人与被继承人之间的继承关系,学会在社会实际生活中尊法、学法、守法、用法,维护自身的合法权利,不损害家庭成员的合法权利,共同建设和谐家庭。本框共设两目:第一目是"法定继承有顺序",第二目是"遗嘱继承重意愿"。通过学习,帮助学生熟知继承的民事关系,培育家庭责任意识,提高学生的政治认同、科学精神与法治意识素养,更好地参与社会实践。

2. 学情分析

高二学生心智相对成熟,有较丰富的生活经验,加上前面几课对《民法典》的学习,他们对与生活有密切联系的法律知识非常感兴趣。本节课介绍遗产继承的知识,这是学生非常熟悉的内容,也是发生在身边甚至是发生在自己身上的事情,所以学习兴趣浓厚。但是他们对继承的相关法律知识的认识往往不系统、不深入,对一个案例的分析也会不自觉地加入自己的主观感受,这容易导致认知偏差。针对学生的以上情况,教师在本课教学中选取李明身边的案例,运用情境探究的方法,调动学生的学习主动性和积极性,让学生对遗产继承有充分而准确的认知。

3. 学习目标

（1）通过案例分析明确遗产、遗嘱、继承权的含义，明确法律对非婚生子女、合法的收养关系的保护，认同《民法典》关于继承问题的规定体现了社会主义核心价值观和中华传统美德。

（2）收集典型案例，分析遗嘱继承的规定，提高学生分析、解决实际问题的能力，培养学生依法维权意识，认同中国特色社会主义继承制度作为财产制度的组成部分是保障和实现经济社会稳定健康发展的基础。

4. 学习评价

（1）通过具体案例，考查学生对于遗产继承的理解。

（2）在现代社会，有时会出现亲人间为了争夺遗产而对簿公堂，导致亲情破裂的现象，这很大程度上是因为缺乏对遗产继承知识的了解。为了向民众普及相关知识、促进家庭和睦，学校准备开展一次社区普法活动，请你为此活动设计一份宣传方案。

5. 学习活动设计

（1）导入新课。

【议学情境1】社区宣传栏漫画。

【议学思考1】李明在社区宣传栏里看到以上几幅漫画，他产生了深深的困惑：女儿也能继承遗产吗？父债一定子还吗？遗产继承对每个家庭来说都是非常重要的事情，也是容易发生纠纷的事。所以，国家制定了《民法典》继承编来规范家庭继承关系，促使家庭成员和睦。今天就让我们和李明一同走进《民法典》继承编，了解遗产继承中的法律关系和亲情关系。

【活动意图1】用开门见山的方式导入，明确课堂学习的内容，节约导入时间，将更多的时间留给后面的学生探究讨论，提高课堂活动的效率。引出本节课总议题"在李明的疑惑中看继承问题"，介绍两个分议题："遗产分割从法律，法定继承有顺序""遗嘱继承重意愿，遗嘱生效有条件"。

（2）遗产分割从法律，法定继承有顺序。

【议学情境2】李明的邻居赵老师突发疾病去世，没留下任何遗嘱，处理完所有事情后，赵老师已出嫁的女儿小文要求继承父亲的部分遗产。此外，她在整理遗物时，发现赵老师有部分债务没有清偿。对此，李明产生疑惑。

【议学思考2】① 嫁出去的女儿犹如泼出去的水，小文能继承赵老师的遗产吗？② 虽然赵老师去世了，但其老伴周妈妈健在，平时他们的收支全部在一起，哪些遗产是小文能继承的呢？对于债务，该如何处理呢？③ 如果小文继承遗产遭到弟媳的反对，影响家庭和睦，应该如何解决？

【活动意图2】通过角色带入，让学生更深入地了解民法知识，树立法治意识。在解答李明心中疑惑时培育政治认同和科学精神，践行社会主义核心价值观，真正领会如何处理好继承和亲情之间的关系。

（3）遗嘱继承重意愿,遗嘱生效有条件。

【议学情境3】赵老师去世后,为了便于照顾婆婆周妈妈,儿媳和儿子将周妈妈接来和他们一起居住。在日常生活中,儿媳和孙女对周妈妈无微不至,周妈妈甚至常说"儿媳和亲闺女一样啊"。尤其在周妈妈生病之际,儿媳更是寸步不离。年事已高但神志清晰的周妈妈甚是感动,写好遗嘱,将自己的合法财产平均分给儿子、儿媳、孙女和女儿小文。

【议学思考3】① 周妈妈打算采取何种方式使自己的合法财产得到继承? ② 周妈妈去世后,她的遗嘱能够实现吗?请说明理由。

【活动意图3】本探究通过婆婆想给孝顺儿媳留有遗产,引导学生树立正确的家庭和睦观,但是在情与法的对立中无法实现。在辩论婆婆遗嘱能否实现环节,学生进入两难情境,通过层层分析和方案的制订,让学生更深入地了解民法知识,树立法治意识,践行社会主义核心价值观。

6. 作业与拓展学习设计

① 小沈的爷爷年初因病住院,其间,爷爷在神志清楚时立了一份遗嘱,写明将其名下的一套房子在自己去世后由小沈继承。爷爷的房子是在小沈奶奶过世之后购置的,是爷爷的个人财产。随后,爷爷将该遗嘱交由小沈的父亲保管。因病情迅速恶化,爷爷没过多久就去世了。小沈匆匆赶回家料理爷爷的后事,期间小沈的父亲将遗嘱交给小沈。但是小沈因工作繁忙,且小沈父亲及其兄弟姐妹关系一直很不错,小沈觉得此事不会引起家庭纠纷,于是他在料理完爷爷后事后,便赶回公司上班了。最近,小沈忙完工作放假回家过年,便到公证处咨询爷爷所立遗嘱是否有效。小沈能否通过遗嘱继承爷爷的遗产? ② 围绕"我国法律关于继承的规定对经济社会发展的研究",以小组为单位,分小课题开展研究活动。

（三）在法律规定中认识婚姻的实质

1. 内容分析

本框是由人民教育出版社出版(简称人教版)的高中思想政治教材选择性必修二《法律与生活》第六课第一框。本框阐述了爱情和法律在婚姻中的作用,明确婚姻关系中的男女平等、财产共有及夫妻间的救助义务等内容。婚姻的关键是夫妻双方的理解和包容。

2. 学情分析

（1）已有知识经验:学生在初中及高中学过法律的基本知识。

（2）已有生活经验:学生生活在法治社会、法治国家,在生活中已经在遵循和运用相关法律知识。

（3）已有策略经验:学生对自学、合作探究、反思的学习方式较为熟练,学生的思辨能力较强。

（4）学习困难障碍：理解离婚条件、离婚的方式。

（5）突破措施：在议学情境中设计议学任务，让学生发现问题、分析问题、解决问题；充分尊重学生；采取自主、合作、探究的形式多让学生思辨，并联系实际社会生活热点，提高学生分析和解决问题的能力。

3. 学习目标

（1）通过结合社会生活实例，明确结婚必须符合的法律条件，理解规定婚姻成立要件的重要性和积极意义。

（2）对比生活中的婚礼程序，了解婚姻登记的程序，知道结婚登记对夫妻双方的影响，理解婚姻受法律保护的重要性。

（3）结合婚姻自由原则，分析反对轻率结婚的合理性，了解法律对婚姻自由做相应限制的必要性。

4. 学习评价

（1）根据议学情境，开展合作并探究小张与小英的婚姻是否受法律保护，理解结婚的条件，进而认同我国《民法典》对婚姻关系的稳定提供了有力支持。

（2）根据议学情境，开展合作并探究分析设立"离婚冷静期"的原因；30 天冷静期后，如果李某和王某仍然选择离婚，分析他们选择离婚的方式。以此阐明应严肃对待婚姻。

（3）调研报告：通过聊城市民政局等单位完成对聊城市婚姻离异情况的调研，形成 2 000 字左右的调查报告，与同学分享交流，深度理解法律对幸福和谐婚姻家庭的保障意义。

5. 学习活动设计

（1）导入新课。

【议学情境 1】播放《"520"多地结婚登记爆满》。

【议学思考 1】什么是结婚？有何要求？如何登记结婚？

【活动意图 1】通过一则视频进行导入，既可以自然地引出"婚姻"这一课题，又可以引发学生对婚姻关系的思考，激起他们的求知欲，便于带着问题进入新课，这样效果更好，促使学生更加专注地投入课堂学习。

（2）珍惜婚姻。

【议学情境 2】李明的表哥小张（已满 18 周岁）高中毕业后，与同龄女青年小英相恋。一年后，二人在村里举办婚礼后，就以夫妻名义生活在一起。由于二人未达法定婚龄，他们没有办理结婚登记。

【议学思考 2】小张与小英的婚姻受法律保护吗？为什么？符合怎样的条件才能结婚呢？

【活动意图 2】通过结合社会生活实例，明确结婚必须符合的法律条件。理解规定婚姻成立要件的重要性和积极意义。

（3）离婚要慎重。

【议学情境3】李明的堂哥李某和妻子王某因为性格不合时常发生争吵。2022年10月，他们前往民政局办理离婚手续。婚姻登记机关自收到离婚申请之日起，给予二人30日的离婚冷静期。在这期间，李某和王某任何一方如有反悔，可向婚姻登记机关撤回离婚申请。

【议学思考3】① 为什么要设置离婚冷静期呢？② 30天冷静期后，如果李某和王某仍然选择离婚，他们可以离婚吗？如果可以，那么他们可以通过什么途径离婚？

【活动意图3】结合婚姻自由原则，分析反对轻率结婚的合理性，了解法律对婚姻自由做相应限制的必要性。

6. 作业与拓展学习设计

① 课时作业预计完成时间为15分钟。② 通过聊城市民政局等单位完成对聊城市婚姻离异情况的调研，形成2 000字左右的调查报告，与同学分享交流，深度理解法律对幸福和谐婚姻家庭的保障意义。

（四）夫妻地位平等——如何依法守护婚姻

1. 内容分析

本框阐述了夫妻人身关系平等、财产关系平等的原则，阐明了夫妻平等的内涵，明确夫妻人身关系平等的表现，介绍了夫妻财产制度的具体内容。本框是对上一框内容的承接与延续，第一框主要讲形式上的结婚和离婚制度，第二框主要讲婚姻中夫妻关系的具体内容。通过学习本框内容，学生要学会在社会实际生活中尊法、学法、守法、用法，维护自身合法权利，不损害家庭成员的合法权利，成就美满婚姻，共建和谐家庭。

2. 学情分析

起步点：高二学生对《中华人民共和国民法典》中关于婚姻家庭的主要规定充满好奇，学习兴趣较为浓厚；本课所学知识与学生的生活联系紧密，这些都为本课学习提供了有利条件。

困惑点：学生对婚姻、夫妻等内容有粗略的感性认识，但不全面、不准确。法律知识理论较为烦琐，实际运用又比较灵活，学生较难掌握。

发展点：基于真实情境和问题，结合身边具体事例、当今时政和热点，利用学生身边的、贴近学生思想、生活、经验的素材，充分考虑高中生发展的特点，运用播放视频、展示图片、创设情境等方式培养学生的学科核心素养。

3. 学习目标

（1）学生通过议题的活动教学，能够识记夫妻关系的核心，了解夫妻人身关系的主要体现，并能说出夫妻共同财产、夫妻个人财产的范围，提高自身的核心素养。

（2）学生通过小组合作与自主学习，理解夫妻人身关系的主要体现；通过案例分析，区别夫妻共同财产、个人财产以及它们的处置办法。

（3）学生通过调查生活中的夫妻财产纠纷,总结纠纷产生的原因。夫妻平等不等于均等,明确处理家庭问题也要秉承科学精神,培养学生的公共参与和科学精神。

4. 学习评价

（1）学生通过对具体案例和社会热点新闻的分析,能阐述关于婚姻关系的部分法律知识,明确婚姻关系中夫妻各方的地位和各自的权利、义务。

（2）学生能够通过本节课的学习与探讨,树立正确的婚姻观、家庭观。

5. 学习活动设计

（1）导入新课。

人生是围城,婚姻亦是。城里的人想逃出来,城外的人想冲进去。李明的表哥小张和表嫂小英这对夫妻在婚姻生活中有哪些烦恼呢? 请运用本节课的内容帮助他们解决问题。用创设情境的方式导入,激发学生的好奇心与求知欲,将更多的时间留给学生探究、讨论,提升学生参与课堂活动的积极性。

（2）断断婚姻关系那些案。

【议学情境 1】小张和小英有情人终成眷属。两年后,小英生了一个可爱的儿子。小张和小英都是独生子女,双方就儿子跟谁的姓产生了分歧。小张认为孩子一定要随父姓,这是老辈人的传统,而小英认为孩子是自己生的,要随母姓。二人各执一词,互不相让。工作上,小两口也产生了矛盾。小英经常出差,平时应酬也多,小张为此颇为不悦。小张多次以自己收入高、有能力养家为由,劝说小英回家当“全职太太”。

【议学思考 1】上述主人公的观点有法理依据吗?

【活动意图 1】基于学生的回答,引出知识点(学科概念:夫妻关系的内容、核心、夫妻平等关系的体现等)的学习、理解和应用。

（3）写写法庭判决那张纸。

【议学情境 2】婚前,小张父母出首付 100 万元,以小张的名义贷款购买了一套价值 320 万的商品房。对于这套房子,双方父母有各自的打算。小张父母担心将来小夫妻离婚,房子要分给女方一半;如果让小张做婚前财产公证,会不会伤了未来儿媳的心? 小英父母则认为,房产证上应有自己女儿的名字,否则将来要是离婚了,女儿没有保障,很不公平。

【议学思考 2】同桌交流:依据本案案情,判断下述观点:① 如果小张和小英在婚前签订协议,约定了各自的财产范围,无论共同生活多久,个人财产都不会转化为夫妻共同财产。(　)② 该房是小张婚前购买,属于小张个人财产。(　)③ 该房是小张婚前购买,若婚后共同还贷款,则该房转化为夫妻共同财产。(　)④ 若该房屋是小张婚后由其父母全款购买,房产证上加了小英的名字,可以认为是对小英的赠予,该房属于夫妻共同财产。(　)

【活动意图 2】通过合作讨论案例,理解知识点,既可以在讨论交流中取长补短,发现自己的不足,还能培养学生的团队合作能力。在教师的指导下,让学生在讨论中理解并归纳知识点。

(4)离婚的冷酷:夫妻财产怎么分割?

【议学情境3】小张和小英结婚七年,小英因照顾三个孩子辞职做了"全职太太"。小张交友不慎,恶习缠身,小英忍无可忍,提出协议离婚。大吵几回后,小张同意离婚。对于协议书中小英提出的几个要求,小张提出反驳。小英要求分割房产,小张认为房子是其父母出资首付,属于婚前财产,不同意分割;婚内小张因车祸获得保险公司赔付的18万元赔偿金,以及单位同事、亲戚朋友等来医院看望他时给了5万元探望金,应该归小张所有;小张认为,小英为补贴家用所借的2万元的事,他并不知情,因而不属于共同债务,他不必负担。因二人在财产和债务的处理意见上不能达成一致,小英将小张告上了法庭。

【议学思考3】如果你是法官,如何裁决本案?

【活动意图3】通过小组合作、讨论交流,培养学生的合作能力,让学生理解并应用学科概念——夫妻财产的特点及内容、处理财产的原则等。

教师小结提升:今天我们通过对李明表哥与表嫂婚姻的分析,体会了婚姻百味。以上案件让我们懂得婚姻的甜蜜有平等的付出,婚姻的苦涩有矛盾的积累和不适当的沟通,离婚时还要冷静面对冷酷的财产分割。婚姻是一门包罗万象、关涉人生幸福的大学问,需要我们用心去追寻与探索。规则之外,爱与责任更重要!懂得规则,学会去爱,明白责任,婚姻之路才会走得更远!

6. 作业与拓展学习设计

① 课时作业预计完成时间为15分钟。基础题:绘制第二单元的思维导图。拓展题:请你结合材料和所学,设计宣传标语,宣传夫妻地位平等。② 要求:每个小组设计一个宣传标语,不超过20字;每组派一位代表发言,派一位当评委;每组的评委对标语进行投票,选出最佳标语。③ 走访聊城市民政局,访谈婚姻登记机关工作人员,了解结婚和离婚的法定程序,举行研讨会,讨论婚姻中的情理法。

(设计者:王志磊、马蕾、牛娜娜)

第三单元

就业与创业
大单元教学设计

一、单元主题:做新时代就业创业达人

本单元以"就业和创业"为主题,引导新时代劳动者依法就业、诚实劳动、合法维权,在劳动和奉献中实现价值,服务社会;指导创业者要具备法律常识和风险意识,通过公平竞争、诚信经营和依法纳税创造财富,造福人民。

二、单元教学设计依据

(一)育人价值

基于立德树人根本任务和学科素养培育,本单元通过讲述我国劳动法律制度和市场经营法律制度,解析《中华人民共和国劳动法》(简称《劳动法》)的基本原则、劳动合同、劳动者的权利和义务、劳动争议的解决途径、市场经营主体的类型、企业信息公示制度、经营者公平竞争和诚信经营的规则以及依法纳税的义务,引导学生理解我国社会主义市场经济在本质上就是法治经济,增强法治意识,形成正确的劳动观与就业创业观。

(二)课程标准

(1)了解《劳动法》的基本原则,理解劳动者的权利和义务,解释劳动合同的主要内容,熟悉劳动者依法维权的途径和方式。

(2)列举与创业有关的企业登记、企业信息公示、税收和知识产权保护等基本法律制度,评述市场竞争的基本规则,说明依法经营的必要性。

(三)单元内容

本单元对应选择性必修二第三单元内容,围绕"就业与创业"展开,分别从劳动者与用人单位的劳动关系、经营者之间的市场竞争关系、经营者与消费者之间的关系以及经营者与国家之间的关系方面,介绍在劳动就业、创业经营过程中涉及的主要法律制度,引导学生认识劳动者依法享有的权利、应当履行的义务,明确经营者的公平竞争、诚信经营、依法纳税能够促进国家经济社会的高质量发展和社会主义市场经济的持续健康发展。

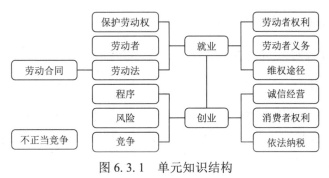

图 6.3.1　单元知识结构

(四)单元学情

在第三课中,学生已经学习了订立合同的相关知识,对订立合同的原则、内容、履行、合同的效力、变更和解除有了初步的认识。但对于签订有效的劳动合同在维护劳动者、经营者合法权益方面的重要意义,学生还没有形成全面的认知。另外,高二学生思维活跃,对有关法律和生活案例有一定接触且兴趣浓厚,有极强的求知欲。在此基础上,教师在本单元教学设计中采用法律案例与生活实例、实践活动相结合的方法,引导学生深入学习有关劳动就业和创业的相关知识。

劳动就业与创业经营是学生走出校园、走向社会的两种主要方式。本单元以"就业与创业"为主题,阐述就业与创业中的法律制度,既承接第一单元"民事权利与义务"的内容,又与第四单元"社会争议解决"相联系,包括劳动法律制度、市场经营法律制度两个主要内容。通过学习,学生增强了劳动就业创业过程中的维权意识、风险意识、诚信意识和守法意识,树立了正确的就业创业观,有助于他们以后成为新时代的劳动者或创业者。

三、单元目标

(1)知晓《劳动法》《中华人民共和国劳动合同法》(简称《劳动合同法》)等法律及有关政策,明确劳动者的权利、义务及劳动合同的主要内容;知道与创业有关的法律制度,认同我国维护劳动者合法权益的法律法规和鼓励就业、创业的政策。

(2)了解《中华人民共和国反不正当竞争法》,认识诚信经营、依法纳税的重要意义,弘扬劳模精神、劳动精神和工匠精神,树立正确的就业创业观,养成勇于创新的品质。

(3)查阅、学习并运用就业创业的相关法律,明确其在劳动者就业创业过程中的重要意义,增强劳动者的法治意识,维护自身的合法权益。

(4)参与维护劳动者、经营者、消费者合法权益的公益活动和普法活动,提升作为社会主义现代化建设中的劳动者、经营者和消费者的责任感,引导学生成为优秀的劳动者、成功的创业者、理性的消费者。

四、单元达成评价

(一)纸笔测试

课时训练、达标测验、单元测试。

(二)表现性任务

组织模拟求职、招聘、应聘等活动,评议雇主和雇员之间的法律关系,说明各自的权利和义务,或以"我想创业"为题,讲解企业创办程序以及向政府申请与创业有关的扶持和优惠措施;模拟公司运营活动,了解经济活动中的法律制度。

五、单元实施

(一)单元整体教学思路

依据习近平新时代中国特色社会主义思想,围绕"就业与创业"学科大概念,以"如何做新时代就业、创业达人"为总议题,以"李明的就业与创业之旅"为主线,进行序列化规划设计,开展大单元教学。

(二)单元整体框架

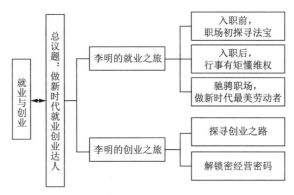

图 6.3.2　单元整体框架

六、课时教学设计

(一)入职前,职场初探寻法宝

1. 内容分析

本课时包括两目:第一目"法律守护劳动者",通过引述公民有劳动的权利和义务这一宪法规定,引出我国的劳动法律体系,阐明劳动关系和劳动者的内涵,阐释《劳动法》的基本原则,揭示《劳动法》就是劳动者权益保护法,增强学生劳动光荣、崇尚劳动、尊重劳动者的意识;第二目"劳动也要签合同",介绍劳动合同的内涵,阐释劳动者签订劳动合同的必要性,明确劳动合同的条款和订立劳动合同应当遵循的基本原则,说明劳动合同的效力以及劳动合同无效或部分无效的情形,阐述签订劳动合同对用人单位和劳动者的意义。

2. 学情分析

学生已经学了有关合同的知识,对订立合同的相关知识有了初步的认知;但他们对劳动合同在维护劳动者、经营者合法权益方面的重要意义,以及如何通过劳动合同维护双方的合法权益问题,尚未形成全面的认识。由于学生缺乏《劳动合同法》的相关知识,在区分有效与无效劳动合同方面会遇到困难。本节课的学习能增强学生的法治意识。

3. 学习目标

(1)查找相关法律和国家政策,说出其对劳动权益保护、构建和谐劳动关系的重要意义。

(2)结合法律案例,明确《劳动法》的基本原则。

(3)结合法律规定和生活实例,说出劳动合同的必备条款,订立劳动合同的原则,区分生活中的有效劳动合同和无效劳动合同,增强法治意识和合同意识以及对我国法律法规、政策的认同感和参与能力。

4. 学习评价

（1）学生通过查阅劳动就业的法律法规,明确相关法律法规对保护劳动者合法权益的意义。

（2）学生结合李明签订劳动合同的情境,明确订立劳动合同的原则,学会辨别劳动合同的效力,维护劳动者的合法权益。

5. 学习活动设计

（1）探寻就业的法律政策保障。

【议学情境1】李明即将大学毕业面临就业,他对当前我国保障劳动就业的法律法规、鼓励就业的政策等方面了解甚少,请同学们帮他指点迷津。

【议学任务1】请学生查阅《劳动法》和国办发〔2023〕11 号文件,与同学分享我国保障劳动就业的相关法律规定和国家稳就业的政策措施。

《劳动法》规定:

第十二条　劳动者就业,不因民族、种族、性别、宗教信仰不同而受歧视。

第十三条　妇女享有与男子平等的就业权利。在录用职工时,除国家规定的不适合妇女的工种或者岗位外,不得以性别为由拒绝录用妇女或者提高对妇女的录用标准。

第十五条　禁止用人单位招用未满十六周岁的未成年人。

第五十八条　国家对女职工和未成年工实行特殊劳动保护。

此外,还有《失业保险条例》《社会保险费征缴暂行条例》《禁止使用童工规定》《工伤保险条例》《劳动保障监察条例》《劳动合同法》《劳动就业法》《劳动争议调解仲裁法》《职业病防治法》。

国办发〔2023〕11 号文件,国务院优化调整稳就业政策措施如下:

① 激发活力扩大就业容量。加大对吸纳就业能力强的行业企业扩岗政策支持;支持金融机构开展稳岗扩岗服务和贷款业务;加大技能培训支持力度;继续实施失业保险稳岗返还政策。

② 拓宽渠道促进高校毕业生等青年就业创业。

③ 鼓励企业吸纳就业和引导基层就业;支持国有企业扩大招聘规模;稳定机关事业单位岗位规模;实施 2023 年百万就业见习岗位募集计划。

【议学思考1】阐述以上相关法律法规、政策是如何保障劳动者合法权利的,以及对劳动权益保护、构建和谐劳动关系的重要意义。

【活动意图1】通过学生查阅和展示相关的法律法规与政策、李明求职的情境,让学生明确国家和法律是如何保障劳动者合法权利和义务的,立足职场要有相关法律、政策作为法宝,增强学生的法治意识。

（2）探寻就业的劳动合同保障。

【议学情境2】李明想应聘某家公司的高层管理职位,公司欲与其签订劳动合同,他担心签订劳动合同会影响他以后跳槽发展,而且合同中不包括社会保险,明确规定"在职期间发生安全事故,本公司概不负责",于是他犹豫不决。

【议学思考2】① 假如你是李明,你会不会签订该劳动合同?该劳动合同违反订立劳动合同的什么原则?还有哪些违反订立劳动合同原则的表现? ② 劳动合同内容有哪些?说明签订劳动合同的意义。③ 有人说"劳动合同一经成立就具有法律效力",请对此加以评析。

【活动意图2】通过李明求职的情境,让学生明确劳动合同是保障劳动者合法权益的法宝,深化对劳动合同内容、订立原则和作用的理解,提高辨识有效劳动合同和无效劳动合同的眼力,增强学生对我国法律制度和政策的认同。

6. 作业与拓展学习设计

走访你身边的劳动者,看其是否签订了劳动合同,所签劳动合同是否有效,并说明理由。

（二）入职之后,行事有矩懂维权

1. 内容分析

本课时包括两目:第一目"明明白白工作",阐述《劳动法》中规定的劳动者的劳动权利和义务,重点阐释取得劳动报酬、休息休假、获得劳动安全卫生保护、享受社会保险和福利等日常生活中常见的劳动者权利,介绍劳动者的劳动义务,阐明劳动权利和义务的关系;第二目"清清楚楚维权",阐述劳动者与用人单位发生劳动争议时的解决途径,阐明劳动权利的救济制度能够切实维护劳动者的合法权益、维护和谐稳定的劳动关系。

2. 学情分析

本课是对上节课内容的深化和拓展,具体介绍劳动者的权利和义务,通过探究与分析呈现常见的侵犯劳动者合法权益的行为以及如何合法维权。对于劳动者的权利、义务,学生不难理解,但是对于劳动争议的解决方式即维权的途径,学生没有全面和深层的认知。所以,教师应在教学设计中结合具体案例,让学生学会用合适的方式维护劳动者的合法权益,进而突破维权途径这一重点。

3. 学习目标

（1）结合生活情境和法律规定,知道劳动者享有的权利,明确维护劳动者权利对构建和发展和谐稳定的劳动关系的重要性,辩证看待劳动者权利和义务的关系,积极履行相应义务,增强对《劳动法》的认同。

（2）结合具体案例,了解发生劳动争议时劳动者的主要救济途径,明确解决劳动争议方式的要求和特点,学会用合适的方式维护劳动权益,培养维权意识、解决实际问题的能力,培育科学精神。

4. 学习评价

（1）学生结合"知权利,晓义务",能够明确劳动者的权利和义务。

（2）学生结合"行有矩,懂维权",能够明确维护劳动者合法权益的途径,提升化解劳动纠纷的能力。

5. 学习活动设计

（1）知权利,晓义务。

【议学情境1】学生于课前搜集侵犯劳动者合法权益的案例,并在课上展示分享。

【议学思考1】① 劳动者享有的合法权益和应履行的义务有哪些? ② 分析出现侵犯劳动者合法权益现象的原因。

【活动意图1】通过学生自己搜集和展示分享案例,使学生知道劳动者的合法权利和义务,学会从多角度分析出现侵犯劳动者合法权益现象的原因。

（2）行有矩,懂维权。

【议学情境2】李明咨询了律师,并与该招聘公司协商了社会保险问题后,成功入职并担任该公司的副经理。但其同乡老刘的工作可没这么顺利,老刘与某公司签订了劳务合同,约定自2023年5月1日起至2025年4月30日,从事该公司的保安工作,月薪2 400元。合同对岗位职责、必须遵守的规章制度以及公司的权利义务等做出了具体规定。2024年6月5日,老刘在上班期间被砸伤,后老刘向公司负责人出具医院病假证明单,请病假45天。7月5日,老刘所在公司向老刘送达通知,载明老刘因参与与保安工作无关的工作发生意外,未按公司规定出具请假条,属私自旷工,要求老刘三天内来公司报到,否则自动解除劳务合同。7月10日,某公司与老刘解除劳务合同。

老刘向劳动人事争议仲裁委员会申请仲裁。仲裁委裁决老刘与某公司自2023年5月1日至2024年6月30日期间存在劳动关系,某公司向老刘支付违法解除劳动合同赔偿金7 000元。某公司不服裁决,认为其与老刘签订的是劳务合同,双方建立的是劳务关系,不存在违法解除劳动合同的问题,请求法院撤销裁决。

相关资料:

依据关于确立劳动关系有关事项的规定,用人单位招用劳动者未订立书面劳动合同,但同时具备下列情形的,劳动关系成立:① 用人单位和劳动者符合法律法规规定的主体资格;② 用人单位依法制定的各项劳动规章制度适用于劳动者,劳动者受用人单位的劳动管理,从事用人单位安排的有报酬的劳动;③ 劳动者提供的劳动是用人单位业务的组成部分。

【议学思考2】① 假如你是老刘的诉讼代理人,请你对某公司的主张加以批驳。② 某公司侵犯了老刘的哪些合法权益? ③ 运用《法律与生活》知识,谈谈这一案例给我们的启示(如何维护劳动者的合法权益,可从国家、用人单位等多角度考虑)。

【活动意图2】通过学生对老刘案例的分析,加深学生对劳动者合法权利和义务的认识,学会识别侵犯劳动者合法权益的行为和合同条款,进而增强维权意识,懂得合法维权的途径。

6. 作业拓展学习设计

利用节假日与同学们走上街头,参加劳动者合法理性维权的公益宣传活动。

(三)驰骋职场,做新时代最美劳动者

1. 内容分析

本课时整合和深化了第七课和必修二综合探究二"践行社会责任　促进社会进步"中的关于劳动就业的内容,通过设置两个活动(① 搜集并列举你熟悉的最美劳动者,与同学们分享他们的精神品质,明确劳动对社会发展和进步的意义;② 模拟招聘会,展示用人单位对劳动者在知识、技能、创新意识、责任意识等方面的要求),使学生概括出新时代劳动者应该具备的素质和能力。

2. 学情分析

在第七课的基础上,学生懂得了怎样通过合法途径维护劳动者权益,但对于新时代劳动者必备的素质和能力却没有全面的认知。本节课是对前面第七课和必修二综合探究二中劳动就业知识的概括总结和深化,也是学习这部分内容的落脚点,为学生将来成为一名优秀的新时代劳动者做好思想和理论准备。

3. 学习目标

(1)搜集最美劳动者事例,分享他们的精神品质,明确劳动对社会发展和进步的意义。

(2)弘扬劳模精神、劳动精神和工匠精神,树立正确的就业创业观,乐于承担社会责任,养成尊重劳动、热爱劳动、崇尚劳动、勇于创新的品质。

(3)通过参加成武县"园学农教育实践活动",学农耕之技,享劳动之乐,增强学生劳动最光荣的意识,提高学生参与社会实践的能力。

4. 学习评价

(1)学生能通过搜集最美劳动者事例,明确劳动对社会发展和进步的意义。

(2)学生能通过"学习新时代最美劳动者"情境,找出劳动者应具备的精神品质。

(3)学生能通过模拟招聘、应聘过程,努力学习,增长才干意识,为将来成为新时代最美劳动者做好准备。

5. 学习活动设计

(1)认识新时代最美劳动者。

【议学情境 1】小组课前搜集最美劳动者(不同年龄段、要有时代性)事例,并与同学们分享这些劳动者身上有哪些值得我们学习的精神品质。

【议学思考 1】① 劳动对社会发展和进步的意义。② 他们身上有哪些"美"的精神品质?

【活动意图1】通过讲述最美劳动者的事例,让学生认识最美劳动者的精神品质,明确劳动对社会发展和进步的意义,培养学生尊重劳动者、崇尚劳动者的情感。

(2)学习新时代最美劳动者。

【议学情境2】李明入职之初就决心以高标准、严要求要求自己,尽自己所能为公司谋求更大的发展。他立足本职,热爱本职,勤奋好学,带领员工不断开拓创新,开展科技攻关;加强对员工职业技能和道德培训,强化员工的奉献意识和责任意识,把岗位工作做实、做细、做精;代表公司多次参加公益活动,使公司树立了良好的信誉和形象,取得了良好的经济效益和社会效益。李明因德才兼备、工作业绩突出,年底被评为市级"最美劳动者"。

【议学思考2】概括新时代劳动者应具备哪些素质和能力。

【活动意图2】通过学习最美劳动者的劳模精神、奉献精神等高尚的精神品质,激励学生成为社会需要的新时代劳动者,积极投身社会主义现代化建设,从而培养学生热爱劳动、勇于创新的品质,意在引导学生明确未来发展方向和目标。

(3)争做新时代最美劳动者。

【议学情境3】李明所在公司因业务需要,欲招聘员工若干名。李明作为此次招聘主管,需要做好招聘会的筹备工作,对应聘者的知识、技能、创新能力、责任意识等方面提出具体要求。请学生在课前做好准备工作,分工合作,帮助李明完成招聘活动。

【议学思考3】① 企业招聘者:模拟企业发布招聘信息;设计招聘问题;模拟招聘过程。② 应聘者:写求职简历,简历要充分反映自身的能力,并根据招聘要求凸显个人特点,模拟应聘过程。③ 展示出完成该活动所需要参考的法律法规。

【活动意图3】通过让学生体会招聘会和应聘会现场,感受劳动力市场的激烈竞争,知道社会发展需要多样化、多层次、高素质和技能型的劳动者。引导学生树立正确的就业观,平等就业、竞争就业,激励学生不断提高素质和技能,适应社会发展的需要,成为擅长学习新知识、掌握新技术、创新才能强、爱岗敬业、无私奉献、拥有强烈社会责任感的新型劳动者。

6.作业与拓展学习设计

(1)参加成武县"园学农教育实践活动",学农耕之技,享劳动之乐。培养学生尊重劳动、热爱劳动、崇尚劳动、勇于创新的品质。

(2)根据自己的志向和能力,结合国家发展需要,制订一份个人发展规划。

(四)探寻创业之路

1.内容分析

本课时阐述了创业过程中需要注意的法律问题,包括如何选择创业的经营主体、法律对设立经营主体的要求、企业登记制度与信息公示制度等,主要介绍如何依法创办企业。

2. 学情分析

学生毕业后,如欲参加工作,会面临就业和创业两种选择,创业问题起到承接前面就业和启发后面如何经营、依法纳税的作用。在"大众创业、万众创新"的今天,创业者投身企业创办与经营,要具备法律常识与风险意识,但学生对创业的程序和法律常识、风险并不了解,本课的学习有利于学生避免盲目创业。

3. 学习目标

(1)结合新闻报道,理解"大众创业、万众创新"政策的意义,培养学生的政治认同素养。

(2)查阅我国《民法典》《公司法》《合伙企业法》《个人独资企业法》等法律,明确我国社会主义市场经济中的各种经营主体及其在法律上的差异,增强学生的法治意识。

(3)走访创业者或市场监督管理部门,了解企业创办程序,理解企业登记和企业信息公示的重要法律意义,帮助学生树立法治意识,提高学生参与社会实践的能力。

4. 学习评价

(1)通过观看视频《全国大众创业万众创新活动周启动仪式》,学生能够理解国家对创业创新的政策支持,增强创业创新意识。

(2)学生能够结合"李明返乡创业"情境,了解各类经营主体的相关知识。

(3)通过走访创业者或本地市场监管部门,学生能够掌握创办企业的法定程序。

5. 学习活动设计

(1)增强创业创新意识。

【议学情境 1】播放《全国大众创业万众创新活动周启动仪式》。

【议学思考 1】理解国家推行"大众创业、万众创新"政策的意义。

【活动意图 1】通过视频新闻报道,了解国家创业、创新政策,让学生理解国家从政策层面支持和鼓励大众创业、创新,营造积极良好的创业、创新服务环境,增强学生对国家政策的认同和自主创业、勇于创新的意识。

(2)选择合适的经营主体。

【议学情境 2】李明凭借自身的勤奋和才能,为公司创造了更大的经济效益,同时自己也积累了一定的资金和人脉,但他始终没忘初心,返乡创业,反哺家乡。

【议学任务 1】请学生在课前查阅《民法典》《公司法》《合伙企业法》《个人独资企业法》等相关法律,为李明选择合适的经营主体建言献策。

【议学思考 2】说出我国社会主义市场经济中存在的各种经营主体以及各经营主体在法律上的差异。合作完成表 6.3.1。

表 6.3.1　经营主体设立条件及依据

市场经营主体类型	登记条件、出资要求、责任承担	法律法规、部门规章依据
有限责任公司		
股份有限公司		
合伙企业		
个人独资企业		
个体工商户		

【活动意图2】让学生了解:我国市场经济的经营主体有哪些? 有什么差异? 各适合什么样的创业人群? 帮助学生以后在创业时能够正确选择适合自己的经营主体。

(3)依法定程序创办企业。

【议学任务2】课前走访你身边的成功创业者,或者走访本地市场监督管理部门,帮助李明了解企业注册程序、需准备的材料及提交途径、不同类型企业的注册方式、注册资本的缴纳方式以及国家在企业注册方面的便民举措等。

【议学思考3】整理经营主体注册的便民举措并制作宣传板报,课上与同学们分享。

【活动意图3】本环节让学生熟知企业创办的流程,增强企业创办过程中的法律意识和风险意识,为以后创业奠定法治基础,为合法诚信经营创造条件。

6. 作业与拓展学习设计

当前,不少企业创办者会把企业注册等事宜委托给第三方中介机构代办。这一方面为企业创办者节省了时间和精力,但另一方面也给新生企业带来不少法律风险。请查阅资料,分析由第三方代办企业注册可能碰到的法律风险,并从创业者的角度谈谈如何避免这些风险。

(五)解锁经营密码

1. 内容分析

本课时着重讨论诚信经营、消费者权益保护与依法纳税义务,讲述经营者守法诚信经营的重要性,阐述法律规定的经营者义务与消费者权利,阐明经营者与公民个人的纳税义务等。与前一框内容相承接,按照企业创办经营过程的一般顺序展开:依法创办企业—公平竞争与诚信经营—经营所得依法纳税。

2. 学情分析

企业经营问题是对前面企业创办问题的延伸,企业创办之后自然进入如何经营阶段。部分学生以后也将选择创业经营,他们对企业经营有兴趣,但对如何经营企业才能收获成功停留在必修二相关内容的认知上,没有形成综合认识。这节课将帮助学生从多角度、多方面梳理企业经营发展的措施,为其以后成为成功的创业者、经营者做准备。

3. 学习目标

（1）查阅《反不正当竞争法》，了解不正当竞争行为的主要类型及其给经济健康发展带来的不利影响，探究网络环境下产生的新的不正当竞争现象。

（2）结合侵害消费者权益的事例，知晓解决消费者与经营者之间争议的途径，维护消费者的合法权益。

（3）举办知名企业家座谈会（或电话连线）活动，知道税收的种类及其意义，增强依法纳税的意识。归纳出企业经营成功的措施，使学生树立正确的创业观和守法诚信经营意识。

4. 学习评价

（1）通过调查身边的经营者，学生能够加深对不正当竞争行为的认识，探寻解决不正当竞争问题的途径。

（2）通过对"李明返乡创业"情境的分析，学生能够学会从多角度维护消费者的合法权益。

（3）学生能够自主举办"知名企业家座谈会"活动，阐述企业经营成功的因素。

5. 学习活动设计

（1）反对不正当竞争行为。

【议学情境 1】请调查你身边的经营者，指出他们是否存在不正当竞争行为。

【议学思考 1】① 与同学交流分享调查情况，探讨产生不正当竞争行为的原因及对经济健康发展的不利影响。② 说说不正当竞争的主要类型。③ 交流分享网络环境下新的不正当竞争现象。④ 结合所学知识，谈谈如何解决不正当竞争问题（可以从不同的主体考虑）。

【活动意图 1】该环节的设置使学生全面了解不正当竞争行为的类型以及不正当竞争对经济健康发展的不利影响，警示学生以后作为经营者要增强公平竞争意识、守法诚信经营意识，作为消费者要增强维权意识，与不正当竞争行为做斗争。

（2）依法诚信经营。

【议学情境 2】李明综合考虑各种因素后，注册了特色农产品有限责任公司，从事特色农产品生产、加工、销售活动。经过几年的精心经营，现已成为拥有 50 多名员工、年利润 200 余万元的省内知名企业，带动 700 余名村民实现共同富裕，为当地税收做了重要贡献。李明常对员工进行《反不正当竞争法》等法律宣传教育，确保产品质量安全且信息透明，自觉维护消费者合法权益，为公司树立了良好信誉和形象。创业成功的李明不忘反哺家乡，筹集资金 500 余万元，为村里安装自来水、路灯、监控、修路，助力乡村振兴。2023 年李明被当地评为"返乡入乡创业带头人"。

【议学思考 2】① 说说经营者诚信经营的意义。② 从国家、企业、消费者等角度，谈谈如何维护消费者的合法权益。

【活动意图2】让学生明确经营者诚信经营的重要意义,消费者依法享有哪些权益以及权益受侵害时如何依法维权。这也是对上一环节的承接和拓展,不正当竞争行为不仅损害了其他经营者的合法利益,也侵害了消费者的合法权益,强化企业经营者要有公平竞争、诚信经营意识。

(3)分享经营之道。

【议学情境3】邀请李明等企业家参加知名企业家座谈会(或电话连线企业家活动),请他们介绍创业历程和经营成功的密码。

【议学思考3】① 为举办知名企业家座谈会(或电话连线企业家)活动制作并分发邀请函。② 总结他们的经营之道,学习他们的精神品质。

【活动意图3】邀请企业家面对面地和学生分享、传授经营经验,不仅让学生学到了教材之外的知识,还激发了学生的兴趣和好奇心。企业家的精神品质对学生的发展能起到正确的示范和引领作用。

6.作业与拓展学习设计

利用周末走访你身边的某一企业,了解其经营状况,并为其更好地发展出谋划策。

(设计者:宋宪荣、石永伟、刘建民、罗亚妮、张松)

第四单元
社会争议的解决
大单元教学设计

一、单元主题

本单元围绕"依法解决社会正义,妥善化解矛盾纠纷"这一主题展开,核心是理性看待矛盾纠纷,牢固树立依法维权意识。本单元坚持法治教育和德治教育相结合,引导学生正确看待争议、依法解决纠纷,从而维护公平正义,严守道德底线,使之成为社会主义法治的忠实崇尚者、自觉遵守者、坚定捍卫者。

二、单元教学设计依据

(一)育人价值

通过本单元教学,引导学生理性看待社会生活中的矛盾和纠纷,了解和解、调解、仲裁、诉讼等多元纠纷解决方式及其作用,养成自觉守法、遇事找法、解决问题靠法的思维习惯和行为方式,坚定对全面推进依法治国、建设社会主义法治国家的政治认同;引导学生正确认识正当程序原则,掌握通过诉讼解决纠纷、实现公平正义的基本方法和步骤,树立理性表达诉求、依法维护权利的意识,提高以法治思维和法治方式维护自身权利、参与社会公共事务、化解矛盾纠纷的能力;引导学生树立"有权利就有义务"的观念,进而自觉履行法定义务、主动承担社会责任;引导学生强化守法意识、规则意识、责任意识、程序意识,倡导契约精神,弘扬公序良俗。

(二)课程标准

解析民事诉讼、刑事诉讼、行政诉讼的特点和程序,说明不同诉讼中的举证规则,树立证据意识;概述公民的诉讼权利,熟悉公民获得法律援助的渠道。

(三)单元内容

《法律与生活》前三个单元介绍了《民法典》《劳动法》等实体法规定的民事权利和义务,为学生提供了婚姻家庭、创业就业等日常生活领域的法律常识。当相关主体因权利受侵害、义务未履行而在这些领域产生争议、引发纠纷时,学生还应该进一步掌握如何依法妥善处理纠纷,有效维护合法权益。可以说,本单元是前三个单元的延伸与拓展,为权利遭受侵害的主体提供了法律救济途径,为遭受到破坏的法律关系提供了通过法定程序重回正常轨道的机会,是确保前三个单元所涉及实体权利顺利实现的重要保障。"无救济则无权利",本单元的知识是对前三个单元的实体权利在程序上的保障。作为全书的最后一个单元,本单元紧紧围绕"依法解决社会争议、妥善化解矛盾纠纷"这一主题展开,核心是理性看待矛盾纠纷,牢固树立依法维权意识,通过法律途径有效解决社会争议,实现公平正义。本单元设计了两课和一个综合探究,先阐明可以通过多元方式解决纠纷,后着重介绍通过诉讼方式解决纠纷的具体方法,再通过模拟法庭活动让学生亲身体验民事诉讼程序。

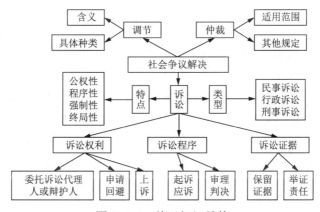

图 6.4.1 单元知识结构

(四)单元学情

面对一本全新的教材,法律对于高中生来说是一个比较陌生的领域。通过小学、初中《道德与法治》的学习,高中生有了尊法、守法的理念,但对于具体的法律知识,不管是实体法还是程序法他们都不甚了解。高中生已经具备了感性体悟能力和理性思维能力,对新知识的好奇心和求知欲旺盛。兴趣是最好的老师,但是仅有兴趣显然远远不够,毕竟仲裁、诉讼、法院等领域对大多数高中生来说是陌生的。所以,教师在教学中除了多运用生活实例激发学生对社会争议如何解决的方式进行思考,还可以通过社会实践、"行走的思政课"、模拟法庭等活动锻炼学生的思维能力,提高学生的思维品质,促进学生法律意识的形成,让学生学会用合适的法律手段解决生活中遇到的纠纷,增强学生的学科核心素养。

三、单元目标

(1)引导学生理性看待社会生活中的矛盾和纠纷,掌握和解、调解、仲裁、诉讼等多元纠纷解决方式及其作用,从而养成自觉守法、遇事找法、解决问题靠法的思维习惯和行为方式,坚定对全面推进依法治国、建设社会主义法治国家的认同。

(2)引导学生正确认识正当程序原则,掌握通过诉讼解决纠纷、实现公平正义的基本方法和步骤,树立理性表达诉求、依法维护权利的意识,提高以法治思维和法治方式维护自身权利、参与社会公共事务、化解矛盾纠纷的能力。

(3)引导学生了解证据的概念和种类,明确证据的重要性,从而树立证据意识,掌握收集证据的方法。

四、单元达成评价

(一)纸笔测试

课时训练、达标测验、单元测试。

(二)表现性任务

(1)观看《人民调解员》《仲裁在中国》等纪录片,结合本单元教学内容,为全校师生写一篇有关于纠纷解决的宣传稿,为同学和老师普及有关法律常识。

(2)结合本单元教学内容,以"青少年助力法治新时代建设"为主题,写一份倡议书。要求:200字左右。

(3)结合本单元教学内容及真实案例,模拟一次法庭活动。要求:将班级同学按照审判组、原告组、被告组、代理人组、证人组等进行分工,每人必须加入一组并承担一个角色。每人按照角色分工准备相关材料,发言时要注意语言表达的规范性、严谨性和准确性。

(4)结合本单元相关知识,设计一份诉状书模板(注意用词、程序规范且具有实用性)。

五、单元实施

(一)单元整体教学思路

本单元设计了两课五框和一个综合探究,先阐明可以通过多元方式解决纠纷,后着重介绍通过诉讼方式解决纠纷的具体方法,再通过模拟法庭活动让学生体验民事诉讼程序。在第九课的教学设计中,为了重点讲清纠纷的多元解决方式——和解、调解、仲裁、诉讼,笔者主要通过不同情境的创设、探究问题的设计及小组活动的展开,使学生能够明白调解与仲裁两种较为常用的非诉讼纠纷解决方式的内涵、特点、程序与作用;同时通过总结归纳,阐明作为纠纷解决最终途径—诉讼的内涵、特点、类型以及不同诉讼类型在诉讼目的、提起主体等方面的显著差异。第十课围绕民事、行政、刑事三大诉讼类型,通过活动型课堂、议题式教学、探究式教学、辨析式教学等多种方式,介绍了在诉讼过程中当事人享有的广泛诉讼权利以及正确行使诉讼权利的具体方式,讲述了寻求法律援助以充分保障诉讼权利实现的途径与程序,阐明了诉讼应严格依照法定程序进行,介绍了诉讼过程的主要环节以及各个环节的具体内容与要求;阐述了证据在诉讼中的重要作用,展示了证据的法定种类,讲述了收集、保存证据的具体方法,阐释了举证的基本规则。

(二)单元整体框架

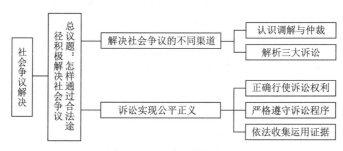

图 6.4.2 单元整体框架

六、课时教学设计

本单元围绕总议题"依法解决社会正义,妥善化解矛盾纠纷"下设二个议题(5课时):纠纷的多元解决方式有哪些(第1~2课时)、怎样通过诉讼实现公平正义(第3~5课时)。

(一)纠纷的多元解决方式有哪些(第1课时)

1. 内容分析

本课时讲述发生纠纷时,通过和解解决纠纷的特点,阐释调解的内涵、特征,说明调解制度的类型、作用,明确人民调解的特点、原则等,阐明仲裁的类型、商事仲裁的内涵和特征。基于此,本课分为两目:第一目"以和为贵选调解"阐释了调解的内涵与主要类型,阐述了人民调解的特征、原则与调解协议的效力,阐明了调解在多元化纠纷解决机制中的地位和作用。第二目"便捷经济选仲裁"阐释了仲裁的主要类型,阐述了商事仲裁的内涵、适用范围与基本制度,阐明了仲裁在多元化纠纷解决机制中的地位和作用。两目分别介绍了两种非诉讼纠纷解决方式,调解的显著特征是有利于维护社会和谐,仲裁的显著特征是便捷经济,它们都是常见的、有效的纠纷解决方式,也都是多元化纠纷解决机制的重要组成部分。

2. 学情分析

本课时从知识内容看,法律术语种类繁多,如调解的种类有四种,仲裁的种类有三种,对于学生来说比较抽象且理解难度较大。故笔者在教学设计时,以案例讨论和辨析为主,如此,一是有利于学生以案析法增强其逻辑思维能力和辨析论证能力,培养学生的科学精神;二是增强了学生对依法治国方略的感悟,启发学生坚持做到"学法、知法、懂法、用法",为中国特色社会主义法治国家的建设增砖添瓦,从而增强其社会参与能力和政治认同度。

3. 学习目标

(1)结合日常生活事例,分析纠纷产生的原因,探究纠纷解决的路径、方式,明确正确看待纠纷、合理表达诉求的意义。

(2)结合中华优秀传统文化中"和为贵"的具体表现,了解和解的基本含义及其在纠纷解决中的作用。结合具体事例,了解调解的内涵、特点、类型,理解其在多元化纠纷解决机制中的地位与作用。

(3)结合生活事例,识别人民调解、行政调解、仲裁调解、诉讼调解等不同调解方式,了解它们在主持机构、适用范围等方面的差异。结合人民调解的成功经验,了解人民调解的特点、原则,理解调解协议的效力,了解"枫桥经验"的基本做法与现实意义。

(4)结合具体案例,了解仲裁的特征、类型,理解其在多元化纠纷解决机制中的地位与作用。

(5)结合仲裁案例与法律规定,了解商事仲裁的适用范围和商事仲裁基本制度,提高合理选择纠纷解决方式、高效化解矛盾纠纷的能力。

4. 学习评价

观看中国首部仲裁纪录片《仲裁在中国》,能结合本课内容,写一篇有关"仲裁"的观后感。要求:150字左右,观后感中要有仲裁的含义、特点等相关知识。

5. 学习活动设计

(1)导入新课。

【议学情境1】① 播放歌曲《我是人民调解员》:"我不曾动地感天,做的事很平凡,管的是家常和理短,聊的是柴米油盐,见的是邻里乡亲,跑的是地头田间……"② 提出问题:人民调解员责任重如山,大家了解人民调解员吗?调解有什么特点?遇到纠纷,我们可以选择哪些方式解决?今天就让我们一起学习纠纷的多元解决方式,一起认识调解与仲裁。

【活动意图1】学生通过听取歌词内容及思考教师的问题,提出对本节课要学习知识的思考,调动学生的积极性。

（2）以和为贵选调解。

【议学情境2】视频展示学生李明从网上、电视上看到的各种与社会纠纷有关的真实案例。① 案例1:2021年3月20日,冯某放学回家,途经张某家门口时（当时张某不在家）,被其饲养的三条狼狗咬伤,后被送往医院治疗。张某闻讯立即赶到医院,支付了冯某当天的治疗费用,但在后续治疗中,张某不再支付,最后余下的全部费用由冯某母亲吴某支付,花费近万元。为赔偿一事,吴某数次到张某家协商,但张某始终只对当天的费用认账。② 案例2:2020年2月17日,广东省某村的村民黄某与邻居黄某锐因土地界址问题发生纠纷,请求罗定市附城司法所介入调解。该司法所联合综治中心、国土所召开矛盾分析研判会,组建调解工作小组,对此次的纠纷案件展开调解工作。最后,经过8小时的调解,双方签订了调解协议。

【议学思考1】① 结合案例1,谈谈吴某与张某的纠纷可以通过哪些方式解决。哪种解决方式更好? 为什么? ② 结合案例2,分析为何调解。本案例中的调解属于什么类型? 它有什么特点? ③ 有人认为人民调解就是当“和事佬”“和稀泥”,列举事实,批驳这种观点。

【活动意图2】增强学生获取、解读、概括及利用信息的能力。① 让学生明白我国已经建立了较为完善的调解制度,包括人民调解、行政调解、仲裁调解、诉讼调解等,它们在不同层面为解决纠纷发挥着重要作用。② 让学生理解调解属于人民调解。人民调解被誉为伟大的“东方经验”,它在人民调解委员会的组织下进行。人民调解要尊重当事人的权利,不得违背法律、法规和国家政策,不收取任何费用。人民调解委员会是依法设立的调解民间纠纷的群众性组织,经其调解达成的协议当事人应当按照约定履行。③ 让学生知道人民调解是我国民间一种非常重要的纠纷解决方式,在国内被称作维护社会稳定的“第一道防线”,与被称为“最后一道防线”的诉讼相对应。那种认为人民调解就是当“和事佬”“和稀泥”的说法是不准确的。

（3）便捷经济选仲裁。

【议学情境3】① 播放《话说仲裁——仲裁知识宣传片》。视频介绍了仲裁的含义、仲裁与法院审判的区别、仲裁的产生与发展、仲裁的优点及适用范围、仲裁协议的含义及订立、仲裁申请书的内容及仲裁的基本程序、仲裁的特点及裁决效力等。② 某房地产开发公司因为逾期交房,被业主林某告上了仲裁庭。根据双方合同约定,开发商每逾期一天,须按房款的1‰支付业主违约金。然而,开发商逾期3个多月仍未交房。故二者协商,选择仲裁方式解决。最终,仲裁庭做出仲裁,开发商支付林某2万元违约金。

【议学思考2】结合①,谈谈你眼中的“仲裁”。结合②,你认为当事人选择仲裁方式解决纠纷,应该是出于什么考虑?

【活动意图3】通过观看视频、研究案例及小组交流研讨、汇报成果等,使学生能够对仲裁从感性认识上升到理性认识,从而明白仲裁的含义、类型与特点,同时具备一定的法治意识及思维。

6. 作业与拓展学习设计

观看大型系列纪录片《人民调解员》,寻找身边的人民调解员,聚焦司法制度末梢的人民调解员的工作,感悟人民调解制度在社会生活中的作用。

(二)纠纷的多元解决方式有哪些(第2课时)

1. 内容分析

本课主要讲述诉讼的内涵和特点,阐明诉讼的类型及其差异。与上一课的逻辑关系:上节课重点阐述纠纷解决的非诉讼方式,本课重点讲述诉讼方式,这是两种既相互关联又有区别的纠纷解决方式。前者能以和谐、便捷方式分流解决大部分纠纷,有效缓解后者的压力;后者是解决纠纷的最后途径,能为前者的顺利实施提供有力保障。本课在内容结构上包括两目:第一目"诉讼及其特点"阐释了诉讼的内涵与特点,阐明了诉讼在多元化纠纷解决机制中的地位与作用;第二目"诉讼的主要类型"阐明了诉讼有民事诉讼、行政诉讼、刑事诉讼三种类型,介绍了不同诉讼类型在诉讼目的、提起主体等方面存在的显著差异。两目共同阐释了诉讼基本理论。

2. 学情分析

本课的教学内容在现实生活中学生有所接触、了解,但他们很难把抽象的知识同生活联系起来。为此,教师在教学设计中,应多利用学生身边贴近学生思想、生活、经验的素材,充分考虑高中生的发展特点,运用播放视频、创设情境等方式培养学生的学科核心素养,让学生在自主辨析的思考中感悟真理的力量,让学生通过自己的观察分析得出正确的结论。教师将针对学生的疑难困惑进行讲解、提升,使课堂更贴近学生实际,从而激发学生的情感共鸣,达成思想共识,增强教育效果。

3. 学习目标

(1)通过学生自主思考、小组成员合作探究,使学生从当下生活出发,探索学习诉讼、诉讼法等内容,熟知我国诉讼法的基本类型,推动学生形成办事依法、遇事找法、解决问题用法、化解矛盾靠法的法治意识。

(2)借助具体实例,使学生掌握诉讼的特点和类型,了解三大诉讼的特点和程序,明确不同诉讼中的举证规则,树立证据意识,认同人民法院依法审判的权威,学以致用,把法治作为学习、生活的准则。

4. 学习评价

我们现在学习的法律知识,是可以在现实生活中维护自身和他人合法权益的必备法律常识。请以"尊法、学法、守法、用法,助力法治新时代建设"为主题,写一份倡议书。要求:200字左右。

5. 学习活动设计

（1）导入新课。

【议学情境1】① 播放《一分钟了解诉讼》。诉讼是一种常见且有效的纠纷解决方式，是在纠纷主体的参与下，由人民法院依照法定程序解决具体纠纷的活动。② 总结归纳视频内容："在刚才的视频中，同学们初步了解了诉讼的类型、特点等。接下来，我们具体了解有关于'诉讼'的相关知识。"

【活动意图1】学生观看视频后，对诉讼有了初步的认识与了解，调动了学生的积极性。

（2）如何理解诉讼是解决纠纷的最后途径？

【议学情境2】李明的邻居小莹与他人发生纠纷，请通过不同的途径积极解决。小莹酷爱文学创作。一天，她偶然发现一本署名为小琪的诗集里载有自己的作品，后来得知是文学社的同学小琪擅自将社团内部的讨论稿件交给某出版社出版了。小莹认为这一行为侵犯了她的合法权益，要求小琪公开道歉并赔偿经济损失。但小琪认为这是帮助小莹做宣传，并不侵权。社团老师出面调解，小琪不仅不道歉，还认为小莹小题大做。有的同学也认为小莹没必要这么较真。为此，小莹很困惑，最终，她咨询律师后，在父母的帮助下，向人民法院提起诉讼，维护自己的合法权益。

【议学思考1】① 本案中小莹采取了哪些解决矛盾纠纷的途径？② 小莹提请诉讼能解决这个问题吗？为什么？

【议学情境3】关于几种解决纠纷的途径，李明所在社区居民纷纷发表自己的看法：

居民甲：诉讼是由法院代表国家行使审判权。

居民乙：诉讼必须依照法律规定的诉讼程序进行，否则要承担相应的法律后果。

居民丙：当事人如果不履行法院生效裁判所确定的义务，法院可以依法强制执行。

居民丁：司法是解决争议的最后一道防线。

【议学思考2】结合上述居民的观点，谈谈：什么是诉讼？诉讼的法律依据有哪些？诉讼具有哪些特点？

【活动意图2】增强学生获取、解读、概括及利用信息的能力，通过分析讨论和总结，知道诉讼的含义、特点、地位。

（3）如何分辨诉讼的三大类型？

【议学情境4】李明根据老师课前的要求，搜集了有关民事、行政、刑事三种不同类型的真实诉讼案件。① 案例1：陈某在小区散步时见一条狗很可爱，便去逗引，结果被狗咬伤。陈某要求狗的主人石某赔偿其医药费、营养费、误工费等共计1万元。但石某认为，如果陈某不主动逗狗，狗是不会咬她的，因此不同意赔偿。陈某向人民法院提起诉讼，请求判石某赔偿其相应损失。② 案例2：张某从某县山区的居民那里收购了无合法来源的王锦蛇，准备高价销售，以牟取利益，不料被县林业局执法人员查获。县林业局以王锦蛇为省重点保护野生动物、张某未办理野生动物经营许可证为由，认定该行为违反《中华人民共和国野生动物保护法》的相关规定,决定依法没收王锦蛇,并对张某给予罚款处罚。张某认为县林业局做出行政处罚的主要证据不足,遂向人民法院提起诉讼,请求撤销行政处罚决定。③ 案例3:某日下午,华某携水果刀窜至某中学附近小巷,将学生常某拦住,采取威胁、殴打等手段,将常某的手机和运动手表抢走,后被公安机关抓获。侦查终结后,公安机关将案件移送至人民检察院。人民检察院经审查,以抢劫罪向人民法院提起公诉,要求追究华某的刑事责任。

【议学思考3】① 上述案例提到的诉讼有什么区别? ② 在案例2中,张某不服行政处罚,除了向人民法院提请行政诉讼,还有其他的解决途径吗? ③ 什么行为构成犯罪?刑事案件只能由人民检察院提起诉讼吗? ④ 刑事诉讼中,如何对被害人的财产利益进行维护?

【活动意图3】通过小组交流研讨和汇报成果,学生能够明确三大诉讼的区别,同时掌握犯罪的特征、刑事诉讼的原则等知识。

6. 作业与拓展学习设计

登录当地人民法院官方网站,查阅真实民事、行政、刑事审判案例,感悟并体会三种不同诉讼的特点。

(三)怎样通过诉讼实现公平正义(第3课时)

1. 内容分析

本课的课题是"正确行使诉讼权利",主要介绍了当事人享有广泛的诉讼权利并且诉讼权利的行使受到司法机关的充分保障,重点阐明了委托诉讼代理人或辩护人、申请回避、上诉三项诉讼权利的主要内容与作用,阐释了法律援助的基本含义、获得方式、适用范围与申请程序等。本课包括两目:第一目"诉讼权利面面观",说明当事人享有广泛的诉讼权利,并且司法机关保障当事人充分行使诉讼权利,阐明了委托诉讼代理人或辩护人、申请回避、上诉三项诉讼权利的主要内容与作用;第二目"寻求法律援助",介绍了国家建立法律援助制度的背景和意义,阐释了法律援助的基本含义、获得方式、适用范围、申请程序,阐明了未成年人获得法律援助的特别规定。第二目是第一目的补充与延伸,介绍了为无法充分行使诉讼权利的当事人提供无偿、专业法律服务以维护其合法权益的有效途径。

2. 学情分析

从本框知识内容看,法律术语种类繁多,对于学生来说比较抽象,理解难度较大。故教师基于学科核心素养,通过课上探究和课后实践等活动,让学生在自主辨析的思考中感悟真理的力量,着眼于学生的真实生活和长远发展,在教学实施中创设生活化的活动主题,使理论观点与学生的生活经验有机结合,增加学生参与社会实践活动的机会,并能通过自己观察分析得出正确的结论。教师针对学生的疑难困惑开展讲解、提升,使思政课更贴近学生实际,从而激发学生的情感共鸣,达成思想共识,增强教育效果。

3. 学习目标

（1）结合"法律面前人人平等"这一重要宪法原则,明确当事人在诉讼过程中享有的诉讼权利,理解司法机关充分保障当事人诉讼权利的重要意义。

（2）结合具体案例,知道当事人在诉讼过程中享有委托诉讼代理人或辩护人的权利,享有申请回避的权利和上诉的权利。

（3）结合日常生活实例,了解法律援助的含义、意义、获得方式、适用范围与申请程序,知道未成年人获得法律援助的特别规定。

4. 学习评价

通过学习本课内容,学生能写一份简洁明了且实用的诉讼维权指南。维权指南既能体现知识性,也具备实用性。

5. 学习活动设计

（1）导入新课。

【议学情境1】电影《第二十条》中有一句经典台词:"这部《中华人民共和国刑法》,一共四百五十二台法条,五万六千六百八十一字,从头到尾写的就是四个字:公平正义!"

【议学思考1】① 司法公正的实现离不开对当事人诉讼权利的保障。当事人主要有哪些诉讼权利? ② 经济困难的公民和特殊案件的当事人如何实现自己的诉讼权利?

【活动意图1】通过听取讲话及思考教师的问题,引发对本节课要学习知识的思考,调动学生的积极性。

（2）当事人主要有哪些诉讼权利?

【议学情境2】图文展示李明的亲戚白某与他人产生了矛盾纠纷,向法院起诉的过程。白某与王某系好友。2020年7月,因投资需要,王某向白某借款3万元,承诺2年内归还。但直到2022年7月,王某仍未还款。白某将王某告上了法院,并聘请律师为自己诉讼。在法庭上,白某发现书记员是王某的妹妹,于是向法院要求其退出庭审。经过庭审,法院以证据不足为由判白某败诉。白某不服一审判决,准备上诉,但由于忙于经营,于1个月后才提起上诉。

【议学思考2】① 白某在诉讼中行使了哪些诉讼权利? ② 白某对本案是否还有上诉的权利?请说明理由。

【活动意图2】增强学生获取、解读、概括及利用信息的能力,通过探究活动理解掌握公民的诉讼权利有哪些、上诉的条件等知识。

（3）如何寻求法律援助。

【议学情境3】播放《什么是法律援助》。视频展示法律援助的对象、援助的人员以及援助的范围等。

【议学思考3】① 为什么设立法律援助制度? ② 法律援助的申请条件和程序是什么?

【活动意图3】通过小组交流研讨和汇报成果,学生能够明白法律援助的范围及程序,从而具备一定的法治意识及思维。

6. 作业与拓展学习设计

周末到当地社区或法律援助中心做志愿者,宣传与法律援助有关的知识。

(四)怎样通过诉讼实现公平正义(第4课时)

1. 内容分析

本课的课题是"严格遵守诉讼程序",介绍了三大诉讼在起诉、应诉、审理、判决等主要诉讼程序中的具体规定。本课包括两目:第一目"起诉与应诉"阐释了起诉的概念、条件与原则,介绍了管辖制度的主要内容与重要作用,阐明了起诉的法律效果,阐述了审理前准备的主要内容;第二目"审理与判决"介绍了民事、行政诉讼中的第一审普通程序开庭审理的五个阶段及其主要内容,阐释了第二审程序、审判监督程序的主要作用。两目完整地介绍了诉讼过程中起诉、应诉、审理、判决等主要诉讼程序。

2. 学情分析

教师通过学案预习和课堂活动,帮助学生理解和把握起诉及法院受理诉讼的条件和程序,明确诉讼的基本程序,进而提高学生依照法定程序解决具体纠纷的能力。教师应引导学生进一步融会贯通,强化学生的法治观念,坚持权利与义务相统一,为推动社会主义法治国家建设贡献自己的力量。

3. 学习目标

(1)结合程序正义理念,了解通过诉讼解决纠纷、实现公平正义的基本程序。

(2)结合具体案例,知道起诉的内涵、条件与原则,明确起诉应向有管辖权的人民法院提出,理解中国特色社会主义法治体系保障当事人诉权的意义。

(3)理解公开审判的意义。

(4)结合模拟法庭活动,知道开庭审理的主要阶段及其具体要求,并在此基础上体会公正司法的重要意义与实现路径。

(5)了解第二审程序、审判监督程序的主要作用与判决效力。

4. 学习评价

将课堂上有关于模拟法庭的设计进行梳理和总结,制成一份诉讼程序的过程图,并且结合本课所学,标注好每一个环节应注意什么问题。

5. 学习活动设计

(1)如何起诉与应诉?

【议学情境1】李明的表姐小唐在一家名为"××炉"的饭店就餐。就餐的过程中,小唐去卫生间,因饭店地面湿滑,小唐不慎摔倒并致面部受伤。虽及时去医院治疗,但小唐的额头还是留下了明显的疤痕,因此,小唐一家向饭店索赔。因索赔金额较高,小唐一家与饭店无法达成协商,遂准备向法院提起诉讼。

【议学思考1】① 假如你是小唐,你需要做哪些准备？② 设计活动:结合教材提供的民事诉讼样式,帮小唐写起诉状。

【活动意图1】学生通过观看视频、合作探究及写模拟诉状书的活动,理解起诉和管辖相关知识,了解诉状书的必备内容。

（2）法院如何做到受理及时？

【议学情境2】学生登录本地区法院电子诉讼服务网,模拟提交一审申请书。教师提前准备网上立案流程截图。

【议学思考2】通过提交立案申请,我们对诉讼流程有了进一步了解,那么从立案审查制到登记制,改革的意义何在？ 立案登记后,开庭审理还需要完成哪些工作？

【活动意图2】增强学生获取、解读、概括及利用信息的能力及实践操作能力,使课堂知识与学生的真实体验有机结合;通过分析讨论和总结,学生能掌握并明确开庭的基本程序。

6. 作业与拓展学习设计

① 登录中国庭审公开网,选取一个案件,结合案件梳理诉讼流程。② 我们现在学习的法律知识,是可以在现实生活中维护自身和他人合法权益的必备法律常识。请结合本课所学内容,以“借助多元纠纷的解决途径,助力新时代法治建设”为主题,写一份倡议书。要求:150 字左右。

（五）怎样通过诉讼实现公平正义（第 5 课时）

1. 内容分析

本课的课题是“依法收集运用证据”,阐明了证据的内涵、作用、法定种类与日常生活中收集、保存证据的方法,阐释了三大诉讼的举证规则。三框之间是并列关系,从诉讼权利、诉讼程序、诉讼证据三个方面阐释诉讼制度。本课包括两目:第一目“处处留心皆证据”阐述了证据在诉讼中的重要作用,介绍了证据的概念,区分了诉讼证据与生活中通常所说的证据,介绍了我国三大诉讼法中的证据种类,归纳了日常生活中收集证据的正确做法,阐明了树立证据意识的重要性;第二目“主张权利靠举证”重点说明了民事诉讼和行政诉讼的举证规则及其法律意义,阐明了举证责任倒置原则的内涵和适用情形,阐述了全面贯彻证据裁判规则的现实意义。

2. 学情分析

法律知识对于高中生来说比较陌生,尤其是较为专业的诉讼等领域,学生不熟悉。所以,教师在教学中要让学生掌握有关法律及相关的诉讼程序,使学生进一步提高对法律的理解,掌握解决法律问题的有效途径,并在此基础上充分感受司法的公正。

3. 学习目标

通过学习,了解证据的概念、证据的种类,理解收集和保存证据的要求;明确我国诉讼法中规定的举证责任承担,结合实例体会举证对于诉讼成败的意义,树立证据意识,学会收集、保留证据,提高举证能力。把法治作为学习活动、工作的准则和指南,推动形成办事依法、遇事找法、解决问题用法、化解矛盾靠法的良好治理环境。

4. 学习评价

根据本课所学内容,梳理在搜集不同类型的证据时需要注意的问题,并以此为依据写一份收集证据宣传书。

5. 学习活动设计

(1)证据从何而来?有什么用?

【议学情境 1】李明通过上网搜集了各种不同的案例,了解不同证据的证据种类。① 案例 1:胡某向于某借款 5 万元。借款到期后,于某多次要求胡某还款,但胡某仅支付了 3 万元便不再还钱,于某只好向人民法院起诉。胡某却一口咬定借款已经还清,还出具了于某亲笔签名并按有指印的收条,收条上写着:"今收到胡某银行汇款叁万元整。4 月 11 日还剩余款贰万元整。"② 案例 2:郑某与吕某是生意合作伙伴,也是多年好友。一天,郑某向吕某求助,说他有笔 8 万元的保险费急需缴纳,手头正紧,请吕某救急,说过几天就还。郑某遂将 8 万元转到吕某账户,并且没要求吕某写借条。没想到,吕某事后不认账,说这 8 万元是郑某应付的加工费,不是借款。多次催款未果,郑某只好起诉。在法庭上,郑某拿出一段录音作为证据。原来,他把吕某提及的借了他 8 万元的对话录了下来。

【议学思考 1】① 结合案例 1,你认为这张收条能作为证据使用吗?该收条存在什么问题?② 结合案例 2,请说明录音能作为证据使用吗?录音属于哪一种证据?郑某的证据能被法庭采纳吗?该案例给我们什么启示?

【活动意图 1】通过该活动,使学生了解证据的概念、作用和种类,知道收集证据的重要性,从而学会在生活中正确地保留证据,理解正确保留与收集证据的要求。

(2)怎样做到"谁主张,谁举证"?

【议学情境 2】李某从甲地乘车去乙地,中途车主以车坏了为由让李某下车,李某被扔在半路,且车主不肯退还车费。李某气愤之余,向人民法院起诉并且要求车主赔偿自己的损失,但李某因证据不足而败诉。

【议学思考 2】① 案例中的李某需要什么样的证据?谁承担举证责任?② 该案例给我们什么启示?

【活动意图 2】通过该活动,学生明白了民事诉讼的举证原则、诉讼的基本原则及意义等,同时,学生在交流中既可以取长补短,发现自己的不足,又可以培养学生的团队合作能力。

6. 作业与拓展学习设计

① 树立证据意识,在生活中有意识地搜集、保留证据。② 为提高课堂效率,更好地

发挥评价功能,实现以评促教,特制作以下评价量表,如表 6.4.1、表 6.4.2 和表 6.4.3 所列。

表 6.4.1　课前搜集资料评价

评价内容	评价指标	评价方法	赋分方法		评价主体
			分值(区间)	满分	
课前资料搜集	① 根据导学案内容,预习课时内容	学案、问卷、资料整理	20	100	自评、师评
	② 通过多渠道搜索课堂探究所需要的资料		20		
	③ 参与完成问卷调查,辅助搜集学情		20		
	② 自主完成拓展阅读任务		20		
	③ 搜集文献资料,就课时相关问题进行深入研究与学习		20		

表 6.4.2　课上过程表现评价

评价内容	评价指标	评价方法	赋分方法		评价主体
			分值(区间)	满分	
学习态度	① 积极参与课堂探究和讨论,在课堂展开过程中贡献有效观点	观察、对话	1～10	50	自评
	② 课堂上遇到不懂的问题,能够及时通过请教老师和同学解决		1～10		
知识原理运用	① 充分掌握并迁移应用本课时所教授的知识原理	检测、辩论、对话	1～10		师评
	② 根据本课时的知识辨识错误观点		1～10		
	③ 面对有挑战性的复杂情况,灵活运用所学知识解决问题		1～10		
表达表现	① 观点表达清晰流畅	观察	1～10		师评
	② 学科概念使用准确得当		1～5		
小组贡献	① 完成小组分工安排的具体任务	记录、观察、展示	1～5	50	他评
	② 积极参与小组讨论,贡献想法		1～5		
	③ 主动解决小组在合作和完成作业的过程中遇到的各种问题		1～5		
	② 自主完成拓展阅读任务		1～10		
	③ 搜集文献资料,就课时相关问题进行深入研究与学习		1～5		
	④ 运用所学知识,关注公共事务,积极参与社会实践		1～5		

表 6.4.3　课后拓展作业评价

评价内容	评价指标	评价方法	赋分方法		评价主体
			分值(区间)	权重	
课后巩固	① 及时、认真地完成课后作业	作业、访谈	1～25	100	自评、师评
	② 自主完成拓展阅读任务		1～25		
	③ 搜集文献资料,就课时相关问题进行深入研究与学习		1～25		
	④ 运用所学知识,关注公共事务,积极参与社会实践		1～25		

（设计者：黄万强、张璐）

第七章　选择性必修三　《逻辑与思维》

第一单元

树立科学思维观念
大单元教学设计

一、单元主题:一起向未来,构建人类命运共同体

　　从异同、特征、形态角度谈思维的基本内涵;从条件、含义、特征角度谈科学思维的内涵;思维的作用、学习科学思维的意义主要说明树立科学思维的重要性;科学思维的基本条件是从措施角度阐述树立科学思维的基本途径。我们通过构建"一起向未来,构建人类命运共同体"的主题,让学生经历真实的问题情境,并通过有指导、有挑战、高投入、高认知的学习过程,实现从感性具体到思维抽象再到思维具体的认知提升,使学习结果对学生成长产生意义,帮助学生树立科学思维观念,积极投身社会实践。

二、单元教学设计依据

(一)育人价值

　　选择性必修三第一单元采用大单元整体教学设计,以"一起向未来,构建人类命运共同体"为主题贯穿 4 课时,每课时都采用议题式教学法和情境教学法,通过对知识进行结构化处理,设置辨析评价、合作探究、分享交流等议学活动,让学生经历有指导、有挑战、高投入、高认知的学习过程,实现认知提升,使学习结果对学生成长产生意义,从而帮助学生树立科学思维观念,积极投身社会实践,真正让"政治认同、科学精神、法治意识和公共参与"思政学科核心素养落地。

（二）课程标准

描述常见的思维活动,体会思维是人类特有的属性,了解思维的基本形态和特征;懂得正确思维的基本条件;区分抽象思维和形象思维;掌握科学思维的特点,体悟学会科学思维的意义。

（三）单元内容

本单元基本逻辑为从思维到逻辑思维再到科学思维的递进。具体来说,从异同、特征、形态角度谈思维的基本内涵;从条件、含义、特征角度谈科学思维的内涵;从思维的作用、学习科学思维的意义说明树立科学思维的重要性;从科学思维的基本条件说明树立科学思维的基本途径和措施。

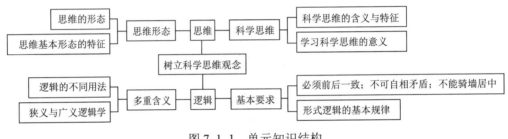

图 7.1.1　单元知识结构

（四）单元学情

学生在必修四学过“意识”“认识”“社会意识”“主观能动性”等基本的哲学概念,熟知了哲学的观点,为本单元科学思维的学习奠定了理论基础,具备开展本单元学习必备的知识积累。但是他们掌握的知识不够系统性,缺乏深度,需要进一步进行系统化、专业化的学习。学生具备了独立搜集素材、发现问题和合作探究解决问题的能力,为本单元学习提供相应的能力支撑。

三、单元目标

（1）通过“从‘人类命运共同体’发展历程中,走进思维世界”议题,自主梳理人类命运共同体的提出思路和具体内涵,了解思维的基本知识,正确认识思维的共同特征,明确思维的方式,达成积极构建人类命运共同体的共识,体会社会主义核心价值体系的巨大力量,感受社会主义国家的制度优势,增强中学生民族自豪感和自信心,坚定制度和道路自信。

（2）通过“从‘民主的真谛’中,揭开‘逻辑’的神秘面纱”议题,合作探究多角度论证“中国民主”的实质,揭露“美式民主”的虚伪,在具体的分析论证和推理过程中辨析、区分狭义逻辑学与广义逻辑学,增强辩证分析能力,培养学生综合运用逻辑知识解决实际问题的能力,坚信中国特色社会主义是国家富强、民族振兴、人民幸福的根本保障。

（3）通过"从美国对一个中国原则的态度中,理解逻辑思维的基本要求"议题,模拟新闻发言人进行科学论证从而反击现实中的错误观点,通过结合相关政治、历史等学科知识,实现了形式逻辑的基本规律的灵活运用,提升了科学理性评析能力,坚定"祖国必须统一、必然统一"的信念,认同走中国特色社会主义道路是历史必然。

（4）通过"从黄河治理高质量发展中,领会科学思维"议题,了解并分析我国黄河流域生态保护和环境治理思路,体会社会主义核心价值体系的巨大力量,感受社会主义国家的制度优势,坚定道路自信、理论自信。

（5）通过"一起向未来,构建人类命运共同体"的总体设计,从整体上着眼人类命运共同体的提出和从个别案例中感受中国实力、中国态度和中国担当,了解思维的基本知识,体悟学习科学思维对提升思维素养的意义,学习科学思维对提升中学生思想水平和政治觉悟的意义,进而实现遵循规则,有序参与公共事务。

四、单元达成评价

（一）纸笔测试

课时训练、达标测验、单元测试。

（二）表现性任务

（1）制作短视频,讲好中国故事。可从"精准扶贫""一带一路""亚太经合组织""对非援助""世界维和"等角度,写介绍中国成就的视频剧本,并完成时长约 1 分钟的短视频拍摄。

（2）开展项目式学习:以"运用逻辑思维,捍卫国家主权"为主题,搜集资料,形成研究性成果;以"运用逻辑思维,戳穿西方虚伪的双重标准"为主题,搜集资料,形成研究性成果。

（3）观看大型纪录片《百炼成钢》,写观后感。

五、单元实施

（一）单元整体教学思路

围绕"体会科学思维,提升思维品质"的学科大概念,以"一起向未来,构建人类命运共同体"为总议题,以中国在国际社会的中国态度和中国担当为主线,开展大单元教学。

（二）单元整体框架

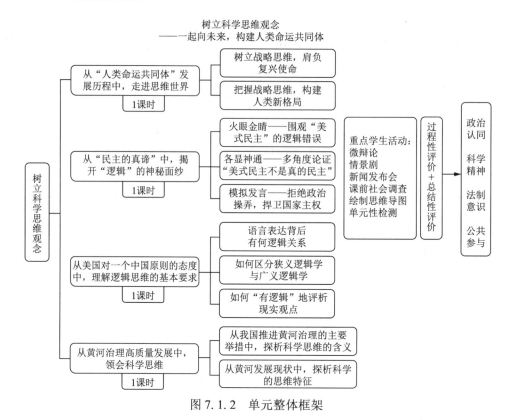

图 7.1.2　单元整体框架

六、课时教学设计

本单元围绕"一起向未来，构建人类命运共同体"，阐述思维的基本内涵、科学思维的内涵；思维的作用、学习科学思维的意义以及树立科学思维的基本途径。设计四大议题，共 4 个课时。

（一）从"人类命运共同体"发展历程中，走进思维世界

1. 内容分析

第一课内容对标《普通高中思想政治课程标准（2017 年版 2020 年修订）》（以下简称《课标》），"描述常见的思维活动，体会思维是人所特有的属性，了解思维的基本形态和特征；懂得正确思维的基本条件和区分抽象思维和形象思维；掌握科学思维的特点；体悟学会科学思维的意义"。"走进思维世界"是本单元乃至整本书的逻辑起点，对思维的概念与特征、思维的基本形态进行了基础的理解和梳理，为第一单元及整本书内容的展开奠定了基础。只有弄清思维的概念与特征，才能进一步理解科学思维的含义与特征，形成具体的逻辑思维、辩证思维、创新思维能力。

2. 学情分析

"逻辑与思维"课程模块是对思想政治学科四个课程模块的延伸和拓展。在必修课程中涉及未细化的内容,如认识和思维的关系,在本课开始初步讲述。对中学生而言,"逻辑与思维"这一课程模块因涉及形式逻辑、辩证思维、创新思维及马克思主义哲学原理等方面的知识,容易让人有知识零散的感觉,教师应通过活动设计,让学生在体验中掌握思维、思维规则和科学思维的逻辑关系。

3. 学习目标

(1)通过自主梳理人类命运共同体的内涵、意义,感受思维过程,初步走入思维世界。

(2)通过召开新闻发布会回答世界之问和课堂即兴演讲活动,达成积极构建人类命运共同体的共识,体会社会主义核心价值观的巨大力量,感受社会主义国家的制度优势,增强中学生的民族自豪感和自信心。

4. 学习评价

(1)纸笔测试:限时 20 分钟完成导学案选择和主观题。

(2)表现性任务:制作短视频,讲好中国故事。要求:可从"精准扶贫""一带一路""亚太经合组织""对非援助""世界维和"等角度撰写介绍中国成就的视频剧本,并完成时长约 1 分钟的短视频拍摄。

5. 学习活动设计

(1)树立战略思维,肩负复兴使命。

【议学情境 1】播放《"人类命运共同体"意识形成发展的过程》。

【议学任务 1】以习近平同志为核心的党中央是站在什么角度提出"人类命运共同体"理念的?

【活动意图 1】通过视频展示"弘扬践行真正的多边主义,构建人类命运共同体"的中国智慧,让学生更直观地感受中国的大国担当,让学生从生活实际出发,将理论与实际相结合,激发学生的学习兴趣,有助于学生理解思维的含义与特征,以此为教学打开突破口,增强学生的使命感和责任感,调动学生的学习积极性和主动性,缓解学生对理论知识学习的紧张感。

(2)把握战略思维,构建人类新格局。

【议学情境 2】2012 年 10 月 8 日,党的十八大首次提出要倡导人类命运共同体意识,增进人类共同利益。2015 年 3 月 26 日,国家主席习近平在亚洲博鳌论坛上强调,通过迈向亚洲命运共同体推动建设人类命运共同体。2015 年 9 月,在联合国总部,国家主席习近平提出"要构建以合作共赢为核心的新型国际关系,打造人类命运共同体"。之后"构建人类命运共同体"思想多次被写入联合国文件。

【议学任务 2】人类命运共同体知多少?根据发放的纸质时政素材,探寻新时代中国特色社会主义实践中的机遇与挑战。模拟新闻发布会,答记者问。

【活动意图2】阐述思维的含义、类型、意义、特征、基本形态等知识。两个议题环环相扣,将培养学生的学科核心素养作为教学设计重点,通过合作探究,引导学生以建设人类命运共同体为案例教学,探寻思维的相关知识。

6. 作业与拓展学习设计

① 制作短视频,讲好中国故事。要求:可从"精准扶贫""一带一路""亚太经合组织""对非援助""世界维和"等角度,写介绍中国成就的视频剧本,并完成时长约 1 分钟的短视频拍摄。② 完成本节课内容思维导图,标注重点和难点,约 10 分钟。③ 限时 20 分钟完成导学案选择和主观题,提高学生的应用能力。

(二)从"民主的真谛"中,揭开"逻辑"的神秘面纱

1. 内容分析

第二课内容对标《课标》"析常见的逻辑错误,掌握形式逻辑的三个基本规律",通过前置第二单元"形式逻辑思维"的内容,为第一单元"科学思维"的学习铺垫"逻辑"基础,也能够让学生对本册书名称"逻辑与思维"在第一单元就有宏观把握。因此,第二课在第一单元乃至全书中具有重要地位,为培养学生的科学思维观念和科学精神指明方向。本堂课第二课第一框包括两目,分别为"'逻辑'的不同用法"和"广义逻辑学与狭义逻辑学",为第二框学习逻辑思维的基本要求奠定基础。

2. 学情分析

高中生的认知水平还处在发展阶段,看问题处于感性认识向理性认识发展阶段,形象思维比较强,抽象思维在逐步发展。他们的思维方式还没有发展成熟,没有形成完整的逻辑体系,对逻辑的了解比较模糊,没有很好地掌握逻辑含义。因此,教师需要通过一定的模块学习,帮助他们在一定程度上学习、理解相关知识。教师在教学中可结合身边的具体事例、当今时政和热点,利用学生身边的、贴近学生思想、生活、经验的素材,充分考虑高中生发展的特点,运用播放视频、展示图片、创设情境等方式培养学生的学科核心素养。

3. 学习目标

(1)通过评析"美式民主"这一言论的逻辑错误,理解"逻辑"的不同用法,把握逻辑学的研究对象。

(2)通过多角度论证"美式民主不是真的民主",在具体的分析论证和推理过程中辨析,区分狭义逻辑学与广义逻辑学,深刻理解形式逻辑的核心任务,增强学生的辩证分析能力和理论联系实际的能力。

(3)通过在"拒绝政治操弄,捍卫国家主权"情境中模拟新闻发言人,提升学生综合运用逻辑知识解决实际问题的能力。

4. 学习评价

（1）纸笔测试：限时 20 分钟完成导学案选择和主观题。

（2）表现性任务：开展项目式学习，以"运用逻辑思维，捍卫国家主权"为主题，搜集资料，形成研究性成果。

5. 学习活动设计

（1）课前导入。

【议学情境 1】播放《美国打压中国的内在逻辑》。

【议学任务 1】美国称中国与美国是平等的战略对手，请学生从逻辑与思维的角度思考，该言论的问题在哪里？

【活动意图 1】激发学生的学习兴趣，帮助学生快速进入议题情境。

（2）如何把握"逻辑"的不同用法？

【议学情境 2】火眼金睛——围观"美式民主"的逻辑错误。

美式民主作为资本主义民主的典型之一，被一些人视为现代资本主义民主的代言人，甚至有人称之为现代民主的"楷模"。近些年在美国上演的众多民主闹剧、丑闻以及在民主问题上的"双标"，更让世界人民看清了美式民主的实质与本性。"金钱至上"一直是美式民主的主题，无论是美国的总统选举，还是美国参议院与众议院的议员选举，抑或是美国各州州长的选举，说到底都是金钱选举。也正因为美国选举的金钱本性，美国大部分普通老百姓是被排除在美国总统候选人之外的。

【议学任务 2】上述情境中的"逻辑"一词是什么意思？还有没有其他用法？从逻辑的含义角度，美式民主这一言论错在哪里？

【活动意图 2】通过创设"围观'美式民主'的逻辑错误"这一情境，引导学生充分调动生活经验与理论知识，在合作探究中发现这一言论的错误本质，把握"逻辑"一词的含义，以区分正确的思维方法和不正确的思维方法，锻炼学生的辨析能力和分析概括能力，进而学会用马克思主义的基本立场、观点和方法，观察事物、分析问题、解决矛盾。

（3）如何区分狭义逻辑学与广义逻辑学？

【议学情境 3】各显神通——多角度论证"美式民主不是真的民主"。

【议学任务 3】从不同角度论证"美式民主不是真的民主"（注意：前提真实且内容准确）。

【活动意图 3】通过创设"多角度论证'美式民主不是真的民主'"这一情境，引导学生在做中学，在学中做，在具体的分析论证和推理过程中辨析、区分狭义逻辑学与广义逻辑学，深刻理解形式逻辑的核心任务，增强学生的辩证分析能力和公共参与意识。

（4）如何运用推理讲明道理？

【议学情境 4】模拟发言——拒绝政治操弄，捍卫国家主权。除了"美式民主"的谬论，"中国'威胁'论"的言论也在美国政客的操弄下甚嚣尘上，结合一开始美国对中国霸权打压的视频，我们与美方立场的不同在于我们的"逻辑"不同：中方坚持权力共享，文明共生,美方则坚持权力掌控,文明中心。面对网络世界,我们要学会从语言逻辑中找到对方的漏洞,理性还击,掌握话语主动权。捍卫国家主权,我们有实力,更有充分的法理事实。

【议学任务4】假如你是外交部新闻发言人,请结合相关的历史事实和法理事实选择合理的形式结构,反驳"中国威胁论",论证"中华人民共和国是世界和平的维护者"。

【活动意图4】通过创设"拒绝政治操弄,捍卫国家主权"情境,学生模拟新闻发言人,培养学生综合运用逻辑知识解决实际问题的能力,帮助学生树立捍卫国家主权的坚定信心,增强学生的政治认同、科学精神核心素养。

6. 作业与拓展学习设计

① 开展项目式学习,以"运用逻辑思维,捍卫国家主权"为主题,搜集资料,形成研究性成果。② 完成本节课内容思维导图,标注重点和难点,约10分钟。③ 限时20分钟完成导学案选择和主观题,提高学生的应用能力。

(三)从美国对一个中国原则的态度中,理解逻辑思维的基本要求

1. 内容分析

"逻辑思维的基本要求"是统编版高中思想政治选择性必修三《逻辑与思维》第一单元第二课第二框的内容,主要介绍了形式逻辑的基本规律——同一律、矛盾律和排中律。这一课是学生学习形式逻辑的起点,对其了解逻辑思维的基本规则、提升思维能力等具有重要意义。根据《课标》的要求,通过这一课的学习,学生要能辨析常见的逻辑错误,掌握形式逻辑的三个基本规律,学会用科学思维去探索世界、认识世界。

2. 学情分析

学生学过思维、思维的基本形态及其特征、逻辑等知识,为本课教学目标的落实奠定了知识基础。但是,学生仍然欠缺基本的逻辑规律和规则,所以有待通过学习"逻辑思维的基本要求",掌握常见的逻辑错误,学会用科学思维去探索世界、认识世界。

3. 学习目标

(1)通过分析"偷换概念、自相矛盾、模棱两可"等典型案例,学生能够明确形式逻辑基本规律,区分逻辑思维规律与辩证思维规律。

(2)面对现实中的错误观点,学生能运用形式逻辑的基本规律,结合相关政治、历史等学科知识,科学理性地进行评析,坚定"祖国必须统一、必然统一"的信念。

4. 学习评价

(1)纸笔测试:限时20分钟完成导学案选择和主观题。

(2)表现性任务:开展项目式学习,以"运用逻辑思维,捍卫国家主权"为主题,搜集资料,形成研究性成果。

5. 学习活动设计

（1）课堂导入。

【议学情境 1】播放《2022 年北京冬季奥运会开幕式"一'鸽'都不能少"》。2022 年北京冬季奥运会开幕式中，"一'鸽'都不能少"环节引发了社会的极大关注。这充分说明，实现国家统一是人民的深切期盼。但当前，仍有少部分人企图散布一些"偷换概念、自相矛盾、模棱两可"的言论，破坏统一大业。今天，让我们来找一找这些言论中的逻辑错误，探究语言表达背后的逻辑规律。

【议学任务 1】大家谈感想。

【活动意图 1】视频导入，引出本堂课围绕探究的主题情境，引导学生思考美国出尔反尔的行为所违反的逻辑规律，从而引出本堂课内容，激发学生思维和学习兴趣。

（2）语言表达背后有何逻辑规律？

【议学情境 2】关于国家主权问题，舆论场上的声音。① 某国政府试图不经他国政府同意，与该国下属的某省级行政区开展官方往来。② 某国外交官公开支持他国省级行政区政府参与联合国系统，并宣称此举与承认该国主权并不矛盾。③ 关于国家统一，一些居民表示，他们既不支持统一，也不支持分裂。

【议学任务 2】假如你是新闻发言人，你会对上述言论做出怎样的评论？具体任务要求：① 自主预习教材内容，小组交流成果。② 参照活动评价量表，商议发言内容，选派代表展示。③ 各组代表上台展示。

【活动意图 2】这一环节从"偷换概念、自相矛盾、模棱两可"等日常用语入手，引导学生分析各种观点中的逻辑错误，明确同一律、矛盾律和排中律的基本内容。其实质是基于生活经验与学科知识之间的内在联系，引导学生审视自身思维方式的内在规律，亲历"知识产生的过程"，从而完成对于学科知识的自我建构。

（3）如何区分狭义逻辑学与广义逻辑学。

【议学情境 3】媒体报道中的逻辑思维。① 澳门居民在媒体采访中感慨："20 年前的澳门是一座治安混乱的衰落'赌城'，如今却成了安全稳定的'活力之城'。"② 多家媒体在报道中指出："中国政府在对台政策上既是坚定的，又是灵活的。"

【议学任务 3】假如在新闻发布会上有外国记者提出疑问："上述报道难道没有'偷换概念'和'自相矛盾'吗？"你是否赞同该记者的观点，请说明理由。

【活动意图 3】区分形式逻辑基本规律和辩证法基本观点，是学生认知上的易混之处，也是这节课的教学难点。这一环节先通过"答记者问"活动设计，引导学生在深度解读时政新闻的过程中，比较形式逻辑的基本规律与辩证法的基本观点，从而厘清误区、深化认识；再利用变式训练使其认识得到巩固和提升。

除了引导学生对具体知识进行深入理解外，教师还希望以澳门回归后的发展成就，帮助学生认同"一国两制"基本国策，坚定实现祖国统一的信心。

（4）如何"有逻辑"地评析现实观点？

【议学情境4】2022年8月，我国常驻联合国代表团在官网发表声明，对极个别国家所谓"维持现状"的言论予以严正驳斥。声明中强调："台湾从来不是一个国家，中国只有一个，两岸同属于一国，这就是台湾问题从古至今的现状。"现实中，恰恰是某些国家一直试图改变这一现状。

【议学任务4】假如你是一名热心网友，请尝试跟帖，为大家分析一下声明中体现的逻辑学道理。

【活动意图4】通过互评、他评的方式，加深学生对"对同一确定对象，合乎逻辑的思维必须具有确定性、一致性和明确性"这一重难点知识的理解，帮助学生养成整理反思的好习惯。

6. 作业与拓展学习设计

① 开展项目式学习，以"运用逻辑思维，戳穿西方虚伪的双重标准"为主题，搜集资料，形成研究性成果。② 完成本节课内容思维导图，标注重点和难点，约10分钟。③ 限时20分钟完成导学案选择和主观题，提高学生的应用能力。

（四）从黄河治理高质量发展中，领会科学思维

1. 内容分析

本课是依据《课标》中的"懂得正确思维的基本条件""掌握科学思维的特点"编写的。在第一单元中，前两课分别介绍了思维和思维的基本形态、逻辑的含义以及逻辑思维的基本要求。第一框"科学思维的含义与特征"阐述了科学思维的含义，相应地指出了科学思维的主要特征，阐述了怎么看待科学思维与逻辑思维、辩证思维、创新思维之间的关系，重点阐述了科学思维追求认识的客观性、科学思维的结果具有预见性和可检验性等主要特征。第二框"学习科学思维的意义"从学习科学思维的思维素养意义与学习科学思维的思想政治意义两方面分析意义。从逻辑思维意义、辩证思维意义与创新思维意义角度阐述思维素养意义，从思想觉悟层面和实践层面阐述分析思想政治意义，要求条理清晰，从而有助于学生理解、领悟。

2. 学情分析

高中生没接触过《逻辑与思维》，缺乏知识基础，需要结合生动的例子配合理解。第三课回答了"何谓科学思维"以及"科学思维有何意义"的问题，是对前两课破题后的升华，在核心素养的教育上为学生明确了学习"逻辑与思维"课程模块的目的，也为教与学点明了效果评价的标准，有助于学生在实践中不断提升思维能力。

3. 学习目标

（1）通过了解我国黄河流域生态保护和高质量发展的系列做法，探析科学思维的含义和科学思维的特征，体会科学思维的过程，认识科学思维对于解决问题的重要性。

（2）通过辨析、评价日本排放核污水及其产业衰退这一现象，领会学习科学思维的意义，进而用科学的思维看待生活中的问题，增强学生的科学精神，助推中学生争做时代新人，提升学生的参与意识。

4. 学习评价

（1）纸笔测试：限时 20 分钟完成导学案选择和主观题。

（2）表现性任务：观看大型纪录片《百炼成钢》，写观后感。

5. 学习活动设计

（1）课堂导入。

【议学情境 1】阅读《黄河治理彰显科学思维》。习近平总书记十分重视并善于运用科学思维方式。他多次强调战略思维、辩证思维、创新思维、法治思维、底线思维等科学思维的重要性。党的十八大以来，黄河流域生态保护和高质量发展成为重大国家战略。

【议学任务 1】什么是科学思维？科学思维具有哪些特征？战略思维、辩证思维、创新思维、法治思维、底线思维与科学思维是什么关系？

【活动意图 1】通过问题导向引出本课主旨，让学生了解本课的学习内容，激发学生的学习兴趣。

（2）从我国推进黄河治理的主要举措中，探析科学思维的含义。

【议学情境 2】观看《新时代的大河治理》并阅读《大河之变——聚焦黄河 治理三大新变化》。

【议学任务 2】结合视频内容和上述材料，分析我国黄河的治理举措在思维方式上有何特别之处。

【活动意图 2】该部分知识具有一定的抽象性，学生难以与生活联系起来理解。因此，教师综合运用视听材料，将抽象的知识具象化，以期达到突破教学难点的目的。

（3）从黄河发展现状中，探究科学的思维特征。

【议学情境 3】阅读《黄河的过去、现在、将来》。我国黄河治理取得重大进展，中国共产党带领下的中国人民，没有盲目地相信以往经验，而是从实际出发，坚信在尊重客观规律的基础上，通过综合分析黄河流域情况，联系我国的发展现状，能够找到黄河流域生态保护和经济发展的内在联系。这说明科学思维要如实反映认识对象，能够对事物发展前景做出预判。我国黄河流域治理取得的系列成绩证明了我国治理思路的正确性。

【议学任务 3】结合上述材料，分析我国制定出黄河治理思路并取得良好治理效果所体现的科学思维的特征。

6. 作业与拓展学习设计

① 观看大型纪录片《百炼成钢》，写观后感。② 完成本节课内容思维导图，标注重点和难点，约 10 分钟。③ 限时 20 分钟完成导学案选择和主观题，提高学生的应用能力。

（设计者：孙俊香、张玮、王军波、吉芳芳、杜明倩）

第二单元

遵循逻辑思维规则
大单元教学设计

一、单元主题:遵循逻辑思维规则

本单元是逻辑思维、辩证思维和创新思维等具体内容的起始,主要介绍逻辑思维的基本内容。合乎形式逻辑法则是科学思维的必要基础,是辩证思维和创新思维的基石。遵循逻辑思维规则是科学思维的必要条件。根据逻辑基本规律制定的逻辑规则是本单元的重要内容。

二、单元教学设计依据

(一)育人价值

本单元通过组织学生开展探究式学习,依据现实生活中的感性材料,掌握概念、判断、推理等逻辑的一般知识和规则,帮助学生纠正逻辑错误,培养逻辑思维,将自发形成的思维习惯转化为自觉的合乎逻辑的思维方式,推进学生形成逻辑思维,学会用逻辑思维指导自己的生活和实践。

(二)课程标准

(1)知道概念是反映事物本质属性的思维形式,理解任何概念都是内涵和外延的统一。

(2)知道判断的基本特征,了解形成恰当判断的条件,学会正确运用判断,结合具体的判断活动,区分判断的不同类型。

(3)了解推理的类型,掌握演绎推理的方法,学会归纳推理、类比推理,评析常见的推理错误。

(4)辨析常见的逻辑错误,掌握形式逻辑的三个基本规律。

(三)单元内容

本单元在承接第一单元内容的基础上,紧紧围绕概念、判断、推理展开,核心内容是三者的含义、分类与方法。教材以鲜明的案例来解析概念、判断与推理,在生动形象的实例和解析中阐述逻辑思维的基本方法。

（四）单元学情

本单元涉及的形式逻辑知识和技能,对学生而言是抽象且陌生的,所以教师在课堂教学活动中,应运用形象具体的案例,引导学生细化和深化,使学生能够将书本上的逻辑原理在思维实践的训练中融会贯通,克服隐藏的逻辑错误,掌握正确的逻辑规则。

学生经过第一单元的学习,对科学思维、思维与逻辑有了初步的认知。第二单元详细介绍了逻辑思维方法规则,学生通过本单元的学习,既可以达到学科模块的融合,也可以感受高中思想政治学科的综合性,为后面学习辩证思维方法、提高创新思维能力打下坚实的理论基础。

三、单元目标

（1）知道概念是反映事物本质属性的思维形式,理解任何概念都是内涵和外延的统一,掌握明确概念的具体方法,提高准确把握概念的能力。

（2）掌握判断的基本特征,了解形成正确判断的条件,学会正确运用判断,区分判断的不同类型,学会运用判断来表达自己的思想、认识和观点,提高思维的逻辑性和科学性。

（3）了解推理的类型,掌握演绎推理方法,学会归纳推理、类比推理,能够评析常见的推理错误,掌握演绎推理的多种基本方法,提高思维的严谨性和有效性。

（4）辨析常见的逻辑错误,学会运用概念,形成判断,做出科学推理,发现事物之间的因果联系,正确把握逻辑规则,纠正逻辑错误,反对诡辩论。

四、单元达成评价

（一）纸笔测试

课时训练、达标测验、单元测试。

（二）表现性任务

（1）设计议学情境,开展合作、探究、调查研究、搜集资料,理解推理的含义及种类。

（2）展示探究与分享,引导学生认识性质判断换位推理,从而引出"周延""不周延"的概念。

（3）针对西方学者认为"'国强必霸'是历史兴衰的规律,中国也不会例外",你赞同西方学者的观点吗?请分析理由,以"中国强大也不会称霸"为主题,写一篇小论文。

五、单元实施

（一）单元整体教学思路

本单元围绕逻辑思维规则,依据概念、判断和推理之间的内在逻辑关系设计复杂情境和议题教学设计,总议题是"科学的逻辑思维规则",子议题为"正确认识概念""如何做出正确判断""科学的推理方法",通过具体的情境事例来回答如何准确把握概念、正确运用判断、如何有效进行演绎推理以及如何进行归纳推理和类比推理,并层层深入地开展大单元议题式教学。

（二）单元整体框架

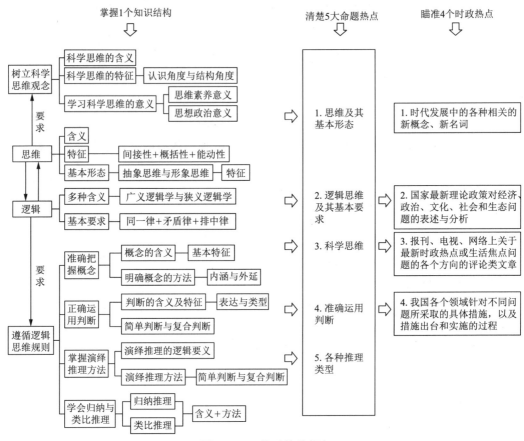

图 7.2.1　单元整体框架

六、课时教学设计

本单元主要围绕形式逻辑的基本内容,阐述其思维承担和表现的三大形式:概念、判断和推理。为准确把握概念、正确运用判断、精确进行推理的逻辑思维规则、提升学生的逻辑思维能力和理性思维素养,本单元围绕"如何遵循逻辑思维规则"这一核心议题,细分6个课时。

（一）准确把握概念,理性进行定义

1. 内容分析

本课是《逻辑与思维》第二单元第四课的内容,由引言和两框构成。第一框"概念的概述"介绍了概念,阐明了概念的含义及其与语词之间的关系,揭示了基本特征,阐明了任何概念都是内涵和外延的统一;同时,介绍了不同概念之间的外延关系。第二框"明确概念的方法"介绍了如何才能明确概念。《逻辑与思维》介绍了明确概念内涵和外延的逻辑方法,并介绍了正确的定义和划分要满足的条件、遵循的逻辑规则,这是保证正确进行概念的定义和划分的逻辑基础。

2. 学情分析

高二学生学习了《哲学与文化》,具备一定的逻辑学基础,但是真正学习逻辑理论时呈现乱、散、难的特点。乱的是概念多,散的是知识内容逻辑不明显,难的是知识的综合运用,学生缺乏逻辑认知,不具备逻辑思考能力。本课具有形式性、抽象性、系统性等特点,这恰恰是大部分学生的弱项。如何在较短的时间内高质量地完成教学任务、实现教学目标,取决于本课程的教学设计、教学方法。这就需要学生通过学习,深化对概念内涵和外延的深入理解,从而提高逻辑思维意识,树立科学精神。

3. 学习目标

(1)通过柏拉图对"人"的定义故事分析,理解掌握概念的含义、基本特征,理解任何概念都是内涵和外延的统一,把握明确概念外延的逻辑方法。

(2)通过习近平总书记在庆祝中国共产主义青年团成立100周年大会上的讲话,理解概念的内涵和外延。

(3)通过一则寓言故事理解"要明确概念的内涵就需要正确下定义";根据"盲人摸象"的故事理解下一个正确定义的要求。

4. 学习评价

(1)通过题目训练,评价学生的掌握情况。
(2)通过填写表格和针对性训练题,及时跟踪学生的掌握情况。

5. 学习活动设计

(1)概念的含义。
【议学情境1】有一天,柏拉图与学生在园林中散步。一个学生问柏拉图:"您说,人是什么?"柏拉图思考了半晌,对学生说:"人依靠两条腿走路,依我之见,人是两腿直立的动物。"

于是,一个调皮的学生不知从哪里抓来一只鸡,问柏拉图:"老师,请问这是人吗?"鸡有两条腿,但鸡显然不是人。柏拉图觉得自己的说法有漏洞,连忙修正自己刚才的说法:"人是没有羽毛的两腿直立的动物。"柏拉图心想:人与鸡的区别只不过在于人没有羽毛,而鸡有羽毛。又一个学生找来了一只拔光了羽毛的鸡,在柏拉图面前高高举起问道:"老师,这只没有羽毛的鸡,难道是您说的人吗?""哈哈哈!"学生们大笑起来。从此以后,学园的学生就把那只没有羽毛的鸡称作"柏拉图的人"。

【议学任务1】如何界定"人"这一概念?
【活动意图1】根据对"人"的定义的讨论,引出概念的含义,同时明确概念只有通过语词才能表达出来,但并非一个语词在任何场合一定表达同一个概念。教师应在此基础上,根据针对性训练题,及时跟踪学生的掌握情况。

（2）概念的基本特征。

【议学情境2】重温习近平总书记在庆祝中国共产主义青年团成立100周年大会上的讲话,学生更加明确了自身的使命和担当,对共青团有了进一步的认识:共青团是中国共产党的后备军。中国共青团员是指年龄在14周岁以上、28周岁以下加入了共青团的中国青年。在高中学生队伍中,有很多学生已经加入共青团,成为共青团员,也有许多学生正积极申请入团。

【议学任务2】从材料中找出概念的内涵和外延是什么、外延又如何分类。

【活动意图2】概念的基本特征是本节课的重点和难点,也是高考的高频考点。让学生在真实的情境中加深对概念内涵和外延的理解,同时明确概念之间的外延关系,形象直观地掌握基础知识,促进思政课堂提质增效。

（3）明确内涵的方法。

【议学情境3】① 一只松鼠趴在树枝上,两个猎人围着它转了一圈。他们走动时,松鼠也跟着他们转。这时,一个猎人说:"我们已经围着松鼠转了一圈,因为我们已经围着松鼠画了一条封闭曲线。"另一个猎人却说:"我们没有围着松鼠转一圈,因为我们始终只看到松鼠的正面,没有看到它的背面。"两人争得不可开交。② 从前,有四个盲人,他们从来没有见过大象,不知道大象长什么样,于是,他们决定去摸摸大象。第一个人摸到了鼻子,他说:"大象像一条弯弯的管子。"第二个人摸到了尾巴,他说:"大象像根细细的棍子。"第三个人摸到了身体,他说:"大象像一堵墙。"第四个人摸到了腿,他说:"大象像一根粗粗的柱子。"

【议学任务3】① 两个猎人发生争执的焦点在哪里?给了我们什么启示?②"盲人摸象"的故事启示我们:给概念下一个正确的定义应符合哪些逻辑规则?

【活动意图3】本环节运用两个生动翔实的例子来阐释定义的结构与下定义的要求,重点和难点在于下定义必须遵循的逻辑规则,运用表格的形式来区分各个规则更具直观性。教师应设置相关练习,并让学生及时训练,在具体的语句中分析易错易混点。

（4）明确外延的方法。

【议学情境4】一位老师带领学生参加志愿活动,去农村支援麦收。安排任务时,他说:"男同学割麦子,女同学把割下来的麦子捆起来,体力强的同学把麦捆运到场院去,体力弱的同学在地里捡麦穗。大家根据自己的情况,按照上面的分工排成四排。"学生听后,不知道自己该站在哪一排。

【议学任务4】学生能够明确自己要完成什么任务吗?为什么?请分析这位老师布置学习任务的错误在哪里。

【活动意图4】创设情境,让学生根据教师提供的议学材料展开小组讨论,利用表格呈现具体问题,对做出正确划分的要求有明确的理解,区分定义和划分中容易犯的逻辑错误,解析其中的逻辑关系。

6. 作业与拓展学习设计

① 为了证明"白马非马"的论题,公孙龙提出了很多理由。比如,求"马",那"黄马""黑马"都可以满足这一要求;求"白马",那"黄马""黑马"就不合要求。"马"讲的是马的形体;"白"马讲的是马的颜色。讲颜色不同于讲形体,所以"白马非马"。你是否同意公孙龙的论证?请根据本节课所学阐述你的观点。② 完成本节课内容思维导图,标注重点和难点,约 10 分钟。③ 限时 20 分钟完成导学案选择和主观题,提高学生的应用能力。

(二)正确运用判断,科学认知事物

1. 内容分析

本课主要讲述判断的概述和正确运用简单判断。引言是本课的导入,明确说明判断在逻辑思维中的重要性,并以问题的方式引出本课阐述的主要内容,意在引发学生思考,帮助学生正确运用判断,提高学生正确运用判断相关知识的积极性和主动性。第一框"判断的概述"概括性地介绍了判断,阐明了判断的含义、与语句之间的关系;揭示了判断的两大基本特征和判断的不同类型。第二框"正确运用简单判断"介绍了如何正确运用性质判断和关系判断。

2. 学情分析

"形式逻辑"是高中政治选择性必修三中的重要内容,旨在向学生传授系统的逻辑学知识,学生学习了概念,为当下更好地学习判断打下了坚实的基础。但是,鉴于目前所学的内容理论性太强,学生接受稍有难度,尤其是那些抽象思维能力较弱的学生。本课中复合判断难度较大,需要更多现实生活的例子,做到理论与事例相结合,帮助学生理解和掌握。

3. 学习目标

理解判断的含义,懂得判断在逻辑思维中的重要性;把握判断与语句之间的关系,掌握任何判断都要对认识对象有所断定,并且有真假之分的基本特征;掌握判断是怎样构成的、有哪些类型,以及如何才能正确运用不同类型的判断,把握正确运用关系和性质判断的逻辑方法。

4. 学习评价

(1)通过思考讨论理解判断的含义及基本特征、理解判断的表达,明确判断的类型。

(2)通过问题情境理解如何正确运用性质判断和关系判断,同时穿插设计一些针对性训练题,及时跟踪学生的掌握情况。

5. 学习活动设计

(1)判断及其基本特征。

【议学情境 1】《笑林广记》中记载了这样一则故事:有个邮差递送紧急公文,当官的怕他走得慢,让他骑马去。邮差赶着马跑,别人问他:"如此急事,怎么不骑马跑?"邮差回答说:"六只脚走,岂不比四只更快?!"

【议学任务1】邮差的认识错在哪里?判断的含义是什么?为什么要对事物做出判断?

【活动意图1】根据对寓言故事中邮差的认识错误的思考讨论,引出判断的含义。学生通过课前预习得出判断的含义,明确判断的两个基本特征。在此基础上,教师应根据针对性训练,及时跟踪学生的掌握情况。

(2)判断的表达与类型。

【议学情境2】我:"老板,你这清炒油麦菜是荤菜还是素菜?"老板:"当然是素菜。"我:"那这条虫是怎么回事?"老板:"呃……它也是来吃饭的。"我:"它吃饭凭什么我付钱?我又不认识它!"老板哭着说:"它为了这顿饭,把命都丢了,你还能要求它AA制吗?"

【议学任务2】结合这则笑话,分析判断与语句的关系。

【活动意图2】根据问题情境,激发学生思考并理解判断的表达。结合问题设计,引导学生准确地把握不同判断的逻辑性质,清楚了解判断的类型。

(3)正确运用性质判断。

【议学情境3】① 把食品当药品售卖是违法行为。苦瓜三七复合肽固体饮料不是药。药品的包装没有明确标注"国药准字"的批准文号的不是药。② 一切反动派都是纸老虎。每个孩子都是父母的宝。有些书不是我的。任何事物都不是静止的。③ 某翁请客,见三位主客只来了一位,五位陪客只来了三位,便着急地说:"唉,该来的没来!"陪客一听,有的坐不住,走了。见主客未到齐,又有陪客走了,他更着急,脱口而出:"不该走的走了!"话音刚落,所有客人都走了。此翁傻了:"我错在哪儿?"

【议学任务3】结合议学情境和教材内容分析:上面几个判断是性质判断吗?分别断定了什么性质?此翁请客失败,他的判断出了什么问题?你能纠正他的错误吗?

【活动意图3】本环节主要运用生动翔实的事例,让学生在议学情境中自主掌握性质判断的含义、构成结构、种类,准确运用性质判断应注意的问题。

(4)正确运用关系判断。

【议学情境4】一间房子里,有一位祖父,两个父亲,三个儿子,一个孙子,一个哥哥,一个弟弟,一位叔叔,还有一个是侄子。

【议学任务4】这间房里至少有几个人?他们之间是什么关系?

【活动意图4】创设情境,让学生根据教师提供的议学材料展开小组讨论,理解掌握关系判断含义、结构、种类,理解把握对象的性质和对象之间关系的必要性以及弄清不同对象之间关系的意义。

6. 作业与拓展学习设计

① 探究查阅相关资料,运用判断去断定党的二十大报告有关"中国式现代化"的论

述,区分简单判断的不同种类。② 完成本节课内容思维导图,标注重点和难点,约 10 分钟。③ 限时 20 分钟完成导学案选择和主观题,提高学生的应用能力。

(三)怎样正确运用复合判断

1. 内容分析

本框在前两框的基础上讲解了复合判断的运用。内容分为四目,重点分析了几种复合判断含义、种类和正确运用的逻辑方法。在内容上比较清晰,需要学生有初步的逻辑思维能力。因此,教师要创设多样的活动和生动的情境,学生能够在体验中理解相关知识。

2. 学情分析

学生在接触前面概念和简单判断的逻辑的基础上,已具备一定的逻辑分析能力,但复合判断的逻辑结构、逻辑方式在日常生活的生动体现需要学生结合生活体验和理性认知,需要教师在具体议学情境中对学生进行系统的逻辑思维训练,提高学生的认知能力和语言运用能力,进而提高学生的整体素质。

3. 学习目标

理解复合判断、联言判断、选言判断、假言判断的含义、性质、结构、种类等。学会运用联言判断的意义,正确运用选言判断应注意的问题,评价假言判断的性质。

4. 学习评价

(1)根据乌龟约仙鹤一起旅游设计议学情境,理解复合判断的含义、构成及分类。

(2)根据小华与小浩的对话设计议学情境,理解联言判断。

(3)根据一憨汉的事迹设计议学情境,理解选言判断。

(4)运用假言判断分析实现中国式现代化的条件,让学生从复合判断的角度真正理解"中国式现代化的五个特征"。

5. 学习活动设计

(1)复合判断的含义及种类。

【议学情境1】① 材料1:乌龟约仙鹤一起到远方旅游。乌龟不会飞,它咬住树枝的中间,要两只仙鹤各叼住树枝的一端。临行前,仙鹤提醒乌龟:"到了空中不要说话,你一张嘴,就会掉下去。"当它们飞过一个小镇时,有个小孩喊道:"看呀,仙鹤绑架了乌龟!"乌龟想解释一下,刚说"不……",就从空中掉了下去…… ② 材料2:这个概念不是单独概念,就是普遍概念。鲁迅既是文学家,又是思想家。只要你说得对,我们就改正。

【议学任务1】仙鹤说的话中使用的判断与是前面学过的简单判断吗? 不是的话,我们如何正确运用这种判断呢? 以上语句属于哪种复合判断?

【活动意图1】复合判断是本节课的重点和难点,也是高考常考的内容。教师应在具体议学情境中引导学生理解复合判断的含义及其种类。

（2）正确运用联言判断。

【议学情境2】小华读了某篇散文后,评论道:"这篇散文不但文笔生动,而且富有哲理。"小浩读后说:"我不同意你的观点。说它文笔生动我不反对,但说它富有哲理,实在谈不上。"小华反驳说:"你既然不同意我的观点,却又承认它文笔生动,这不是自相矛盾吗?"

【议学任务2】上述对话中谁的话不合乎逻辑,为什么?

【活动意图2】借助具体情景素材引导学生掌握联言判断的相关知识:联言判断的含义;联言判断的逻辑真假性质。同时,设计知识拓展,让学生很好地区分联言判断和关系判断。

（3）正确运用选言判断。

【议学情境3】医生对小明说:"身体不好或是疾病所致,或是缺少锻炼所致,或是营养不良所致。"教数学的夏老师对教语文的王老师说:"这堂课要么你上,要么我上。"

【议学任务3】思考:这两个选言判断有什么区别?如何确定它们的逻辑真假性质?

【活动意图3】在具体议学情境中引导学生掌握正确运用选言判断的含义、结构、分类,理解选言判断对选言支之间关系的断定情况。

（4）正确运用假言判断。

【议学情境4】学生就"以人民为中心的共同富裕的现代化"展开热议。甲同学认为:只要坚持走全体人民共同富裕的道路,就能实现中国式现代化。乙同学认为:只有坚持走全体人民共同富裕的道路,才能实现中国式现代化。若背离共同富裕,就会违反中国式现代化的本质要求。

【议学任务4】结合党的二十大报告,思考:甲、乙的观点是否正确?给我们什么启示?

【活动意图4】创设情境,让学生根据教师提供的议学情境展开小组讨论,发挥小组合作的力量,正确运用假言判断。

6. 作业与拓展学习设计

① 完成本节课内容思维导图,标注重点和难点,约10分钟。② 限时20分钟完成导学案选择和主观题,提高学生的应用能力。

（四）如何掌握演绎与推理的方法

1. 内容分析

本框在前一课的基础上,讲解了掌握演绎推理的方法,具体分析了推理的种类(包括演绎推理、类比推理、归纳推理),分析了演绎推理的逻辑要义及三段论推理的逻辑规则,引导学生遵循逻辑思维规则,进一步提高思维能力。

2. 学情分析

这个年龄段的学生对未知世界充满了好奇,其逻辑与思维能力恰恰能够满足他们的好奇心。他们已经具备一定的思维素养,基本清楚逻辑思维规则,不过,新知涉及的内容较多、难度较大,学生在进行简单的性质判断换位推理时,难免混淆主谓项的周延情况,难免搞混换质法与换位法的相关规则。

3. 学习目标

（1）推理的含义及分类,演绎推理的必备条件和作用。

（2）理解推理的含义,掌握推理的分类,掌握演绎推理的必备条件和作用,掌握换质推理的基本规则和具体推理方法,掌握换位推理的基本规则和具体推理方法,掌握换质位推理和换位质推理的方法。

（3）通过性质判断换质位推理,提升学生的学习兴趣,进一步提高其思维能力、逻辑分析能力。

（4）在合作中探究方法,正确进行换质位推理。

4. 学习评价

（1）根据"喜马拉雅山曾经是海洋"设计议学情境,学生根据议学任务开展合作探究,理解推理的含义及种类。

（2）根据推理的不同类型设计议学情境,学生根据议学任务开展合作探究,理解演绎推理的要求。

5. 学习活动设计

（1）推理的含义与种类。

【议学情境1】科学家在喜马拉雅山区考察时,发现高山的地层中有许多鱼类、贝类的化石,还发现了鱼龙的化石。地质学家推断说,鱼类、贝类生活在海洋里,在喜马拉雅山上发现它们的化石,说明喜马拉雅山曾经是海洋。

【议学任务1】科学家怎样获得推理结论"喜马拉雅山曾经是海洋"？什么是推理？它有哪些种类？

【活动意图1】通过科学家发现的情景,学生分小组进行合作,学生主体性得到极大的发挥,积极探索科学推理知识,提高自身能力,树立远大理想和目标,助力科教兴国战略的实施。演绎推理的逻辑要义。

【议学情境2】所有马都是动物,所有牛都不是马,所以所有牛都不是动物。

【议学任务2】这个推理是否正确？为什么？

【活动意图2】通过教学理解判断的形成,把握推理的含义构成和种类,能够进行正确的演绎推理,树立科学思维。

（2）性质判断换质位推理。

【议学情境3】所有金属都是导电的,所以所有金属都不是不导电的。唯心主义者都不是马克思主义者,所以唯心主义者是非马克思主义者。所有的马都不是狗,可以调过来说,所有的狗都不是马。

【议学任务3】换质,换的是性质判断的什么?换位,换的性质判断的什么?换质、换位需要遵循哪些规则?

【活动意图3】通过小组合作的方式,学生组合词条,其主体性得到极大的发挥,清楚性质判断的组成。在此基础上,代表变换已经组合好的性质判断,在小组的合力下解释变换原因,让学生学教材、用教材。教师全程作为学生的陪伴者、合作者。

(3)展示并分析教材探究与分享。

【议学情境4】① 展示探究与分享,挖掘其中的"调过来",引导学生认识,这里体现的是性质判断换位推理。② 进一步挖掘探究与分享,引导学生思考,其中的三个性质判断,为什么只有最后一个性质判断不能成功换位,从而引出"周延""不周延"的概念。③ 投影六种性质判断的类型,引导学生判断其主项、谓项的周延情况。④ 继续投影探究与分享的三个性质判断,引导学生思考如何换位。⑤ 投影六种性质判断的类型,引导学生正确换位。

【议学任务4】① 分析探究与分享,通过"调过来"熟悉换位推理的含义。② 借助三个性质判断熟悉教材,把握"周延"与"不周延"的概念。③ 在理解"周延"与"不周延"的概念的基础上,小组合作交流,上台展示六种性质判断主项、谓项的周延情况。在教师的引导下,得出"三周两不周"的结论:全称、单称主项周,否定谓项周;特称主项、肯定谓项不周。

【活动意图4】通过分析教材探究与分享,借用内容里的"调过来"引出换位法的概念。在此基础上,继续借用探究与分享中的三个性质判断,让学生以小组合作的方式分析其周延情况并上台展示,在学习知识的同时培养学生的表达能力。此环节,教师仍需作为学生的合作者,在学生遇到困难时可给予提示,助力教学工作的顺利进行。

(4)换质位推理或换位质推理的典例展示。

【议学情境5】下列命题中既能换质位又能换位质的是(   )。

A. 所有的马都不是牛——不能

B. 不努力学习是要吃亏的——能

C. 有些科学家不是上过大学的——能

D. 有些中学生是球迷——能

【议学任务5】在教师的指导下,得出 B 选项既能换质位又能换位质,从而熟悉转换规。

【活动意图5】借用典例引出换质位推理和换位质推理,引导学生结合运用换质法和换位法,达到在运用中提升学生思维能力的目的。

6. 作业与拓展学习设计

① 推荐阅读《福尔摩斯探案集》,从不同的案件中领悟正确判断和推理的重要性。② 完成本节课内容思维导图,标注重点和难点,约 10 分钟。③ 限时 20 分钟完成导学案选择和主观题,提高学生的应用能力。

（五）复合判断怎样让我们的头脑更有逻辑性

1. 内容分析

本框是第二单元第六课第三框"复合判断的演绎推理方法"。从课标要求看,通过第六课的学习,学生要了解推理的类型,掌握演绎推理的方法。从教材分析看,第一框讲解了推理的含义、结构及种类,演绎推理的条件及意义;第二框讲解简单判断的演绎推理方法;第三框讲解了复合判断的演绎推理方法。三个框题的知识在难度上由浅入深,符合学生的认知规律。第三框主要介绍了联言推理、选言推理及假言推理的含义、种类和方法,最后概括了假言推理的意义和演绎推理的要求。

2. 学情分析

学生掌握了概念的概述、概念的内涵与外延、简单判断的内涵与分类、性质判断的含义、性质判断的组成与分类、推理与演绎推理的含义,因而具备一定的思维素养,基本清楚逻辑思维规则,这对性质判断的换质位推理的学习起积极的作用。不过,新学知识涉及的内容较多、难度较大,学生在进行简单的性质判断换位推理时,难免混淆主谓项的周延情况,难免搞混换质法与换位法的相关规则。

3. 学习目标

通过观看视频《党成立 100 年来的历程》,学生充分发表意见,引导学生理解联言推理及方法。根据农夫抓阄的故事,引导学生理解选言推理及方法。根据李某与张经理的对话,引导学生理解假言推理及方法,了解推理的类型,掌握演绎推理的方法,进而培养学生的科学精神素养,让学生能够做出科学的解释、正确的判断和合理的选择。

4. 学习评价

通过完成"分析学生 4 的归纳发言是否正确？请说明理由。""农夫的智慧表现在哪里？请运用推理知识,说说农夫的推理过程。""李某是否曲解了张经理的要求？请谈谈你的看法。"等议学任务,评价学生对联言推理、选言推理、假言推理的学习能力和运用能力,提升学生运用三种推理做出科学的解释、正确的判断和合理选择的能力和水平,进而培养学生的科学素养。

5. 学习活动设计

（1）联言推理及方法。

【议学情境 1】播放《党成立 100 年来的历程》,学生充分发表意见。

【议学任务 1】请分析学生 4 的归纳发言是否正确,请说明理由。① 100 年来,我们取得的一切成就离不开党。（真）② 100 年来,我们取得的一切成就离不开中国人民。（真）③ 100 年来,我们取得的一切成就离不开中华民族。（真）④ 所以,100 年来,我们取得的一切成就离不开党、中国人民、中华民族的团结奋斗。（真）

【活动意图 1】播放视频,鼓励学生积极发言,引导学生积极探索联言推理的逻辑规则及方法。

（2）选言推理及方法。

【议学情境2】传说，一个农夫被恶人诬告，被判了死罪。按当地的习俗，即将被处死的人可以用抓阄儿的方式来碰碰运气。抓到"死"阄儿，必死无疑；抓到"生"阄儿，可以赦免。恶人不想让农夫活下来，买通制阄儿的人，把两个阄儿都制成"死"阄儿。农夫的一个朋友得知消息后，悄悄告诉了农夫。到了抓阄儿那天，农夫随便抓出一阄儿，放进嘴里吞了下去。他请求行刑的官吏查看剩下的阄儿……

【议学任务2】农夫的智慧表现在哪里？请运用推理知识说说农夫的推理过程。

【活动意图2】学生根据议学任务开展合作、探究，理解选言推理及方法。

（3）假言推理及方法。

【议学情境3】张经理对李某说："不做完这项工作，你就不能离职。"过了几天，李某把自己的工作完成了，要求离职，张经理仍不同意。李某认为张经理失信，张经理认为李某曲解了他的要求。

【议学任务3】李某是否曲解了张经理的要求？谈谈你的看法。

【活动意图3】学生根据议学任务开展合作、探究，理解假言推理及方法，引导学生理解并会运用三种假言推理的方法。

6. 作业与拓展学习设计

① 观看一部悬疑逻辑推理影片，用300字左右简单描述这部影片的逻辑推理过程。② 完成本节课内容思维导图，标注重点和难点，约10分钟。③ 限时20分钟完成导学案选择和主观题，提高学生的应用能力。

（六）如何做到"闻一知十"

1. 内容分析

第一框阐述了归纳推理的含义及事物因果联系的五种方法。第二框包括两目：第一目"类比推理的含义"和第二目"类比推理的方法"。本框的类比推理与第一框学习的归纳推理及第六课学习的"演绎推理"属于依据个别与一般的关系区分的三种推理类型，三者属于并列的关系。

2. 学情分析

学生初步具备了马克思主义哲学思维，为逻辑思维的培养奠定了基础；在数学学科的学习中学生已对归纳推理的概念有所了解。本课的学习可以促使学生从逻辑学的视角下更为系统地掌握正确进行归纳推理的方法，对归纳推理说明道理、论证思想、说服他人、培养创造性思维方面的作用有更进一步的理解。

3. 学习目标

通过鸡鸭吃了发霉的花生而患病死去的事例和议学材料，引导学生理解归纳推理的含义和方法。通过中国式现代化和仿生技术的新发明,引导学生理解类比推理的含义方法,进而学会归纳推理和类比推理,能够做出科学的解释、正确的判断和合理的选择,从而解决矛盾。

4. 学习评价

通过完成"科学家的推断用的是归纳推理,其结论的可靠程度如何? 如何提高结论的可靠程度呢?""根据议学任务并结合课本知识开展合作、探究,理解推理的方法。""你赞同西方学者的观点吗? 请分析理由。""上述示例评析是用的类比推理吗?"等议学任务,评价学生对归纳推理和类比推理学习能力和运用能力,提升学生观察事物、分析问题、解决矛盾的能力。

5. 学习活动设计

(1)归纳推理的含义。

【议学情境1】一家农场曾有近10万只鸡和鸭,这些鸡鸭因为吃了发霉的花生而患病死去。用这种饲料喂养的羊、猫、鸽子等,也先后患病死去。有人在实验室里观察白鼠吃了发霉花生后的反应,结果,白鼠患了肝病。科学家发现,发霉的花生中含有黄曲霉素。他们推断:黄曲霉素是致病物质。

【议学任务1】科学家的推断用的是归纳推理,其结论的可靠程度如何? 如何提高结论的可靠程度呢? 提醒:材料中科学家用的归纳推理不限于简单的经验总结,还有分析现象之间的因果联系,它虽然仍属于不完全归纳推理,但比简单枚举的归纳方法所得到的结论的可靠程度高得多。

【活动意图1】根据黄曲霉素是致病物质设计议学情境,学生根据议学任务开展合作、探究,理解归纳推理。通过学生小组讨论得出教材知识,通过补充其他小组不足,有效掌握归纳推理的含义。

(2)归纳推理的方法。

【议学情境2】① 材料1:甲、乙、丙、丁四户人家都说,家人发生了呕吐,出现了昏迷的情况。警察发现,这些住户的居住条件不同,饮食不同,中毒者的年龄、健康情况也不同,但有一个情况是相同的,他们饮用同一口井的水。井水可能是引发呕吐、昏迷的原因。② 材料2:新疆天山深处的一个解放军哨所驻地里有很多毒蛇,它们经常爬到房间里捣乱,而当地哈萨克族人家里从来没有发现过毒蛇。战士们发现,与哨所相比,哈萨克族人的家里养了一些鹅,其他居住条件与哨所一样。于是,战士们买来四只鹅养了起来,打那之后,哨所里再也没发现过毒蛇。③ 材料3:中国科学家发现,当太阳上的黑子大量出现时,长江流域的雨量就多;当太阳上的黑子出现不那么多时,长江流域的雨量就不那么多;当太阳上的黑子出现很少时,长江流域的雨量很少。④ 材料4:医疗队调查甲状腺肿大原因。流行的几个地区的调查结果显示,地理环境、经济水平各不相同,但有一共同点——居民食物和饮用水中缺碘;不流行的几个地区调查结果显示,地理环境、经济水平各不相同,但有一共同点——居民食物和饮用水中不缺碘。医疗队综合上述调查情况得出结论:缺碘是产生甲状腺肿大的原因。⑤ 材料5:19世纪上半叶,天文学家发现天王星在其轨道上运行时,有四个地方发生偏斜现象。当时已知三个地方的偏斜是分别受三颗行星吸引所致,于是推测第四处的偏斜也是受某颗行星吸引所致。天文学家终于在1864年9月23日发现了这颗新的行星——海王星。

【议学任务2】① 根据议学情境,结合课本知识开展合作、探究,理解推理方法。② 根据实例区分推理方法。③ 根据议学情境,总结因果关系的含义和方法(求同法、求异法、共变法、求同求异并用法、剩余法)。

【活动意图2】根据井水引起呕吐、太阳黑子、海王星发现设计议学情境,学生根据议学任务开展合作探究,理解归纳推理的方法,根据不同的议学情境进行合理的归纳推理,得出合乎逻辑的结论,以此提高学生的辩证思维能力。

(3)类比推理的含义。

【议学情境3】党的二十大报告阐明了中国式现代化是人口规模巨大的现代化,是全体人民共同富裕的现代化,是物质文明和精神文明相协调的现代化,是人与自然和谐共生的现代化,是走和平发展道路的现代化。中国式现代化摒弃了西方一些国家以资本为中心、两极分化、物质主义膨胀、对外扩张掠夺的现代化老路。在西方国家发展的过程中,西班牙、葡萄牙、英国、美国等国家强大起来后纷纷扮演霸王或图谋扮演霸王的角色。据此,西方学者认为"国强必霸"是历史兴衰的规律,任何国家都不例外,中国也不例外。

【议学任务3】你赞同西方学者的观点吗?请分析理由。

【活动意图3】根据中国式现代化设计议学情境,学生根据议学任务开展合作探究,理解类比推理。

(4)类比推理的方法。

【议学情境4】小红和小明参加读书节活动。小红在《哲学概述》一书中读到这样一段话:"哲学与各门具体科学知识的研究对象不同,前者的研究对象是自然、社会、思维发展的一般或普遍规律。后者的研究对象是世界的某一方面、某一领域的特殊规律。"化肥中所含的主要养分是钙、镁、氮、磷、钾,这些养分是植物生长所需要的,而且化肥呈粉末或液体状态时,植物更易吸收。石煤渣中也含有较多的钙、镁、氮、磷、钾,把石煤渣磨成粉末,植物也易吸收。所以,我们可以把石煤渣磨成粉末作为植物生长的肥料。小明在鲁迅的小说《故乡》中看到这样一句描述:"(她)张着两脚,正像一个画图仪器里细脚伶仃的圆规。"

【议学任务4】上述示例评析用的是类比推理吗?

【活动意图4】学生根据议学情境开展合作探究,明确类比推理与比喻的区别,进一步明确类比推理的含义。

6.作业与拓展学习设计

① 运用本节课所学知识,整理电影《唐人街探案》中自诩为"唐人街第一神探"的唐仁的符合逻辑推理的话语,并综合运用所学知识,找出其推理过程中不合乎推理要求

的话。② 完成本节课内容思维导图,标注重点和难点,约 10 分钟。③ 限时 20 分钟完成导学案选择和主观题,提高学生的应用能力。

（设计者：林强、严飞、孙欣宇、商霞、纪宁宁、宋焕军）

第三单元
运用辩证思维方法
大单元教学设计

一、单元主题:明晰历史、映照现实、远观未来——运用辩证思维方法看中国

中国共产党百年波澜壮阔,从中能领略到改造客观世界与改造主观世界的相辅相成。用辩证思维方法看党、看中国,才能真正通晓思维的历史和历史的逻辑,深刻把握党一路走来的奋斗历程和成功秘诀,更好地远观未来和掌握历史主动,在新时代新征程上行稳致远。

二、单元教学设计依据

（一）育人价值

依据学科课程标准的要求,"逻辑与思维"课程模块主要培育学生的科学精神。辩证思维是科学思维能力的根本要求和集中体现,想要培养青年学生群体的创新能力,则离不开辩证思维能力的培养。辩证与思维能力是一种强调以世间万物之间的客观联系为基础,从发展变化的视角认识事物的能力,对于促进青年学生涵养高尚人格、坚定文化自信、成长为堪当大任的"时代新人"具有十分重要的意义。

（二）课程标准

结合对复杂事物的把握,体会辩证思维的特征,理解分析与综合的辩证关系。联系事物发展过程中的渐进性和飞跃性,懂得事物发展过程是量变与质变的统一,理解质量互变规律,把握适度原则。辨析简单肯定一切或否定一切危害,解析认识经由"感性具体—思维抽象—思维具体"的途径,了解辩证否定观的实质,体会认识不断深化的历程。

（三）单元内容

从本书的逻辑脉络分析,本单元与第二单元共同研究第一单元中"科学思维的基本条件"之"形式正确"问题,旨在进一步探究进行科学思维应该掌握、运用的思维形式。本单元共三课。第八课阐释思维应该辩证,包括辩证思维与形而上学思维、诡辩论、相对

主义的区别以及辩证思维的含义和内容;第九课在理解和遵循质量互变规律的基础上,旨在让学生掌握适度原则,学会用适度思维方式认识事物的变化,把握事物的发展;第十课旨在让学生了解辩证否定的含义,学会在继承的基础上开拓创新,提升推动认识发展的能力和水平。

(四)单元学情

站在学生思维的发展点来看,高二学生处于思维发散、对新事物充满好奇的阶段。经过高中两年的学习,学生已基本具有因果思维、辩证思维、层进思维、并列思维等思维能力,思维水平已达到一定程度。在教师引导下,他们能对世界现象做出总体的判断和分析,逐步形成了正确的世界观、人生观和价值观。

从学生已有知识的角度来看,高二学生学了必修四《哲学与文化》,尤其是唯物辩证法和认识论部分,有一定的知识基础,具备深入思考的能力及一定的辩证思考问题的能力,能够透过感性材料探究事物的本质和规律。学生虽对接触新事物有极大的热情,学习积极性容易被调动起来,但是思路容易受限,对于"辩证思维""质量互变规律""否定之否定"缺乏系统性和理性认知。

三、单元目标

(1)基于落实立德树人根本任务和学科素养的培育目标,本单元以党的二十大报告为设计灵感,创新性地设置中国发展的大单元情境,以序列化活动任务引导学生思想。学生通过学习认同中国特色社会主义制度和中国共产党的领导,培育正确的国家观、民族观、历史观和价值观,增强政治认同。

(2)通过名医讲坛明辨传统中医智慧中的分析与综合;研读经典,理解认识发展历程等任务设置,使学生在探究中形成思维方式上具有马克思主义科学形态的辩证思维素养,涵养学生的科学精神。

(3)通过讲述中国故事,树立民族自信的育人情境,敦促学生积极投身新时代中国特色社会主义建设的伟大实践,具备善于对话协商、沟通合作、表达诉求和解决问题的能力,勇于承担社会责任,提升公共参与。

四、单元达成评价

(一)纸笔测试

课时训练、达标测验、单元测试。

(二)表现性任务

(1)分组探讨中国特色社会主义理论层面质量互变的过程、从理论层面到实践层面的质量互变的中间环节和实践层面质量互变的过程,并通过制作PPT、绘制图表等进行成果汇报。

（2）思考如何运用辩证思维方法使得中国式现代化行稳致远,和班级同学分享观点并讨论,形成书面建议报告。

五、单元实施

（一）单元整体教学思路

党的二十大报告指出:"中国共产党人深刻认识到,只有把马克思主义基本原理同中国具体实际相结合,同中华优秀传统文化相结合,坚持运用辩证唯物主义和历史唯物主义,才能正确回答时代和实践提出的重大问题,才能始终保持马克思主义的蓬勃生机和旺盛活力。"《逻辑与思维》教学承载着提升思维素养和增强思想政治素质等多维教育使命,应从中华优秀传统文化、马克思主义经典文本、中国特色社会主义、中国式现代化等四个主要维度构建教学情境。

本单元依据习近平新时代中国特色社会主义思想,围绕"运用辩证思维方法"学科大概念,以"明晰历史、映照现实、远观未来——运用辩证思维方法看中国"为总议题,以"明辨中国的传统文化智慧、学习马列经典、追溯中特发展、开启中国式现代化之路"为主线,开展大单元教学。

本设计以选择性必修三第三单元为主题设计教学任务,进行情境和案例分析,让学生在鲜活的情境和层层递进的活动探究中明确辩证思维方法的运用,坚定"四个自信"。大单元整体设计与议题式教学相结合,是依据单元主题创设议题情境,实现单元教学的整体性议题统领教学,各课时既相互联系又各有侧重。课时议题与学科大概念相互衔接,形成严密的逻辑体系。

（二）单元整体框架

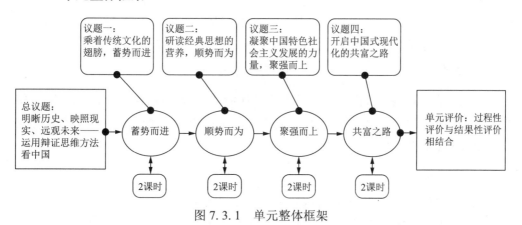

图 7.3.1　单元整体框架

（三）评价设计

坚持过程性评价与结果性评价相结合,采取自我评价、组内评价、组间评价和教师评价等多元评价方式,注重教、学、评一体化。

六、课时教学设计

本单元依据习近平新时代中国特色社会主义思想,围绕"运用辩证思维方法"学科大概念,以"明晰历史、映照现实、远观未来——运用辩证思维方法看中国"为总议题,以"明辨中国的传统文化智慧、学习马列经典、追溯中特发展、开启中国式现代化之路"为主线,开展大单元教学。本单元分为四个分议题,共4课时。分议题间互为衔接、有序推进,以确保单元教学目标达成。

(一)乘着传统文化的翅膀,蓄势而进

1. 内容分析

本课是《逻辑与思维》第三单元第八课的内容,本课意在结合对复杂事物的把握,体会辩证思维的特征,理解分析与综合的辩证关系。通过培养学生的辩证思维,帮助学生理解辩证思维的整体性和动态性,进一步形成对问题进行独立探索的能力,提高学生的辩证思维能力,培养学生的科学思维。通过议题探究来实现分析与综合的辩证关系的理解,帮助学生树立整体观念,提升学生辩证分析、看待问题的素质。

2. 学情分析

高二是学生三观形成的关键时期。在思想方面,教师要不断进行精神引领和价值塑造,提升学生的核心素养。在知识基础方面,通过"哲学与文化"和"逻辑与思维"两个单元的学习,学生已经具备了一定的抽象思维能力,但仍感觉一些概念太过抽象、深奥。教师要尊重学生的认知规律,在情境设计上要贴近生活,多举实例。"天边不如身边",教师应慢慢引导学生构建哲学话语体系,形成逻辑思维。

从教育方法角度思考,兴趣是最好的老师。逻辑思维自带的神秘光环激发起学生强烈的好奇心,所以,教师在情境设计上一定要尊重学生的主体地位,精选素材激趣;在思维培养上,教师要侧重探究性,通过生生互动、师生互动生成知识。

3. 学习目标

通过遨游文海、名医讲坛、各抒己见等具体活动,捡拾中国哲学智慧中的辩证思维,明辨传统中医智慧中的分析综合,传承光大中医举措中的分析综合,提升辩证思维能力和文化传承与理解素养。

4. 学习评价

(1)纸笔测试:限时20分钟完成导学案选择和主观题。

(2)表现性任务:举办诗词大会,让学生通过经典诵读,分享自己的感受。

5. 学习活动设计

(1)遨游文海——捡拾中国哲学智慧中的辩证思维。

【议学情境1】教师布置任务,指导学生阅读课本,初步了解辩证思维;提供中国古代

哲学经典著作,请学生在其中汲取传统文化的精华,说明辩证思维的含义与特征;在活动中引导学生明确辩证思维的相关知识;通过展示中国古代哲学中的辩证思维和毛泽东同志的文章、诗句的运用,对此部分内容进行辩证分析。

老子哲学是比较典型的辩证唯物主义思想体系。《道德经》不仅言明了"道"的物质性,而且言明了它的运动性及运动的规律性。《道德经》还讲了唯物辩证法的三大规律。"万物负阴而抱阳,冲气以为和"是对立统一规律;"合抱之木,生于毫末;九层之台,起于累土;千里之行,始于足下"是质变量变规律;"大曰逝,逝曰远,远曰反"是否定之否定规律。《易传》也包含较为丰富的辩证唯物主义思想,如"易有太极,是生两仪,两仪生四象,四象生八卦",其中,"两仪"即"阴阳",正是它们相互作用,从内部推动着事物的发展变化。

毛泽东同志非常善于汲取传统文化的精华。例如,用"实事求是"来说明辩证唯物主义的根本观点;用"知己知彼,百战不殆""兼听则明,偏听则暗"来说明必须全面地看问题;用"只见树木,不见森林"来形容思想方法的片面性;用"纸上谈兵"来形容理论脱离实际;用"一阴一阳之谓道"来说明对立统一规律。"叶公好龙""风起于青蘋之末""树欲静而风不止""流水不腐,户枢不蠹"等成语典故、格言警句,在他的文章中随处可见。

【议学任务1】阅读中国古代哲学经典著作,力求汲取传统文化的精华,发言说明和辩证思维相关的句子;根据自主思考和发言,尝试总结知识成果;在教师展示的中国古代哲学中的辩证思维和毛泽东同志的文章、诗句的运用中,进一步升华对辩证思维的理解,感受中国古代传统哲学的魅力。

【活动意图1】阅读中国古代哲学经典著作,进一步升华对辩证思维的理解,感受中国古代传统哲学的魅力,捡拾中国哲学智慧中的辩证思维,增强对中华优秀文化的认同。

(2)名医讲坛——明辨传统中医智慧中的分析综合。

【议学情境2】邀请枣庄知名中医进课堂,为学生介绍中医的相关知识、现场诊脉,增进学生对中医药传统文化的了解与认同;并通过学生共同探讨中医药传承创新的方法,为发扬光大中医药做出努力。

【议学任务2】积极参与课堂活动和名中医互动。结合中医讲堂,思考:中医诊治所运用的辩证思维方法是什么?如何体现这种方法?

【活动意图2】将学生置身彰显文化自信的情境之中,通过思考中医诊治所运用的辩证思维方法并运用这种辩证思维方法为中医药传承创新提供思路,不但可以从形而下层面掌握分析、综合之"器",还可以从形而上层面领会传统文化所推崇之"道",有助于协同提升学生的辩证思维能力及文化传承与理解素养。

(3)各抒己见——传承光大中医举措中的分析综合。

【议学情境3】布置任务,利用本节课所学知识为中医药传承创新提供思路。

【议学任务3】运用这种辩证思维方法为中医药传承创新提供思路。

【活动意图3】中医药学包含中华民族五千多年的健康养生理念及实践经验,是中华文明的瑰宝,凝聚着中国人民和中华民族的博大智慧。中医药学有着悠久而辉煌的历史。

随着我国卫生事业的不断发展,中医和中医药文明也始终传承且历久弥新。本环节设置意在引导学生传承优秀传统文化,增强学生对分析与综合辩证思维的运用和理解。

6. 作业与拓展学习设计

① 从中医药学发展现状和如何传承角度写一篇小论文。② 完成本节课内容思维导图,标注重点和难点,约 10 分钟。③ 限时 20 分钟完成导学案选择和主观题,提高学生的应用能力。

（二）研读经典思想的营养,顺势而为

1. 内容分析

本课是《逻辑与思维》第三单元第十课第二框的内容,学生将在本课学习认识发展。学生需要结合学习、生活实际,从如何平衡和运筹长远目标和阶段目标、整体目标和具体目标的角度,树立辩证思维,把握辩证思维的方法,培养科学思维的品质和习惯。

2. 学情分析

学生在必修四中学习了哲学的相关内容。本单元从辩证思维的含义和特征讲起,主要讲述了辩证思维的基本方法、适度原则和适度的思维方法,在明确"简单肯定一切"和"简单否定一切"的危害基础上认识辩证否定的方法。学生在实际生活中有所接触,但仅限于表象的感性认识,缺乏"知其所以然"的理性思考,有待通过本课时的学习,真正把握辩证思维的方法。在此基础上,本框阐述认识的途径为从感性具体到思维抽象、从思维抽象到思维具体,不断深化认识的历程。

3. 学习目标

通过对马列经典中的几个概念,尤其是"商品"概念的分析,引导并帮助学生理解如何由感性具体到思维抽象,再发展到思维具体;理解"选择一个合适的上升起点"的重要性,突破由思维抽象发展到思维具体的过程和环节。

4. 学习评价

（1）纸笔测试:限时 20 分钟完成导学案选择和主观题。

（2）表现性任务:举行辩论会,以"钱是万恶之源"为辩题展开辩论。

5. 学习活动设计

（1）研读经典——推敲核心概念问世中的认识历程。

【议学情境1】① 教师展示情境材料,引导学生在"商品"概念诞生的曲折进程中思考马克思运用的辩证思维方法是什么。② 教师点评学生的回答,引导学生纠正、补充,形成较完整的答案。材料:《资本论》节选——"当我们从政治经济学方面观察某一个国家的时候,思想运动有两条道路。在第一条道路上,完整的表象蒸发为抽象的规定;在第二条道路上,抽象的规定在思维行程中导致具体的再现。这样两个过程,前者解决着抽象的物质性问题;后者在于综合关于客体的各侧面的反映,造成概念和逻辑的系统,在思维中再现客观整体。二者以实践为基础,辩证结合并相互为用。"

【议学任务 1】学生结合情境材料分析"商品"概念诞生的曲折进程,讨论、思考马克思运用的辩证思维方法是什么,并回答。

【活动意图 1】从抽象上升到具体的方法,是马克思对自己研究政治经济学的方法的概括。这种方法作为唯物辩证法的一种运用形式,始终如一地贯穿《资本论》。教师通过对马列经典中的几个概念,尤其是"商品"概念的分析,引导帮助学生理解如何由感性具体到思维抽象,再发展到思维具体。

(2)千思回虑——琢磨牵线搭桥里的思维上升环节。

【议学情境 2】教师展示情境材料,引导学生思考:以"商品"为逻辑起点,引出"货币""资本"等概念,最终形成对整个资本主义社会规律的具体阐述的《资本论》,这说明了认识的什么历程? 材料:在《资本论》中,马克思把"商品"作为剖析资本主义社会的逻辑起点,通过对"商品"内在矛盾的分析,引出"货币"的概念。货币出现后,发展到一定阶段会转化为资本,再进一步发展,会产生剩余价值,社会财富大量集中,必然加剧劳动与资本之间的矛盾,促使社会主义革命不可避免地到来。《资本论》是对整个资本主义社会规律的具体阐述。

【议学任务 2】学生结合情境材料,分析以"商品"为逻辑起点,引出"货币""资本"等概念,最终形成了对整个资本主义社会规律的具体阐述的《资本论》,这说明了认识的什么历程?

【活动意图 2】从抽象上升到具体的方法,是马克思对自己研究政治经济学的方法的概括。这种方法作为唯物辩证法的一种运用形式,始终如一地贯穿《资本论》。这一环节可以帮助学生理解"选择一个合适的上升起点"的重要性,从而突破由思维抽象发展到思维具体的过程和环节。

(3)及锋而试——使用认识发展进阶尝试创新概念。

【议学情境 3】教师布置任务,学生利用本节课所学知识搜集资料,解读中国式现代化并制作展板在班级展出。

【议学任务 3】学生完成实践任务,利用本节课所学知识,以小组合作的方式搜集资料解读中国式现代化并制作展板在班级展出。

【活动意图 3】本节设计主线是让学生通过探究马克思经典概念,理解人们对经典概念的认识经历了从感性具体到思维抽象,再从思维抽象到思维具体的上升过程,使学生加深对马克思经典论著的认识。同时,教师提出让学生思考如何运用这一思维方法进行新概念的创作。

6. 作业与拓展学习设计

① 举行"经典永流传"读书分享会活动。② 完成本节课内容的思维导图,标注重点和难点,约 10 分钟。③ 限时 20 分钟完成导学案选择和主观题,提高学生的应用能力。

（三）凝聚中国特色社会主义发展的力量，聚强而上

1. 内容分析

本课为第三单元第九课。本课的第一框"认识质量互变规律"主要阐述了质、量、量变、质变的含义，以及量变与质变、渐进性与飞跃性、连续性与间断性的关系；第二框"把握适度原则"从度的概念出发，阐述了在实际生活中要遵循适度原则。本部分内容上承第二单元"遵循逻辑思维规则"，下启第四单元"提高创新思维能力"，为学生正确认识社会、正确进行价值选择和实现人生价值提供方法论指导。

2. 学情分析

对于高二学生而言，学习逻辑思维部分存在一定难度。世界是联系的、发展的、有矛盾的，可是要把感性认识抽象到理性思想，坚持用辩证思维看问题，对学生提出了较高的要求。所以，教师在设计中既要从感性提高到理性，又要把理性回归生活，指导学生运用所学知识为生活服务。

3. 学习目标

本课通过回顾中国特色社会主义的探索历程，理解质变、量变及其关系；通过从理论层面到实践层面的质量互变的中间环节，联系事物发展过程中的渐进性和飞跃性，懂得事物的发展过程是量变与质变的统一，体会中国特色社会主义的制度优势。

4. 学习评价

（1）纸笔测试：限时 20 分钟完成导学案选择和主观题。

（2）表现性任务：开展项目式学习，以"中国特色社会主义的探索历程"为主题搜集资料，形成研究性成果。

5. 学习活动设计

（1）成果汇报——追溯特色社会主义进程质量互变。

【议学情境 1】党的十一届三中全会以后，以邓小平同志为主要代表的中国共产党人深刻总结了新中国成立以来正反两方面经验，成功开创了中国特色社会主义。党的十三届四中全会以后，以江泽民同志为主要代表的中国共产党人开创了全面改革开放的新局面，推进了党建设新的伟大工程，成功把中国特色社会主义推向 21 世纪。党的十六大以后，以胡锦涛同志为主要代表的中国共产党人成功地在新形势下坚持和发展了中国特色社会主义。党的十八大以来，以习近平同志为核心的党中央采取一系列战略性举措，推进了一系列变革性实践，实现了一系列突破性进展，取得了一系列标志性成果，攻克了许多长期没有解决的难题，开辟了中国特色社会主义的崭新境界。

【议学任务 1】学生根据兴趣选择分为三大组，在教师指导下通过查询资料、合作探究等方式，分别探讨中国特色社会主义理论层面质量互变的过程、从理论层面到实践层面的质量互变的中间环节和实践层面质量互变的过程，并通过制作 PPT、绘制图表等进行成果汇报。

【活动意图1】党的十八大以来,新时代的中国特色社会主义在理论层面鲜明地体现为习近平新时代中国特色社会主义思想的形成,在实践层面则以中华民族迎来了从"站起来""富起来"到"强起来"的伟大飞跃作为根本特征。"强起来"是改革开放和中国特色社会主义取得成功的标志,它使我们对自己的道路、理论、制度和文化更加充满自信,同时也更有能力为人类进步和正义事业做出更多更大的贡献,"强起来"也是一个持续和动态的过程。

(2)研学总结——体会事物发展过程中的互变规律。

【议学情境2】党的十八大以来,我们在中华大地上全面建成小康社会,全面打赢脱贫攻坚战,历史性地解决了困扰中华民族几千年的绝对贫困问题;我国国内生产总值突破100万亿元大关,人均国内生产总值超过1万美元,稳居世界中等收入国家行列;我国在载人航天、探月工程、超级计算、量子通信、大飞机制造、航空母舰等基础和前沿领域取得一大批标志性成果,若干领域实现从"跟跑"到"并跑""领跑"的跃升;建成世界上规模最大的社会保障体系,10.2亿人拥有基本养老保险,13.6亿人拥有基本医疗保险,人民生活水平显著提高。

【议学任务2】学生根据汇报成果,从质与量的角度总结事物发展过程中的互变规律。

【活动意图2】本节通过回顾中国特色社会主义的探索历程,理解质变、量变及其关系;通过从理论层面到实践层面的质量互变的中间环节,联系事物发展过程中的渐进性和飞跃性,懂得事物的发展过程是量变与质变的统一,体会中国特色社会主义的制度优势。

(3)稳中求进——把握"治大国若烹小鲜"的适度原则。

【议学情境3】播放《合适的才是最有效的》。思想上清醒坚定,力求"适度"有理论依据。掌握理论越透彻,对规律的认识就越深刻,就越能把握好度,尤其要学懂弄通习近平新时代中国特色社会主义思想,用以指导当下的实践;作风上实事求是,力求"适度"有现实基础。少数党员干部遇事缺乏实事求是的精神,没有坚守住适度原则,项目上求大求全,资源开发竭泽而渔,落实部署、执行政策要么"一刀切"、要么层层加码等,这些情况暴露出来的就是决策过程中对事物最佳状态的"量"、变化的关节点把握不准,导致好事变坏事、对事变错事、有利变有害。

【议学任务3】学生结合必修四和本框所学知识尝试解读适度原则,并运用该辩证思维方法为中国特色社会主义发展出谋划策。

【活动意图3】本课通过回顾对比必修四和本课关于适度原则的表述理解,使学生进一步增强对这一知识的深化理解,运用适度原则解读身边的案例并运用在中国特色社会主义事业之中,在涵养学生科学精神的同时,激发学生的公共参与意识。

6. 作业与拓展学习设计

① 开展项目式学习,以"中国特色社会主义的探索历程"为主题搜集资料,形成研

究性成果。② 完成本节课内容的思维导图,标注重点和难点,约 10 分钟。③ 限时 20 分钟完成导学案选择和主观题,提高学生的应用能力。

(四)开启中国式现代化的共富之路

1. 内容分析

本框为第十课第一框题,包括两目。第一目"简单肯定或否定的危害"阐明了事物内部包含的肯定和否定两个方面,以及两个方面之间对立统一的关系,从而指出了简单肯定一切或否定一切会造成形而上学的错误。第二目"坚持辩证的否定观"阐述了辩证的否定具有肯定和否定的双重性,在事物的发展过程中要深刻把握肯定与否定之间的辩证关系,坚持辩证的否定观。两目之间的关系层层递进。

2. 学情分析

构建以生活经验为基础、以学科知识为支撑的课程模块是高中课标的一个基本理念。所以,本课的设计立足学生的生活起点和知识基础,层层推进,由特殊到一般,由具体到抽象,由感性认识到理论知识。高二学生的抽象逻辑思维水平有了提升,基本上完成了由经验型向理论型的转变,但不要认为直接讲授知识的时机已经成熟,否则,将影响学生的思维和能力发展过程。教师可借助现实生活中的实例,承接上一阶段给学生呈现的教学内容,通过通俗、生动的讲解,由此及彼、由表及里地引导学生逐步掌握哲学观点,激发学生的学习动机,让学生沿着思维的阶梯,在教师的有效引导下,自觉地发现、掌握知识,从而调动他们潜在的勇气、兴趣,培养他们的能力。

3. 学习目标

中国式现代化既有现代化的普遍性,又有鲜明的中国特色,对西方现代化不做简单肯定和否定,而是肯定与否定的统一,是对分析与综合的思维方法的灵活运用,是从中国国情出发的、特色鲜明的现代化新样板。通过用辩证思维阐述中国式现代化和西方现代化,学生深入理解了不做简单肯定或否定的辩证思维方法,同时理解了党领导人民通过长期实践探索,攻坚克难,破旧立新,走出中国式现代化道路,开辟了人类走向现代化的新路径。

4. 学习评价

(1)纸笔测试:限时 20 分钟完成导学案选择和主观题。

(2)表现性任务:观看"危机! 简单将'现代化≠西方化'的危害"主题展览,写观后感。

5. 学习活动设计

(1)较长絜短——观察世界现代化发展的偏颇危机。

【议学情境 1】AR 眼镜"云游"主题展览:危机! 简单将"现代化≠西方化"的危害。在近代资本主义全球扩张的过程中,西方现代化将人(统治与被统治)、地区(城乡)、民族国家(殖民与被殖民)鲜明地分为中心和边缘二元对立的阵营。西方现代化就是由传统农业社会向现代工业社会转变的过程,其暴露出的工业化矛盾既表现在人与自然的关系中,也尖锐地体现在人类社会内部的关系中,具体来说,就是占世界人口少数的西方发达国家消耗了大比例的全球工业资源,以牺牲多数人的利益为代价,换取少数人享受的现代化成果。为实现现代化对资本利益最大化的追逐,西方宣扬人类中心主义,这种极端化观念导致人类陷入资源枯竭和环境破坏的发展困境,对可持续发展造成了难以挽回的后果。前有"八大公害事件";后有延宕减排目标,漠视气候变暖,西方国家在生态上的背信弃义、懒于担当。除此之外,西方资本主义世界构建的现代化道路中包含大量种族歧视、战争侵略、阶级矛盾等不稳定因素,帝国主义国家间的资源分配不均导致了两次世界大战,转嫁经济危机、争夺战略资源又在第二次世界大战后导致一系列霸权主义者的不对称战争。

【议学任务1】观看"危机!简单将'现代化≠西方化'的危害"主题展览;观察在人类社会发展的进程中,人们对待现代化的态度所造成的恶劣后果;解读事物内部肯定与否定两个方面辩证关系,理解简单肯定或否定的危害。

【活动意图1】西方式现代化道路是基于西方历史文化传统、经济社会发展路径依赖以及特定的阶级阶层结构而形成的,并不适合所有的国家和民族。特别是对中国这样一个具有五千多年悠久历史和独特的文化传统、经历了长期的封建专制统治、近代以来又遭受帝国主义列强侵略的国家而言,中国试图全盘照搬或模仿西方式现代化道路显然是行不通的,只会导致自己变成帝国主义列强的附庸,从而遭受更加深重的剥削和压迫,这是简单肯定危害的生动议题情境。学生置身其中,既能够理解知识,又能够帮助学生树立全球大视野、增强自信。

(2)合作探究——研讨中国现代化诞生的辩证否定。

【议学情境2】播放《读懂中国式现代化》。中国式现代化不是西方现代化的翻版,而是中华文明的现代发展。中国式现代化是人口规模巨大的现代化,是全体人民共同富裕的现代化,是物质文明和精神文明相协调的现代化,是人与自然和谐共生的现代化,是走和平发展道路的现代化。党领导人民破除西方现代化迷信,坚持从中国国情出发,经过长期的探索实践,成功走出中国特色社会主义现代化道路,为人类实现现代化提供了新选择。

【议学任务2】结合视频和课本知识,以小组合作的方式,探讨并分析上述材料运用了哪些思维方法来阐述中国式现代化,并在教师的引导下进一步明确如何坚持辩证否定观。

中国式现代化既有现代化的普遍性,又有鲜明的中国特色。对西方现代化不做简单肯定和否定,是肯定与否定的统一,是对分析与综合的思维方法的灵活运用,是从中国国情出发、特色鲜明的现代化新样板。

【活动意图2】通过用辩证思维阐述中国式现代化,学生深入理解不做简单肯定或否定的辩证思维方法,同时理解党领导人民通过长期实践探索,攻坚克难,破旧立新,走出中国式现代化道路,开辟了人类走向现代化的新路径。

(3)书写明天——运用辩证否定开启人类社会新篇章。

【议学情境3】播放《西方现代化与中国式现代化》。西方现代化与中国式现代化在多个方面存在区别,西方现代化通常通过资本主义市场经济的发展和工业化进程来实现,而中国式现代化在中国特色社会主义的框架下,通过社会主义市场经济和国家宏观调控相结合的方式来推进。西方现代化强调个人主义和自由竞争,而中国式现代化更注重集体主义、社会公平和共同富裕。西方现代化深受西方文化传统的影响,如个人自由、民主、法治等观念,而中国式现代化立足中国悠久的文化传统,强调和谐、仁爱、礼仪等价值观。西方现代化国家在国际关系中往往强调自身利益和霸权地位,而中国式现代化倡导构建人类命运共同体,主张和平发展、合作共赢。西方现代化的发展过程中,环境问题较为突出,而中国式现代化高度重视生态文明建设,致力于实现经济发展与环境保护的平衡。西方现代化的目标主要是经济增长和物质繁荣,而中国式现代化不仅追求经济发展,还注重人民的幸福安康、社会的全面进步和国家的长治久安。

【议学任务3】学生以小组为单位,根据中国式现代化的不同领域任务进行讨论和研究。运用辩证思维方法(尤其是本课所学)为中国式现代化行稳致远提供书面方案或设计蓝图。

【活动意图3】辩证的否定是联系的环节,也是发展的环节。新事物总是吸取、保留和改造旧事物中积极的因素,并将其作为自己存在和发展的基础。这一点无论是从中国特色社会主义道路还是中国式现代化的实现上,都可见一斑。辩证否定观要求我们必须树立创新意识,做到不唯书、不唯上、只唯实。青年学生既要继承致力于中华民族伟大复兴的宏伟理想,也要灵活运用辩证思维,结合时代特点,立足实践,解放思想,实事求是,与时俱进,不断实现理论和实践创新和发展。

6.作业与拓展学习设计

① 观看"危机!简单将'现代化≠西方化'的危害"主题展览,写观后感。② 完成本节课内容的思维导图,标注重点和难点,约10分钟。③ 限时20分钟完成导学案选择和主观题,提高学生的应用能力。

(设计者:孟庆亮、岳欣炀、单红旭、鞠莹、王振华)

第四单元
提高创新思维能力
大单元教学设计

一、单元主题:提高创新思维能力,看淄博"串"奇

本单元所讲的创新思维建立在逻辑思维和辩证思维基础上,注重结合其他思维因素,如联想思维、发散和聚合思维、逆向思维和超前思维,是多种科学思维方法的综合运用。教材结合具体的创新思维案例,阐释了创新思维的方法和技巧,通过提升学生的创新思维能力而培育其科学精神和公共参与意识。

二、单元教学设计依据

(一)育人价值

基于落实立德树人根本任务和学科素养的培育,本单元主要培育学生的科学精神,重在引导学生在把握创新思维一般方法和技巧的基础上,切实参与到社会实践的创新活动中,帮助学生在社会实践的创新活动中培养勇于创新和善于创新的品格,在提升创新思维能力的基础上铸造创新精神,树立从人民的根本利益出发,报效国家、造福人类的人生观和价值观,落实公共参与核心素养目标。

(二)课程标准

通过学习,让学生体会联想思维中迁移、想象的运用,了解联想思维的方法和特点,知道迁移、想象在创新思维中的作用,了解发散思维中所采取的推测等方法,概括发散思维的特点,知道聚合思维和发散思维的功能,分析逆向思维的依据和优势,发挥正向思维和逆向思维的互补作用,体会超前思维是对常识局限性的突破和超越,把握超前思维的探索性、预测性特点,了解创造性预测事物发展态势的意义。

(三)单元内容

本单元的核心内容是阐释创新思维的方法和技巧,帮助学生树立正确的创新思维观念,指导学生将知识创新与实践创新紧密结合,以实践问题为导向开拓创新,为满足人民日益增长的美好生活需要贡献自己的聪明才智。

(四)单元学情

学生在必修四学过唯物辩证法的联系观、发展观和矛盾观,明确了世界是怎么样的哲学观点,为本单元创新思维的学习奠定了理论基础,学生具备开展本单元学习必备的知识积累。但是,学生掌握的知识不够系统、缺乏深度,他们仍需进行系统化、专业化的学习。学生具备了独立搜集素材、发现问题和合作探究解决问题的能力,具备相应的迁移想象能力和批判性能力,为本单元学习提供了相应的能力支撑。

三、单元目标

(1)通过搜集淄博"串"奇背后的文旅融合发展因素,感悟联想思维在思维创新过程中的作用,体会迁移和想象在城市转型中的创新性应用,学会运用提高联想思维质量的方法,以提升创新思维的能力与水平。

(2)通过搜集淄博"串"奇背后的政治、经济、文化因素,多向探索城市转型成功密码,感悟发散思维和聚合思维作为创新思维的两翼在城市发展中的互补作用,明白反向求索成为城市逆袭"破局"的一把亮剑,培养学生运用多种创新思维解决问题的思维品质和科学精神。

(3)通过搜集本土资源素材,了解城市的发展脉络和历史渊源,运用超前思维方法的前瞻性思考城市发展的出路,科学规划家乡转型之路,并提出有说服力和针对性的举措,培养学生的政治参与素养。

四、单元达成评价

(一)纸笔测试

课时训练、达标测验、单元测试。

(二)表现性任务

(1)撰写调研报告:搜集各地市发展转型的素材,加以比较,归纳各地通过文旅融合实现城市转型的共性因素,形成 2 000 字以上的调研报告,与同伴分享交流。

(2)开展时政述评:围绕"淄博'老城'换'新城'华丽变身的密码"主题展开时政述评,以此评价学生能否多角度、立体式解读"全民皆兵""政通人和""天时地利""文化底蕴"等因素在城市发展中的作用。

(3)制作科学谋划:围绕"淄博科学谋划城市转型之路"主题,结合威海城市发展的"精致"特点,为山东威海火爆"出圈"提出可行性建议。

五、单元实施

(一)单元整体教学思路

以落实核心素养为导向,以"创新思维"为学科核心大概念,以"淄博'串'奇——城市转型之路"为总议题,以淄博烧烤现象背后的城市转型为主线,开展大单元教学。本单元分为三个分议题进行。三个分议题分层、有序、渐进式推进,服务单元整体教学目标。

（二）单元整体框架

图 7.4.1　单元整体框架

六、课时教学设计

本单元围绕"提高创新思维能力"阐述了以下内容:联想思维在思维创新过程中的作用和方法;发散思维和聚合思维作为创新思维两翼的互补作用,反向求索在"破局"中的重要作用;超前思维的方法和前瞻性作用。本单元包括三大议题,共 3 个课时。

（一）心之所向,如何挖掘思想内涵实现城市转型

1. 内容分析

本课是《逻辑与思维》最后一单元第一课的内容,既要实现对创新思维概括性介绍的任务,又要实现阐释联想思维的含义和方法的任务。第一框"创新思维的含义与特征"明确了创新思维是指人们在实践中破除迷信、超越陈规、有所发现、有所发明的思维活动。第二框"联想思维的含义与方法"将理论与实践相结合,从学生的生活经验入手,将教材中有关联想的理论知识和学生生活中有关联想的内容结合起来。

2. 学情分析

通过高中阶段政治学科的相关知识学习,学生对创新意识有了进一步的认知和掌握。尤其是在创新思维方面,他们有了比较感性的认知。但是,学生不能真正从学科意义上来理解创新思维的含义和特征,欠缺知识的迁移能力。

3. 学习目标

（1）通过观看视频和议学活动,探寻淄博烧烤迅速出圈的密码,理解创新思维的含义,体会创新思维的条件和方式,提高科学思维素养,掌握创新技巧和方法,培养创新能力。

（2）看淄博"串"奇——"奇"在哪里,通过议学活动说明淄博烧烤爆火背后的城市营销逻辑,理解创新思维的特征,树立正确的世界观、人生观、价值观,培养创新意识。

（3）看淄博"串"奇——淄博烧烤爆火背后的文化因素,通过时政述评和撰写调研报告,分析淄博烧烤成为现象级 IP 背后的奥秘,提高学生联想思维的能力和水平,进一步增强学生的文化自信和文化自觉。

（4）看淄博"串"奇——将流量变"留量",让网红变"长红"的路径,通过议学活动

和时政述评,对淄博未来城市发展提出建议,以更高涨的热情和坚忍的意志投入创新活动和中国特色社会主义伟大实践之中。

4. 学习评价

(1)以"淄博烧烤迅速出圈的密码"为主题,合作交流"淄博烧烤何以火遍全国",在活动中评价学生对创新思维的理解以及面对新情况、新问题能否采用新思路和新方法解决实际问题,培养学生多路探索的思维品质。

(2)假如你是淄博市市长,你如何将流量变"留量",让网红变"长红"?请运用联想思维为淄博城市文化发展描绘美好蓝图,以此评价学生运用联想思维解决实际问题的能力,提高学生的政治参与素养。

(3)撰写《淄博烧烤背后的文化因素》调研报告,与班级同学分享,以此评价学生对联想思维在解决城市转型中作用的理解是否深刻,进一步增强学生的文化自信和文化自觉。

5. 学习活动设计

(1)一顿烧烤带火一座城,淄博烧烤如何迅速出圈?

【议学情境1】播放《淄博烧烤迅速出圈的密码是什么》。"小饼烤炉加蘸料,灵魂烧烤三件套!"淄博烧烤火爆出圈。一方小烤炉,一张矮脚四方小桌,从街头摆至巷尾的烧烤方阵,在"四四方方"中,淄博烧烤用"烤""嗞""卷"三大特色,成就了夜经济的"淄博味道"。淄博烧烤在网络上成为名副其实的新晋"网红",抖音平台播放量超过13亿,微博热搜狂揽2亿多流量。"淄博"火车票搜索增幅位居全国第一,环比增长988%以上;美团数据显示,淄博住宿订单量较2019年上涨800%。470万人口的淄博,在3月接待了500万人,"五一"期间有12万人奔赴淄博,感受"冒油的烟火气"。这不仅为淄博带来了巨大的机遇,也为这座老工业城市带来了真正的考验……

【议学任务1】① 合作探究,分析淄博烧烤与其他地区烧烤相比有何特色? ② 淄博为何能迅速火出圈?阐述淄博爆火体现了哪些创新思维?如何找到创新思维点?

【活动意图1】以"淄博烧烤迅速出圈的密码"为主题,合作交流"淄博烧烤何以火遍全国",增强学生对创新思维含义的理解。通过探究淄博短时间内成为"网红"城市,甚至被央媒力赞的原因,深刻理解创新思维的条件,提高面对新情况、新问题采用新思路和新方法解决实际问题的能力,培养学生多路探索的思维品质。

(2)看淄博"串"奇——"奇"在哪里?

【议学情境2】烤串串起的政务创新链。成立烧烤协会:2023年3月10日,淄博市宣布将成立烧烤协会;4月11日,淄博市烧烤协会登记成立。发布烧烤地图:淄博市烧烤协会牵头先行发布一期淄博烧烤地图,包括烧烤店介绍、地址、联系方式、导航路线等。开通烧烤公交:淄博市主城区42条常规公交线路覆盖33家烧烤店,并专门新增了21条定制专线。举办淄博烧烤节庆活动:淄博市拟于2023年5月1日后举办淄博烧烤节,并拟定2023年3月至11月为"淄博烧烤季",目前发放了25万元的烧烤消费券。淄博市政府在战略上全盘布局,以烧烤为抓手,开启"一条龙服务"的全方位战略布局,力求回归服务的初心与本质,坚持为人民服务的初心和使命。

【议学任务2】① 请以新闻速递的方式播报上述新闻。② 结合议学情境,分析烤串串起的淄博政务创新链如何体现创新思维的"新"。③ 运用创新思维的相关知识,阐释淄博烧烤爆火背后的城市营销逻辑。

【活动意图2】通过创设情境"烤串串起的淄博政务创新链",合作探究掌握创新思维的特征,引导学生从创新思维的角度,思考并分析说明淄博烧烤爆火背后的城市营销逻辑,帮助学生理解创新思维的表现,通过议学活动调动学习的积极性,提高学生的课堂参与度,增强课堂的新颖性和活跃度。

(3)看淄博"串"奇——淄博烧烤爆火背后的文化因素。

【议学情境3】"淄博烧烤"的身份证。淄博烧烤传统小炉由铁焊成,两层烤架,采用半自助烤制形式,照顾了食客谈笑进食的节奏变化。在炉火烘烤下,食客似乎感应到一些久远的关于幸福与安定的记忆。小小的一串烧烤,贯穿着齐风韶韵的文化和历史。历史的积淀与现实的激情叠加在一起,融合成一座城市的生命张力。

【议学任务3】① 传统小炉由铁焊成,两层烤架,采用半自助烤制形式,照顾了食客谈笑进食的节奏变化。你联想到什么?如果你是烧烤店老板,你会在烧烤店营销和人文关怀方面做出什么改变?② 在炉火烘烤下,食客似乎感应到一些久远的关于幸福与安定的记忆。请思考,这种记忆指的是什么?它是如何通过饮食让食客感到幸福与安定的?③ 运用联想思维的相关知识,分析淄博烧烤成为现象级IP背后的奥秘是什么?

【活动意图3】通过追寻烧烤爆火背后的文化意蕴,学生根据开展合作、探究分析淄博烧烤成为现象级IP背后的奥秘,进一步理解联想思维的含义、依据和特征,落实创新思维和政治认同。通过时政述评和撰写《淄博烧烤背后的文化因素》调研报告,提高学生对联想思维在解决城市转型中作用的理解,进一步增强学生的文化自信和文化自觉。

(4)看淄博"串"奇——用心"淄"味,流量变"留量"。

【议学情境4】如何趁热打铁,将一时现象打造成一市品牌,顺势壮大地方经济?其实,早在2023年3月,"淄博烧烤"话题便频登网络热搜。打那时起,淄博市政府就开始谋划布局,快速打出烧烤政策"组合拳",如开设烧烤定制专线、发放烧烤消费券、成立淄博市烧烤协会、发布淄博烧烤地图、举办淄博烧烤节庆活动。政府搭台,百姓唱戏,"淄博烧烤"这一文旅IP热度不下的背后,正是淄博数十年优化营商环境的厚积薄发。"好风凭借力,送我上青云",期待齐国故都淄博重焕往日荣光。

【议学任务4】读材料,谈谈你对"淄博烧烤这一文旅IP热度不下的背后,正是淄博数十年优化营商环境的厚积薄发"这句话的理解。

【活动意图4】学生根据议学任务开展合作、探究,理解联想思维的作用,探讨"淄博烧烤"这一文旅IP热度不下背后的厚积薄发。学生在展示探究成果的过程中锻炼了思辨能力,提高了联想思维能力和创新意识。教师通过为淄博城市文化发展描绘美好蓝图,提高学生运用联想思维解决实际问题的能力,提高学生的政治参与素养。

6. 作业与拓展学习设计

① 淄博烧烤也有吉祥物了？其实,这形象是网友自行设计的,名字也起得非常可爱:"美淄淄"和"香博博"。吉祥物的卡通形象以 3D 动画形式设计,手捧着大葱,身披大饼,聚集了淄博烧烤的标配……② 请你运用联想思维,为淄博烧烤设计一款吉祥物。要求:有特色、有创意、有文化内涵。

(二)路在脚下,如何多路探索实现城市转型

1. 内容分析

本单元的核心内容是阐释创新思维的方法和技巧,帮助学生树立正确的创新思维观念,指导学生以实践问题为导向,开拓创新。第一框"发散思维与聚合思维的方法"着重介绍了创新思维的两翼——发散思维和聚合思维,介绍了两种思维的实质、方法、功能等。第二框"逆向思维的含义与作用"介绍了多种路径的反向思维方法,发挥思维正逆互补的作用,是正确的创新思维的致思之道。

2. 学情分析

学生学习《哲学与文化》后,掌握了唯物辩证法的联系观、发展观、矛盾观等知识,为本课教学目标的落实奠定了知识基础。发散思维、聚合思维、正逆互补等知识,学生在实际生活中有所接触,但限于表象的感性认识,缺乏"知其所以然"的理性思考,有待通过本课时的学习真正把握发散思维、聚合思维等创新思维方式的本质。

3. 学习目标

(1)设置为淄博发展提出设想、为"烧烤文创"设计作品等议学任务,引导学生把握发散思维的特点,掌握检核表法、信息交合法、头脑风暴法等发散思维的技法,激励学生结合社会实践,勇于开拓创新。

(2)通过"路在脚下,特定问题如何聚焦"这一议题的探究,鼓励学生把聚合思维和发散思维的"合力"效应运用于实践,为自己喜欢的城市设计营销方案,培养学生的公共参与意识。

(3)通过探究"路在脚下,'逆袭'之路怎样走"这一议题,设置议学辩思和观点交锋两个活动,培养学生的辩证思维,落实"提高学生的创新思维、培育学生的科学精神"的目标。

4. 学习评价

(1)通过完成为淄博市的发展之路握筹布画、为"烧烤文创"设计作品等议学任务,评价学生对发散思维与聚合思维的运用能力,提升学生运用创新思维解决实际问题的科学素养。

(2)通过议学辩思、观点交锋等活动的开展,评价学生语言表达的逻辑思维能力和小组合作学习能力,落实学生关注社会发展并积极参与其中的公共参与素养。

(3)通过探讨"淄博的'逆袭'之路",全方位评价学生发现问题、分析问题、解决问题的逻辑思维能力,提升学生解读社会热点问题的实践素养和适应社会发展需要的关键能力。

5. 学习活动设计

(1)路在脚下,更多思路如何产生?

【议学情境 1】作为一个历史悠久的工业城市,淄博在新中国成立后的一段时期,凭借良好的基础和资源禀赋,成为国家重工业布局的重点。中国工业史上的很多第一,如第一颗人造卫星"东方红一号"所用电机、第一台多功能呼吸机、第一家真丝带生产厂、水泵行业第一枚金牌、第一个铝工业基地,均出自淄博之手。当然,"传统产业占 70%,重工业占传统产业 70%"的淄博,和很多同类型的老工业城市一样,在产业升级的浪潮中一步步走向衰落。淄博是琉璃的起源地之一,琉璃制品在唐代尤其发达。最近淄博烧烤火出圈,吸引了大量的游客,将烧烤与琉璃结合的烧烤文创受到游客的青睐。

【议学任务 1】淄博市政府广开言路,在淄博市人民政府网站开辟专栏公开向市民征求意见。请各小组为淄博市的发展之路握筹布画。请学生为"烧烤文创"设计一个创意作品,小组合作交流,谈谈在设计过程中你是如何运用发散思维的检核表法、信息交合法等技法的?

【活动意图 1】通过组织学生为淄博市发展路径握筹布画,有意识地将头脑风暴法作为一种思维方法进行训练,既能达成相应的学习目标,也可以实现重点知识的巩固和运用。通过为"烧烤文创"设计创意作品,充分发挥学生的主体作用,探究发散思维相关技法的运用技巧,在合作探究与分享交流中感悟生活中的创新思维,启发学生进一步探索人类思维智慧的奥妙。

(2)路在脚下,特定问题如何聚焦?

【议学情境 2】聚力推动城市能级活力。2023 年以来,淄博市政府认真贯彻落实市委"三提三争"活动部署,牵头联合市交通运输局、市水利局等 14 个部门,着力推进"聚力在推动城市能级活力提升上'提效争先'"的工作落实,瞄准方向,有的放矢,推动各项工作任务提速提质提效:聚焦城建重点项目,推进全域融合统筹;聚焦城市更新行动,塑造工业老城新风貌;聚焦城市精细化管理,刷新组群城市新颜值;聚焦城乡融合发展,推进公共服务均等化……

【议学任务 2】聚焦淄博推动城市能级活力的工作任务之一,搜集有关信息提出富有创意的优质方案。请学生参考淄博的做法,运用发散思维与聚合思维的"合力"效应,为自己喜欢的城市做一份城市营销计划。

【活动意图 2】通过为淄博推动城市能级活力的工作任务提出富有创意的优质方案,鼓励学生积极参与合作探究活动,引发学生的讨论与质疑并发表富有个性化的见解。通过为自己喜欢的城市做一份城市营销计划,鼓励学生善于运用创新思维为自己喜欢的城市出谋划策,培养学生的公共参与意识和政治认同。

(3)路在脚下,"逆袭"之路怎样走?

【议学情境 3】对于当前国内大循环为主体的新发展格局,所有的城市竞争主要体现在两方面:一是供给侧的竞争,即制造产业端;二是需求侧的竞争,即消费者市场端。对于淄博这样一个三线城市而言,供给侧的竞争很难和一线城市抗衡,淄博应该如何突围?

【议学任务3】让淄博爆火"出圈"的不是高科技产业,更不是核心技术,而是普普通通风土人情——烧烤。淄博烧烤给了我们一个别样的答案。结合逆向思维的相关知识,请学生谈谈对这句话的理解。学生应该如何运用逆向思维走出生活和学习中的困局?

【活动意图3】通过议学辩思探讨"让淄博爆火'出圈'的是普普通通风土人情——烧烤"这一问题,让学生加深对逆向思维的认知。恰当地进行逆向思考,有助于学生抓住事物变化发展的契机。通过观点交锋探讨淄博如何走稳"逆袭"之路,让学生明白面对生活中的多种难题。学生要灵活运用正向思维和逆向思维相结合的方式解决难题,正逆互补,携手共进,避免思维的僵化和极端化,从而产生创新性的成果。

6. 作业与拓展学习设计

① 山东省委省政府印发《关于促进文旅深度整合推动旅游业高质量发展的意见》(简称《意见》)。② 淄博烧烤的爆火,将"好客山东"的人情味传播致远,山东旅游业蓄势待发。结合《意见》的具体内容,从创新思维要多路探索的角度,以"山东旅游业的高质量发展"为主题,写一篇时评短文。

(三)梦在前方,如何科学规划实现城市转型发展

1. 内容分析

本课共分两框题。第一框题讲述了超前思维的含义与特征,包括两目,两目共同回答了超前思维是什么的问题。第二框题讲述了超前思维的方法和意义,包括两目,旨在引导学生用科学思维认识世界、探索世界,在超前思维的指导下改造世界,以科学精神投入中国特色社会主义的伟大实践,努力使自己成为有理想、有思想、敢担当、能吃苦、肯奋斗的时代新人。

2. 学情分析

学生在初中《思想品德》的学习中,接触了社会、人文、经济发展及时事政治等方面的知识,有了一定的思维能力与创新能力。通过学习高中政治《逻辑与思维》前三个单元,学生基本掌握了思维与科学思维的特征、逻辑思维的正确形式和辩证思维的方法,也基本明确了提高创新思维能力的方法。但是,学生对以往所学的知识可能存在不够熟练且无法跨模块、跨单元综合运用、无法很好地理论结合实践等情况。

3. 学习目标

(1)通过对淄博人才引进的发展规划进行探究,学会在生活中充分利用思维的超前特点,预测未来,掌握趋势,使自己的思想具有超前性、计划具有预见性。

(2)通过对淄博市委"三大思维"的解析,探究城市发展转型路径,理解超前思维要把握事物的因果关系,明确做出正确的超前规划要坚持正确的方法,增强对日常生活和学习工作的科学规划能力。

（3）通过探究大国治理须进行顶层设计,明确超前思维的重要意义,在超前思维的指导下洞悉认识对象的本质,深刻领会党和国家重视顶层设计的缘由,增强对坚持党的全面领导和国家发展方略的认同。

4. 学习评价

（1）对"淄博凭一方美味是否会使消费热度持续提升"进行走访调查,针对调查情况对淄博凭美味打造城市名片背后的产业协调发展进行较为深度的阐述,评价学生的科学精神和公共参与等素养。

（2）依据淄博"人才强市""六大赋能""以'味'入胃"等情境资料进行思辨,能够辩证分析和评价淄博市委的科学规划,升华至国家的顶层设计进行解读。

（3）课后作业中借助淄博转型经验,探究威海实现高质量发展的方案,考查团队合作、知识拓展、分析综合的能力,评价学生的科学精神和公共参与等素养。

5. 学习活动设计

（1）寻梦——城市转型发展何去何从。

【议学情境1】近年来,淄博制订了三年十万大学生集聚计划,聚力打造多彩活力的青年发展友好型城市和好学、好看、好吃、好玩、好创业"五好"城市。从2019年底的"人才金政37条"开始,人才贷、青年驿站、人才公寓、建设多彩活力的青年发展友好型城市……淄博陆续推出人才政策"组合拳"。淄博是全国唯一涵盖资源枯竭城市、独立工矿区、老工业基地三种类型的城市。产业结构重、发展层次低、环境质量差等曾困扰这座城市。

【议学任务1】① 淄博为什么要制订这样一份发展规划? ② 未来还没发生,为什么能规划未来? ③ 在规划未来时,用到哪些思维方式? ④ 结合淄博的历史和现实,如果让你来规划淄博的城市转型发展,你会如何规划? ⑤ 合作探究:对上述规划选取有价值的设计,小组探讨规划设计的可行性及原因,阐述这一规划对我们树立正确的超前思维有何启示?

【活动意图1】通过对淄博的人才政策进行分析,进而引出超前思维,帮助学生理解超前思维产生的必要性、产生的条件,使学生认识到事物的发生和发展有其规律性,人的思维对事物的反映具有能动性;依据淄博的历史和现实进行城市转型设计规划,帮助学生深化对超前思维含义和特征的理解,使学生认识科学规划的重要性,重视用科学的思维引领问题的解决。

（2）筑梦——破解城市转型发展难题。

【议学情境2】淄博市委立足当下,放眼未来,突出强化"系统思维""平台思维""生态思维",提出了"创新绿色,动能转换优存量""着眼未来,高端引领扩增量"的发展理念,又具化为从产业、科教创新、金融、改革开放、文化、生态上多点赋能的"六大赋能"行动。淄博聚焦人才引领产业转型升级发展,着力破解大数据、新材料等新型产业面临高端人才匮乏问题,打出一套聚引人才"组合拳",推介"人才金政50条""技能兴淄26条"等人才政策。"烧烤"搭台,"流量"唱戏,城市品位才是"主场"。没有足够旅游资源的淄博凭借烧烤打开了"流量"峰口,吹起了人流、人才与城市"双向奔赴"之风,给城市治理者和领导者带来了最好的借鉴与启迪:与城市相识,始于品"味",久于品"位"。

【议学任务2】① 淄博市委的做法会给淄博的城市转型发展带来哪些影响?为什么会有这样的结果?② 面对有可能出现的逆转,你觉得接下来淄博还需要做什么?为什么要这样做?

【调查分享1】① 采访烧烤专家:淄博烧烤易于模仿,不容易形成如"贵州茅台"那样的独家秘方,前去捧场的人很多是基于打卡"网红地"或某种当下"流行的情怀"而趋之若鹜,单纯凭借烧烤不足以走得更远。② 采访路人:淄博烧烤火起来还有政府的助力,即一系列配套服务政策的出台,彰显了一种新的城市服务营销模式,是一种城市综合竞争力的展现。③采访近期去过淄博的亲戚:怀着"世界这么大,我想去看看、去尝尝"的心态去的,消费体验不是很舒适,环境有点吵,自己烤的方式有些费事;长途跋涉去了,如果能做到吃喝玩乐赏,就更好了。

【小组合作1】结合学生的调研资料和《资讯速递》——"好客山东 好品山东"打造山东最美名片,思考:如何凭一方美味使消费热度持续提升进而为城市转型发展尽一份力?请学生从逻辑与思维的角度为淄博的未来发展出谋划策。

【活动意图2】意在利用思维的链接和递进激发学生学习兴趣,使学生明确要坚持正确的方法进行预测,改善学生的思维品质,提高学生的思维能力;通过对超前思维方法的深度理解,学生深刻体会哲学与逻辑思维的相融相通,并在生活实践中坚持二者融合共进,坚持科学的超前思维,进行科学的规划。

(3)圆梦——整体规划意义深远。

【议学情境3】

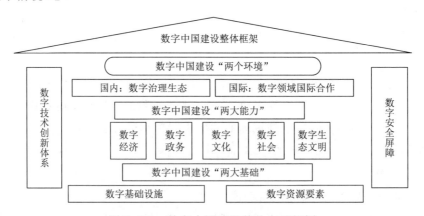

图 7.4.2　数字中国建设整体布局规划

【议学任务3】① 有人认为:大国治理必须重视"顶层设计",联系我国当前发展的实际,运用本课所学分析这一观点的科学性。② 结合超前思维的意义,尝试举例说明超前思维在个人成长规划、企业经营、社会发展中的妙用。

【活动意图3】通过环节1"寻梦——城市转型发展何去何从"、环节2"筑梦——破解城市转型发展难题"的铺垫,学生由浅入深、由表及里地明确了如何培养超前思维,在此基础上进行升华,形成对国家顶层设计的基本思维判断,明确超前思维的意义,既有利于深化哲学模块与逻辑模块的交叉,又能认识我国一系列规划和政策的科学性,增强政治认同。

6. 作业与拓展学习设计

结合本课所学,联系淄博城市发展的经验,六人一组,对威海如何借助本地资源优势实现高质量发展进行方案设计,形成一份可行性报告发到威海市长信箱(威海市人民政府官网→政民互动→市长信箱)。

(设计者:邵磊、张瑞玲、孙丽影、张艳娟)